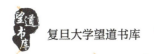

复旦大学望道书库

历史唯物主义视域下
"良序社会"的理想图景
及其前提批判

李爱龙 著

天津出版传媒集团

天津人民出版社

图书在版编目（ＣＩＰ）数据

历史唯物主义视域下"良序社会"的理想图景及其前
提批判 / 李爱龙著. -- 天津：天津人民出版社，
2022.6
（复旦大学望道书库）
ISBN 978-7-201-18594-1

Ⅰ.①历… Ⅱ.①李… Ⅲ.①罗尔斯（Rawls, John
Bordley 1921-2002）—政治哲学—思想评论 Ⅳ.
①B712.59

中国版本图书馆 CIP 数据核字（2022）第 107138 号

历史唯物主义视域下"良序社会"的理想图景及其前提批判
LISHI WEIWU ZHUYI SHIYU XIA "LIANGXU SHEHUI" DE LIXIANG TUJING JI QI QIANTI PIPAN

出　　版	天津人民出版社
出 版 人	刘　庆
地　　址	天津市和平区西康路35号康岳大厦
邮政编码	300051
邮购电话	（022）23332469
电子信箱	reader@tjrmcbs.com

责任编辑	仵　拉
装帧设计	汤　磊

印　　刷	天津新华印务有限公司
经　　销	新华书店
开　　本	710毫米×1000毫米 1/16
印　　张	17
插　　页	2
字　　数	230千字
版次印次	2022年6月第1版　2022年6月第1次印刷
定　　价	89.00元

序言:"良序社会"与美好生活的理想

　　在政治哲学的理论图谱中，柏拉图为我们展现了传统形而上学意义上的"理想国"，罗尔斯则在"后传统形而上学"的语境中系统而完整地提出了"良序社会"的理想图景,将"多元民主社会的长治久安"作为自己的学术目标。"良序社会"表达了人类对美好生活理想的追求。从《正义论》到《政治自由主义》，罗尔斯阐述了"良序社会"的基本原则,论证了"良序社会"的构成要件,指明了"良序社会"的价值取向。在某种意义上,"良序社会"构成了罗尔斯政治哲学的拱心石,彰显出其政治哲学独特的问题意识与时代价值。对于罗尔斯"良序社会"在理论与现实上的积极意义,学术界的相关研究可谓汗牛充栋。但是站在历史唯物主义的立场上对罗尔斯"良序社会"进行的历史性、整体性和专题性的研究相对来说并不是特别丰富,而这样的研究对于深入理解罗尔斯"良序社会"的内在症结、外在限度以及未来指向又具有十分重要的价值。李爱龙博士的学术专著《历史唯物主义视域下"良序社会"的理想图景及其前提批判》,试图将"良序社会"纳入历史唯物主义的视域中来考察并对其展开前提批判,是一次难能可贵的理论探索。

　　在罗尔斯的理论框架中,"良序社会"的诉求起源于理性多元,即公民们因持有互不相同但又相对合理的"完备性学说"而使社会陷入旷日持久的分裂。实际上,"团结"的问题是人类社会自诞生以来就一直面临的一个根本性问题。在传统形而上学时代,人类社会依靠一种统一的"完备性学说",例如"至善的理念"来实现社会的团结,罗尔斯则试图寻求一种后形而上学的团结方案。罗尔斯把后形而上学时代的非同一性特征称为"理性多元论的事实",并且进一步指出:在现代民主社会里发现的合乎理性的完备性宗教学说、哲学学说和道德学说的多样性,不是一种很快可以消失的纯历史状态,而是民主社会公共文化的一个永久特征。因此,政治自由主义的问题在于:一个因各种尽管互不相容但却合乎理性的宗教学说、哲学学说和道德学说而产生深刻分化的自由平等而稳定公正的公民社会,如何能长期存在?罗尔斯把传统形而上学看作一种合乎理性的完备性学说,并明确反对传统形而上学的团结模式——依靠认同一个同一完备性学说而达到社会统一的模式。这是因为,在罗尔斯看来,如果我们把政治社会当作以认肯同一完备性学说而达到统一的共同体,那么对于政治共同体来说,压迫性地使用国家权力就是必需的。如果我们使用认肯同一完备性学说传统的形而上学团结模式,就必然会导致压迫性地使用国家权力,这与多元民主社会是不相容的。基于这样一种认识,罗尔斯试图在后形而上学的语境中寻找一条全新的构建良序社会的道路——各种合乎理性的完备性学说达成重叠共识的理念。这成为我们理解罗尔斯良序社会建构的出发点。

随着传统同一性形而上学的终结,理性多元论逐渐成为现代社会的标志性特征,公民们陷入了旷日持久的分裂,这是自启蒙以来现代社会的一个基本事实。但这一基本事实的产生根源并不在于理性多元,理性多元只不过是这一基本事实在思想意识层面上的反映。在历史唯物主义的视域下,公民们的持久分裂在于物质利益上的根本性冲突,在于人所特有的存在方式——"以物的依赖性为基础的人的独立性"。不同利益之间要设法达成妥协,多元价值之间要设法宽容,从而促成整个社会的团结,这已经不仅仅是一个国家需要解决的问题,也已成为摆在当代人类面前的最重要的问题。

该书提出,"良序社会"的历史方位本质上在于资产阶级政治解放所带来的市民社会与国家的分离以及市民社会的自我分离,植根于普遍利益与特殊利益的冲突之中。在这一历史唯物主义的基础上,该书将罗尔斯的"良序社会"从政治哲学的抽象论证拉回到了现实的人及其历史发展过程之中,进而对罗尔斯的"良序社会"进行前提批判,在历史性与整体性的视野中揭示其理论上的得失以及未来面向。该书进而区分了"良序社会"理想图景的双重维度:"政治正义"维度和"超越正义"维度。在"政治正义"的维度下,该书具体分析了罗尔斯"良序社会"的制度设计、核心概念、论证基础、政治理想以及乌托邦特质,指出罗尔斯的"良序社会"理论对于规范财产权、完善政治制度所具有的重要意义。在"超越正义"的维度下,该书旨在突破罗尔斯的概念体系和逻辑框架,在理论对话、现实困境以及价值追求三个层面上阐述罗尔斯"良序社会"的内在症结与外在限度。所谓"超越正义"并不是要取消"正义",而是要将"正义"的规范对象从政治领域扩展到人的存在方式,在人的存在方式的基础上对"正义"进行现实的与历史的表征。基于此,该书指出,"政治正义"关乎"良序社会"的日常运行,而"超越正义"则关乎"良序社会"的未来走向。这就意味着,"良序社会"应该具有现实性与超越性的双重特质,应该体现出"在批判旧世界中发现新世界"的辩证法原则。

总体来看,李爱龙博士的这部学术专著旨在以历史唯物主义为视角,具体地和历史性地探讨"良序社会"的实际可能性问题。该书具有一定的问题意识、创新意识和本土意识,而正是这三个意识及其互动才实际上构成了对罗尔斯"良序社会"理想图景的前提批判:第一,该书不满足于以知识呈现的方式对罗尔斯的"良序社会"理论做一种考据式的梳理,而是站在历史唯物主义的高度,指出罗尔斯对资本主义生产关系和背景文化差异性的忽视及其所产生的非正义性的后果,从而做到真诚面对罗尔斯"良序社会"的理论困境;第二,相对于罗尔斯的"政治正义",该书尝试论证"超越正义"的必要性、可能性与现实性。这不仅是突破罗尔斯理论困境的努力,而且在一定程度上推进了对于"正义"问题的思考,不仅彰显了历史唯物主义的政治哲学意蕴,而且构成了对政治哲学的历史唯物主义阐释;第三,该书将"人类命运共同体"理解为马克思"真正的共同体"的当代形态以及"良序社会"的中国方案,在世界历史进程以及人类文明变革的宏大视野中来具体地阐释"人类命运共同体",这在某种意义上也是对罗尔斯"良序社会"方案的反思和批判。

由于篇幅和作者能力所限,该书对于一些基础性的问题未能给予充分而详尽的阐释。在我看来,有待进一步深入探讨的问题至少包括:第一,历史唯物主义与政治哲学的关系问题,"历史唯物主义视域"的真实含义是什么?是要将历史唯物主义本身理解为一种独特的政治哲学?还是要在历史唯物主义的基础上建构出一种马克思主义政治哲学?很显然,这是一个重大的基础性问题,因为这从根本上关系着对历史唯物主义以及政治哲学的理论性质的理解,对于这个问题,该书并未给出明确的回答。第二,罗尔斯政治哲学的限度问题,以罗尔斯为代表的新自由主义政治哲学是否能够真实地、彻底地解决当代资本主义面临的一些根本性问题?或者说只是一种权宜之计?第三,生命政治批判在"良序社会"的现实建构中的实际意义问题,生命政治学是否提供了一种有别于罗尔斯正统政治哲学研究的理论范式?国外学者尤其是激进左翼哲学对生命政治的研究呈现出多元复杂的理论图景,理论立场和价值旨趣也互不相同,在这个意义上,如何在对这些生命政治研究展开前提批判的基础上深入阐释和建构生命政治的制度文明意蕴,就是一个亟须解决的基础问题。第四,中国特色社会主义对"良序社会"当代建构的贡献问题,中国特色社会主义制度、"人类命运共同体"、国家治理体系和治理能力现代化,等等,都是中国特色社会主义为实现全社会乃至全世界长治久安的重大举措。但是这些重大举措蕴含着怎样的实践智慧,为"良序社会"的当代建构贡献了何种中国方案,这不仅是一个重要的理论问题,也是一个重大的现实问题。诸如此类的问题尚待李爱龙博士和我们在今后的学术研究中进一步地深化和拓展。

李爱龙博士的这部学术著作对于他本人来说具有非常重要的意义。作为他的博士指导老师,我能看到他对该书所涉及的理论和现实问题有了更为深入的理解和把握,能够更加自觉地站在历史唯物主义的理论立场和中国特色社会主义的现实立场上来思考"良序社会"的问题,甚感欣慰。对于李爱龙博士来说,这部著作不仅是对其博士阶段学习经历的总结,更是其下一阶段学术生涯的起点。在这里,我衷心地祝愿他能够在未来的学术研究中取得更优异的成绩。

王庆丰*

2022 年 5 月

---

* 王庆丰,哲学博士,吉林大学哲学基础理论研究中心暨哲学社会学院教授、博士生导师。

目录
CONTENTS

引言 历史唯物主义与"良序社会"

在西方政治哲学的思想图谱中，罗尔斯首次系统而完整地将"良序社会"作为政治哲学的主题，并将阐明"良序社会"的构成要件、论证"良序社会"的可欲性与可行性作为自己一生的学术目标，正如罗尔斯最为著名的学生涛慕斯·博格（Thomas Pogge）所言："罗尔斯将精力集中于对他来说意义最大的两个问题：一个正义的制度安排如何可能？ 一个值得度过的人生如何可能？"①基于此，罗尔斯的政治哲学就很容易被当作"良序社会"研究的真正起点和理论范本，进而被认为是评判其他理想社会图景（尤其是共产主义社会）是否具有可欲性与可行性的基本标准。在这个意义上，罗尔斯版本的"良序社会"就变成了一个不证自明的理论预设，其自身的历史前提便得不到全面的揭示，其自身的局限性便被遮蔽起来。更进一步来看，作为一种"善治"与"善制"的有机结合，"良序社会"凝结着人类社会的基本价值，表征着人类社会的理想图景，彰显着人们对美好生活的追求，它所内含的丰富的文明意蕴和时代价值并不能被完全束缚于罗尔斯的政治哲学中。这就要求我们必须

---

① ［美］涛慕斯·博格.罗尔斯：生平与正义理论［M］.顾肃，等译.北京：中国人民大学出版社，2010：2.

站在更为广阔的理论背景和现实视阈中对罗尔斯的"良序社会"展开具有原则高度的前提批判,进而澄清罗尔斯"良序社会"的历史前提与时代局限,开启"良序社会"现实建构的未来面向。

如果我们站在历史唯物主义的立场上,超越狭隘的西方政治哲学话语,就会发现,"良序社会"的真实存在根据并不在于罗尔斯所指认的理性多元论之中,而在于更为深层次的现代社会的基本事实——市民社会与国家的分离以及市民社会的自我分离。正是这双重分离构成罗尔斯理性多元论的历史根基,同时也表征着"良序社会"得以生成的历史方位。这样的话,"良序社会"研究的真正起点并不诞生于罗尔斯的政治哲学之中,而是诞生于企图扬弃这一分离并重塑社会生活之整全性的近代政治哲学。在这个意义上,"良序社会"研究的理论范本只能是马克思的共产主义,因为马克思的共产主义站在生产力与生产关系相互作用的根本立场上,以现实的人及其历史发展为线索,实现了近代政治哲学的实践转向,并为"良序社会"的现实建构确立了双重维度——现实性维度与超越性维度。由此,"良序社会"不仅仅是一个"解释世界"的理论问题,不仅仅通过外在的制度安排为人们描绘未来社会的理想图景,而且更是一个"改变世界"的现实问题,它力图在批判旧世界中发现新世界,在旧世界的胎胞里发现新世界产生的实际可能性。

一、"良序社会"的历史方位探析

在历史唯物主义的视阈下,首先需要我们回答的一个重要问题就是:与传统社会相比,现代社会的根本性特征是什么? 换句话说,是什么在根本上激发起人们构建"良序社会"的理论与实践诉求? 实际上,对这个问题的回答构成了对"良序社会"之历史方位的探析。对于这个问题,不同的思想家站在不同的思想基础之上、出于不同的理论和现实需要给予了不同的回答。其中,大多数思想家拘执于社会生活的表象,认为现代社会的根本性特征在于宗教权威的瓦解以及政治生活的民主化和经济生活的自由化。很显然,这种理解在某些层面上切中了现代社会的某些特征,但其在根本上难以回应与破解存在于现代社会内在肌理中的悖论,比如财富的积累伴随着贫困的积累,经济的发展伴随着经济危机,个人生产的计划性与社会生产的盲目性。在历史唯物主义者看来,这种理解局限于资产阶级政治解放所开辟的历史视野之中,并没有将资产阶级政治解放本身当作问题予以考察,而是将市民社会与国家的二分当作一个不证自明的前提,并未对其展开事实与价值的双重反思。

在《〈黑格尔法哲学批判〉导言》中,马克思的双重异化理论对现代社会做出了实质性的表征:神圣形象中的自我异化和非神圣形象中的自我异化。[①]前者表征的是前资本主义社会中人的存在方式,即现实的人生活在专制统治和宗教权威的奴役之下,后者表征的是资本主义社会中人的存在方式,即现实的人生活在普遍理性以及异化劳动的支配之下。这就意味着,马克思对现代社会给予了辩证理解:一方面将现代社会看作解放的产物,认为现代社会在一定意义上解放了人性;另一方面也看到了现代社会所具有的与人性相异的特性,并主张扬弃这种异己性而上升至更高的层面。

更进一步地,在《论犹太人问题》中,马克思在"人的解放"的实现程度的层面上将资产阶级政治解放当作一个问题予以反思,将资产阶级政治解放放置在现实的人及其历史发展的宏大逻辑之中,挖掘资产阶级政治解放的时代意义并揭示其自身难以克服的局限性,在此基础上去探究现代社会的本质特征。站在这样一个理论制高点上,马克思明确指出,现代社会不同于传统社会的根本性特征就在于,市民社会与国家的分离以及市民社会的自

---

① 马克思恩格斯文集:第一卷[M].北京:人民出版社,2009:4.

我分离。"政治国家的建立和市民社会分解为独立的个体——这些个体的关系通过法制表现出来，正像等级制度中和行帮制度中的人的关系通过特权表现出来一样——是通过同一种行为实现的。但是，人，作为市民社会的成员，即非政治的人，必然表现为自然人。人权表现为自然权利，因为有自我意识的活动集中于政治行为。利己的人是已经解体的社会的消极的、现成的结果，是有直接确定性的对象，因而也是自然的对象。政治革命把市民生活分解成几个组成部分，但没有变革这些组成部分本身，没有加以批判。它把市民社会，也就是需要、劳动、私人利益和私人权利等领域看作自己持续存在的基础，看作无须进一步论证的前提，从而看作自己的自然基础。最后，人，正像他是市民社会的成员一样，被认为是本来意义上的人，与公民不同的人，因为他是具有感性的、单个的、直接存在的人，而政治人只是抽象的、人为的人，寓意的人，法人。现实的人只有以利己的个体形式出现才可予以承认，真正的人只有以抽象的公民形式出现才可予以承认。"①很显然，马克思的判断指向的是对市民社会本身的批判，其基本旨趣在于揭示并扬弃"市民"与"公民"的二元对立。这对于我们进一步理解现代社会的本质与现象、克服现代社会的种种弊病进而建立一个秩序良好的"良序社会"提供了基本的理论视野。

在考察前现代社会的过程中，马克思指出，前现代社会的共同特征就在于国家与社会的一体化，国家支配着全部社会生活。这种一体化具体表现在，中央政府主宰着一切社会事务，社会生活的各个方面具有浓厚的政治色彩，"在古代国家中，政治国家构成国家的内容，并不包括其他的领域在内"②。以经济活动为例，在前现代社会，经济活动基本上可以分为"家政"和"货殖"两个方面。"家政"的主要任务是为家庭成员生产满足基本生活需要的必需品，其重要意义在于为政治生活和伦理生活提供物质基础；而"货殖"主要表现为

---

① 马克思恩格斯文集：第一卷[M].北京：人民出版社，2009：45-46.
② 马克思恩格斯全集：第3卷[M].北京：人民出版社，2002：41.

货币的"增殖",它是以聚敛钱财为目的的经营性活动,其消极影响在于腐蚀政治生活的美德,使人们养成贪财好利的不良品质。在《1857—1858年经济学手稿》中,马克思以"人的依赖性"来表征前现代社会中人的存在方式,并指出,"根据古代的观点,人,不管是处在怎样狭隘的民族的、宗教的、政治的规定上,总是表现为生产的目的"①。与马克思的看法一致,波兰尼(Karl Polanyi)的"嵌套"理论形象地说明了前现代时期市场与社会之间的关系。在《大转型》中,波兰尼指出,在前现代社会中,"市场"本身并不是自足的,而是社会有机体的一个组成部分,"嵌套"于社会有机体之中,服务于社会生活的整体需要。

与前现代社会正相反,现代社会的本质性特征是市民社会与国家的分离,诚如黑格尔所指出的那样,"市民社会是在现代世界中形成的,现代世界第一次使理念的一切规定各得其所"②。马克思在某种程度上吸收了黑格尔对市民社会的哲学论断,进一步指出,"国家本身的抽象只是现代才有,因为私人生活的抽象也只是现代才有。政治国家的抽象是现代的产物"③。在马克思看来,国家与市民社会的分离更具体地表现为政治生活与经济生活的分离、公共生活与私人生活的分离、公民与市民的分离,以及完整的个人的自我分离。在马克思看来,这一根本性分离以资产阶级的政治解放为标志,是现代启蒙方案的完成,孕育出全新的社会生活形态。"政治解放同时也是同人民相异化的国家制度即统治者的权力所依据的旧社会的解体。政治革命是市民社会的革命。"④在这个意义上,马克思高度认可资产阶级政治解放所具有的革命性意义,"政治解放同时也是市民社会从政治中得到解放,甚至是从一种普遍内容的假象中得到解放"⑤。但是市民社会与国家分离的实质

① 马克思恩格斯文集:第八卷[M].北京:人民出版社,2009:137.
② [德]黑格尔.法哲学原理[M].范扬,张企泰,译.北京:商务印书馆,1961:197.
③ 马克思恩格斯全集:第3卷[M].北京:人民出版社,2002:42.
④ 马克思恩格斯全集:第3卷[M].北京:人民出版社,2002:186.
⑤ 马克思恩格斯全集:第3卷[M].北京:人民出版社,2002:187.

性后果在于市民社会之特殊性原则对国家之普遍性原则的侵蚀，特殊性原则颠倒为普遍性原则成为整个社会的支配性原则。如果我们套用波兰尼的理论，这种特殊性原则占支配地位的社会实际上就是一个"市场社会"，即市场从社会有机体中"脱嵌"出来而凌驾于社会之上。

更进一步来看，市民社会与国家分离的根源在于市民社会的自我分离。那么，市民社会自我分离的本质是什么呢？实际上，要回答这一问题，我们必须深入市民社会的基本原则之中。在黑格尔看来，支配着市民社会的基本原则主要有两个：特殊性与普遍性。从市民社会自我运动的过程来看，特殊性与普遍性分别指向了个人的特殊利益和社会的普遍利益。在市民社会中，个人的特殊利益之间形成了全面的依赖关系。"毫不相干的个人之间的互相的和全面的依赖，构成他们的社会联系。这种社会联系表现在交换价值上，因为对于每个个人来说，只有通过交换价值，他自己的活动或产品才成为他的活动或产品；他必须生产一般产品——交换价值，或本身孤立化的，个体化的交换价值，即货币。另一方面，每个个人行使支配别人的活动或支配社会财富的权力，就在于他是交换价值的或货币的所有者。他在衣袋里装着自己的社会权力和自己同社会的联系。"①可见，市民社会中个人的全面依赖关系是以交换价值为中介的支配性关系，相互依赖即是相互支配，而只有在这种相互支配所构建的社会关系中，每个个体才能赢得自身的独立性。这实际上是一种非人格化的物象化的社会关系，人的独立性在根本上也是以物为基础的。

因此，这种以交换价值为中介的社会关系并不是完全意义上地发挥着联结孤立个人的作用。或者说，这种社会关系的核心不是现实的个人，也不是内在于每个个人的共同性，而是一种以自我增殖为唯一本能的交换价值——资本，一种虚幻的普遍性，诚如马克思所言："在资产阶级社会里，资

---

① 马克思恩格斯全集：第 30 卷[M].北京：人民出版社，1995：106.

本具有独立性和个性,而活动着的个人却没有独立性和个性。"①一切社会关系均以资本的自我增殖为核心,原子式个人被这样一种外在的和虚假的普遍性所联结,他们之间的相互敌对和相互竞争无非是资本实现自我增殖的手段。在这个意义上,个人的特殊利益与社会的普遍利益之间就处于一种既相互依赖又相互对抗的张力之中。一方面,资本作为一种虚假的普遍性,将彼此孤立的个人联结在一起;另一方面,孤立的个人之间的竞争和对抗又具有瓦解社会联结的危险。"以交换价值和货币为中介的交换,诚然以生产者互相间的全面依赖为前提,但同时又以生产者的私人利益完全隔离和社会分工为前提,而这种社会分工的统一和相互补充,仿佛是一种自然关系,存在于个人之外并且不以个人为转移。普遍的需求和供给互相产生的压力,作为中介使漠不关心的人们发生联系。"②可见,这种联结对于个人而言是"自然的"和"异己的",而个人也只是将这种联结作为实现私人利益的工具。

在这个意义上,为了避免人与人的关系变成狼与狼的关系,为了避免无止境的私人斗争将社会联结置于瓦解的危险境地,那些处于优势地位的既得利益者们必须借助国家机器的强制力量将特殊利益的无序竞争限制在一定的界限之内,使之完全服从于资本自我增殖的需要。在这个意义上,普遍利益就丧失其实质性内容,退化成为特殊利益的代名词,而特殊利益便以普遍利益的名义凌驾于整个社会之上。在这种情况下,国家就变成了"虚幻的共同体",以社会治理之名来行阶级统治之实,从而将普遍利益和特殊利益的矛盾掩盖起来。然而事实表明,这种作为"虚幻共同体"的国家并没有缓和普遍利益和特殊利益的矛盾。一方面,统治者必须用强制手段要求人民的普遍服从;另一方面,人民又不断地反抗作为特殊利益代表的国家。这无疑使得普遍利益与特殊利益的矛盾日益尖锐化。在这样的前提下,国家与市民社

---

① 马克思恩格斯文集:第二卷[M].北京:人民出版社,2009:46.

② 马克思恩格斯全集:第30卷[M].北京:人民出版社,1995:108.

会的关系出现了翻转：在前现代社会，国家具有一定的理想性，市民社会从属于国家理念；在现代社会，国家则完全成为市民社会的附庸，成为特殊利益的延伸。

由上可知，市民社会与国家的分离以及市民社会的自我分离是现代社会的本质特征和独特标识。这种分离从根本上改变了人的存在方式，既赋予人以独立性，又将这种独立性建立在物的依赖性之上。正是基于此，人们才进行种种力图重新实现社会整合的理论与实践探索，寻找符合社会历史发展趋势的替代性方案，扬弃人在"非神圣形象中的自我异化"。

如果说，上述分离导致社会生活的无序和紊乱，造成有意义的生活的迷茫和失落，那么作为其替代性方案，"良序社会"的根本旨趣就在于扬弃市民社会与国家的分离以及市民社会的自我分离，重新实现普遍利益与特殊利益的内在一致以及个人与社会的有机统一，重塑社会生活的整全性。在这里，"良序"具有双重含义：不仅表征着社会秩序的重建，而且意味着社会秩序的良善，它是一种"善治"与"善制"的统一。换句话说，这种社会秩序是每个独立的个体自觉地建构起来的，而且是完全处于个人的自觉的支配之下的。因此，个人真正成为社会的自由的和自觉的主人。实际上，这正是"人的解放"的核心议题。相对于资产阶级的政治解放，"人的解放"的根本使命就在于完成这样一个"绝对命令：必须推翻使人成为被侮辱、被奴役、被遗弃和被蔑视的东西的一切关系"①。这样一个"绝对命令"在《论犹太人问题》中被马克思表述为，"任何解放都是使人的世界即各种关系回归于人自身"，这种"解放"就其实质而言就是"人认识到自身'固有的力量'是社会力量，并把这种力量组织起来因而不再把社会力量以政治力量的形式同自身分离"。②

---

① 马克思恩格斯文集：第一卷[M].北京：人民出版社，2009：11.
② 马克思恩格斯文集：第一卷[M].北京：人民出版社，2009：46.

二、"良序社会"的政治哲学建构

　　"良序社会"的现实建构,是政治哲学的典型议题,甚至是政治哲学的永恒话题,并且在当代政治哲学中占据核心地位,比较典型的是罗尔斯将探讨"良序社会"的可欲性与可能性作为自己的目标。但是站在历史唯物主义的立场上,我们发现,罗尔斯的"良序社会"尽管直接以权利、正义、国家、制度等概念为核心,却只是站在了远离社会物质生产的抽象政治层面上去构造一个符合逻辑但却不符合实际的政治正义观念,并企图以此来"改变世界"。这就意味着,罗尔斯只是停留在"解释世界"的层面上,向人们描述一种经过严格推理的理想社会图景。在这个意义上,我们有必要将"良序社会"的政治哲学建构真正落实在现实的人及其历史发展的地基之上,在现实的物质生活过程中来挖掘"良序社会"得以生成的实际可能性。唯有站在现实的物质生活过程之上,"良序社会"的政治哲学建构才不会走向自我同一的概念游戏之中,才能真正破解现代社会中市民社会与国家的分离以及市民社会的自我分离,重塑社会生活的整全性。这不仅是"良序社会"当代建构的迫切要求,也是建构马克思主义政治哲学的应有之义,更直接彰显历史唯物主义关照社会现实的理论价值。

　　在现代社会的诞生之初马克思就有了深刻的生活体验,比如国家权威的瓦解、崇高道德的失落、社会生产的无序、人与人之间无止境的竞争、资产阶级与无产阶级之间的尖锐矛盾,等等。在《共产党宣言》中,马克思以极其生动的笔触描绘了这样一副欲望横流的社会图景,"它无情地斩断了把人们束缚于天然尊长的形形色色的封建羁绊,它使人和人之间除了赤裸裸的利害关系,除了冷酷无情的'现金交易',就再也没有任何别的联系了"①。在《1844年经济学哲学手稿》中,马克思集中概括了这种分离造成的现代性后果:"物的世界的增值同人的世界的贬值成正比。"②就如何扬弃这种分离以重塑社会生活的整全性,人们进行了不懈的理论探索,形成了丰厚的思想资源。作为早期反思市民社会自我分离之内在悖论的杰出代表,斯密和黑格尔分别从现代社会的两个方向——市民社会和政治国家入手来探索重塑社会生活之整全性的方式。在此基础上,马克思以市民社会与政治国家的双重批判为基础彻底扬弃了斯密和黑格尔思辨形而上学的致思路向,将"良序社会"的根本立足点从市民社会转移到"人类社会或社会的人类"之中,将"良序社会"的终极理想锚定在"人的解放"的共产主义高度,从而在根本上实现了"良序社会"的实践逻辑转向,将"良序社会"的建构真正奠定在现实的人及其历史发展的地基上。因此,系统性地梳理从斯密到马克思的理论探索,将会为我们在百年未有之大变局的当代背景中建构"良序社会"提供理论资源。

作为古典政治经济学家,斯密站在生意人的立场上,主张从内在于市民社会的市场机制出发来实现市民社会与国家的统一。在斯密看来,市场价格机制在根本上是调节社会生活的指挥棒,国家只是作为市场价格机制的守夜人,从而使国家从属于市民社会。在斯密看来,市场价格机制就是一只"看不见的手",像自然规律一样自发地调节市场秩序,从而引导个人的特殊利益与社会的普遍利益实现一致,使个人追求自身利益最大化的活动自发地增进社会公共利益。

对于斯密这种自发市场机制的构想,马克思是不以为然的。在马克思看来,市场价格机制的自发性,对于市场主体来说,是一种异己的统治性力量,个人无法完全遵循所谓的价格机制来安排自己的市场活动。恰恰相反,市场

---

① 马克思恩格斯文集:第二卷[M].北京:人民出版社,2009:34.

② 马克思恩格斯文集:第一卷[M].北京:人民出版社,2009:156.

的自发性对于市场主体来说往往表现为盲目性和滞后性，其消极的社会后果是非常明显的，不仅阻碍了科学技术的推广和应用，而且造成了社会资源的浪费以及贫富两极分化。很显然，这些消极方面并无益于社会生活的统一性，反而使社会生活陷入一种更为彻底的撕裂状态。基于此，马克思质问道："贸易——它终究不过是不同个人和不同国家的产品交换，——怎么能够通过供求关系而统治全世界呢？用一位英国经济学家的话来说，这种关系就像古典古代的命运之神一样，遨游于寰球之上，用看不见的手把幸福和灾难分配给人们。"①马克思进一步指出，自由市场机制的建立不是一个自发的过程，而是借助国家的血腥立法逐步实现的，是用血与火的文字书写在人类编年史上的。可见，像斯密那样，仅仅从市民社会出发将社会生活的统一性建立在价格机制之上，无异于将市场机制凌驾于全部社会生活之上。这种的做法不仅违背了基本的历史事实，陷入纯粹思辨之中，而且还带来了极其严重的社会后果。

无论是从理论逻辑上来看，还是从实践逻辑上看，斯密的方案都有其固有的缺陷。这一方面可以归结为斯密所在的社会历史环境，市场自发机制的缺陷尚未完全暴露出来，另一方面可以归结为斯密拘执于社会生活表象的"资产阶级眼界"。历史的以及阶级的局限性使得斯密对市民社会及其局限性作出误判。与斯密不同，黑格尔试图立足更为深层的逻辑位阶——伦理国家来实现社会生活的统一。质言之，黑格尔的方案在于以政治国家的伦理性来规制市民社会的特殊性，将社会整全性的重塑寄希望于"伦理共同体"的构建。"特殊性本身是没有节制的，没有尺度的，而这种无节制所采取的诸形式本身也是没有尺度的。……但是，另一方面，匮乏和贫困也是没有尺度的。这种混乱状态只有通过有权控制它的国家才能达到调和。"②在黑格尔看来，

---

① 马克思恩格斯选集:第一卷[M].北京:人民出版社,1995:87.

② [德]黑格尔.法哲学原理[M].范扬,张企泰,译.北京:商务印书馆,1961:200.

自由既不是"抽象法"的形式化规定,也不能是浪漫主义的个体道德自律,"无论法的东西和道德的东西都不能自为地实存,而必须以伦理的东西为其承担者和基础,因为法欠缺主观性的环节,而道德则仅仅具有主观性的环节,所以法和道德本身都缺乏现实性"①。

黑格尔进一步指出,只有"伦理"才能给予客观的法和主观的道德以安身立命之所,成为二者最为深厚的逻辑的与现实的根基,"主观的善和客观的、自在自为地存在的善的统一就是伦理"②。在黑格尔看来,政治国家就是绝对理性的自我实现,就是所谓伦理的现实承载物,政治国家是"行走在地上的神",它比市民社会更具有逻辑先在性,而市民社会中的个人之所以具有独立性,其原因在于伦理关系的全面发展。因此,在黑格尔那里,"国家决定市民社会",不仅意味着市民社会的可能性,即国家的伦理性促进了市民社会中特殊性的成长,更意味着市民社会的统一性,即国家的伦理性能够扬弃市民社会中特殊性的分裂倾向。由此,黑格尔赋予了政治国家以特定的伦理使命,那就是"国家的力量在于它的普遍的最终目的和个人的特殊利益的统一",而对于追求特殊利益的个人而言,"成为国家成员是单个人的最高义务"③。

可见,斯密和黑格尔分别从两个完全相反的方向出发来谋求社会生活的统一性。如果说,斯密的市场自发机制将每一个人都变成了可以由价格机制任意支配的"商品",那么黑格尔的政治国家则将每一个人都变成了绝对精神实现自我的一个环节即"观念"。斯密确立起了资本的统治地位,黑格尔则确立起了抽象理性的统治地位。"理性的使命就是使对立面实现和谐,并在一个真正的统一中扬弃对立。理性使命的实现,同时就意味着重建人的社

---

① [德]黑格尔.法哲学原理[M].范扬,张企泰,译.北京:商务印书馆,1961:185-186.

② [德]黑格尔.法哲学原理[M].范扬,张企泰,译.北京:商务印书馆,1961:297.

③ [德]黑格尔.法哲学原理[M].范扬,张企泰,译.北京:商务印书馆,1961:289.

会关系中所丧失的统一体。"①但在马克思看来,资本和抽象理性是一体两面的关系,"抽象或观念,无非是那些统治个人的物质关系的理论表现"②。实际上,在现代资本主义社会之中,抽象的统治与资本的统治早已实现了"共谋",就此而言,马克思一针见血地指出,"现代的国家政权不过是管理整个资产阶级的共同事务的委员会罢了"③。因此,现代国家并不是如黑格尔所倡导的那样在逻辑层次上高于市民社会,而是正相反,现代国家是市民社会的延伸和变形,是资产阶级支配整个社会运转的暴力机器。这就意味着,要想重新实现社会生活的统一性,必须同时展开对市民社会和政治国家的双重批判,从而在根本上瓦解抽象与资本的"共谋"机制,而不能仅仅将其中一个方面(或者是市民社会,或者是政治国家)确立为整个社会的支配性原则。

实际上,马克思正是在批判古典政治经济学和黑格尔思辨哲学的过程中逐步形成了一套以历史唯物主义为解释原则的扬弃市民社会与国家之分离的革命性方案。马克思的重塑社会生活之统一性的方案之所以是革命的,其根本原因在于它并不依赖于既有的统治秩序,而是将革命的无产阶级作为这一方案真正的执行者。在马克思看来,"市民社会决定国家",政治国家并不具有绝对的自足性和完整的独立性,它的产生和发展以至灭亡完全依赖于市民社会("物质生产关系的总和")的发展历程。"市民社会这一名称始终标志着直接从生产和交往中发展起来的社会组织,这种社会组织在一切时代都构成国家的基础以及任何其他的观念的上层建筑的基础。"④正是由于市民社会或者物质生产关系的绝对的优先性和基础性,马克思从对政治国家这一"副本"的批判逻辑进展到对市民社会这一"原本"的批判,揭示资

①　贺来.论马克思实践哲学的政治意蕴[J].哲学研究:2007(1).
②　马克思恩格斯全集:第30卷[M].北京:人民出版社,1995:114.
③　马克思恩格斯选集:第一卷[M].北京:人民出版社,1995:274.
④　马克思恩格斯选集:第一卷[M].北京:人民出版社,1995:131.

本主义社会关系尤其是雇佣劳动生产关系中所隐藏的支配性和奴役性。这正是马克思政治经济学批判的核心内涵所在，马克思并不仅仅对作为一种意识形态的政治经济学进行理论批判，而且对作为一种人的存在方式的政治经济生活进行实践批判，在现实的人及其历史发展中揭示未来理想社会的可能性与现实性。

　　一方面，在马克思看来，无产阶级的历史使命就在于废除生产资料资产阶级私有制，重新实现生产资料的共同占有。这是建立理想社会的物质前提和根本保障。在领导工人运动的过程中，马克思多次强调工人运动的短期目标和长期目标的一致性。工人运动的短期目标无疑是在现有资产阶级政权和资本主义所有制的范围内取得的，包括改善工作环境、提高工资待遇、参与政治事务，等等。而工人运动的长期目标则在于占有生产资料，建立无产阶级政权。这是从根本上废除雇佣劳动关系、瓦解资本逻辑进而实现人民对市场、国家和社会生活进行全面支配的"真正民主制"的最终途径。在生产资料共同占有的基础上，个人的劳动不再表现为价值，个人劳动不再经过迂回曲折的交换而直接地就是社会劳动的一部分，从而个人的特殊利益和社会的普遍利益才能达成一致。"在一个集体的、以生产资料公有为基础的社会中，生产者不交换自己的产品；用在产品上的劳动，在这里也不表现为这些产品的价值，不表现为这些产品所具有的某种物的属性，因为这时，同资本主义社会相反，个人的劳动不再经过迂回曲折的道路，而是直接作为总劳动的组成部分存在着。"①在《哥达纲领批判》中，马克思精辟地阐述了未来共产主义社会的分配原则，从按劳分配到按需分配，劳动不再是一种谋生的手段，而是成为"生活的第一需要"。这对于"良序社会"的现实建构无疑具有价值引领的重要意义。

---

① 马克思恩格斯文集：第三卷[M].北京：人民出版社，2009：433-434.

另一方面,在马克思看来,尽管政治国家从属于市民社会,但这并不意味着政治国家只具有被动的适应性。实际上,政治国家除了阶级统治这一本质职能之外,还具有积极的社会管理职能(对物的管理和对生产过程的领导),它对于市场价格机制的盲目性和自发性具有规范作用。因此,在无产阶级夺取国家政权之后,国家的社会管理职能必须得到健全和完善,必须真正在人的层面上实现国家治理体系和治理能力的现代化。在马克思看来,"权利决不能超出社会的经济结构以及由经济结构制约的社会的文化发展"①,由此,国家的社会管理职能的核心表现在两个方面:一是要大力发展社会生产力;二是要建设社会先进文化,从而在根本上清除人与人之间相互对抗的物质和思想根源。这对于建立理想社会具有制度保障的重要意义。马克思曾经指出:"民族的统一不是要加以破坏,相反,要由公社在体制上、组织上加以保证,要通过这样的办法加以实现,即消灭以民族统一的体现者自居同时却脱离民族、凌驾于民族之上的国家政权,这个国家政权只不过是民族躯体上的寄生赘瘤。"②在马克思看来,国家政权在根本上不是某种特殊利益的代言人,其所代表的毋宁说是全社会的普遍利益。可见,马克思对于政治国家的认识是历史的和辩证的,政治国家只是在实行生产资料私有制的阶级社会中才具有"虚假共同体"的性质,而在生产资料公有制的社会背景中,政治国家的虚假性便被克服,其社会治理职能将被充分激活,它将成为实现社会良序的重要的制度保障。

三、"良序社会"的双重维度透视

通过上述分析,我们不难发现,马克思对"良序社会"的政治哲学建构,

---

① 马克思恩格斯文集:第三卷[M].北京:人民出版社,2009:435.

② 马克思恩格斯选集:第三卷[M].北京:人民出版社,2012:100.

或者说历史唯物主义视阈下的"良序社会"包含着双重维度——现实性的维度与超越性的维度。双重维度贯穿着马克思对未来理想社会之政治哲学建构的整个过程，在根本上区别于以斯密和黑格尔为代表的仅仅拘执于市民社会以及资产阶级政治解放的建构方案，使未来理想社会上升到了"人类社会"以及"人的解放"的高度。实际上，这双重维度并不是相互分离的，而是相互统一的，共同处于一个张力系统之中。一方面，"良序社会"的现实性维度是其超越性维度的理论前提。马克思对未来理想社会的探索，是建立在对资本主义社会特殊规律以及人类社会普遍规律的科学把握基础上的。实事求是，一切从实际出发是马克思的根本立足点。另一方面，"良序社会"的超越性维度为其现实性维度提供价值范导。全人类的解放以及每一个人的自由全面发展是马克思的终极追求，是贯穿马克思的生平和事业的一根红线。

在《论犹太人问题》中，马克思在批判资产阶级政治解放的虚伪性和不彻底性的同时，提出了关于"人的解放"的理论构想，"只有当人认识到自身'固有的力量'是社会力量，并把这种力量组织起来因而不再把社会力量以政治力量的形式同自身分离的时候，只有到了那个时候，人的解放才能完成"①。在《关于费尔巴哈的提纲》中，马克思明确提出要实现唯物主义立足点的根本翻转，"旧唯物主义的立脚点是市民社会，新唯物主义的立脚点则是人类社会或社会的人类"②。在系统阐释唯物主义历史观的《德意志意识形态》中，马克思明确提出了区别于一切反动的社会主义的共产主义原则，"共产主义的最重要的不同于一切反动的社会主义的原则之一就是下面这个以研究人的本性为基础的实际信念，即人们的头脑和智力的差别，根本不应引起胃和肉体需要的差别"③。在《共产党宣言》中，马克思指出，在未来共产主

---

① 马克思恩格斯文集：第一卷[M].北京：人民出版社，2009：46.
② 马克思恩格斯文集：第一卷[M].北京：人民出版社，2009：502.
③ 马克思恩格斯全集：第3卷[M].北京：人民出版社，1960：637-638.

义社会,每一个人的自由发展是一切人的自由发展的前提。在《哥达纲领批判》中,马克思提出"各尽所能,按需分配",将劳动看作"生活的第一需要"。这些无不体现出马克思"良序社会"的现实性与超越性的统一。现实性不是抽象的现实性,而是意味着人的本质力量的实现;而超越性也不是远离物质生活的超越,而是在现实生活中逐步生成的。

可见,无论是"人的解放",还是"人类社会或社会的人类",抑或是"人的本性"以及"按需分配",都意味着马克思对于未来理想社会的政治哲学建构超出了一般意义上拘执于社会生活表象的"资产阶级眼界",站在了一个与日常经验生活完全不同的逻辑位阶之上来审视资本主义社会。换句话说,马克思并不是立足市民社会来对资产阶级政治解放进行某种抽象的确证与完善,而是要从根本上超出资产阶级政治解放的根本原则。在马克思看来,政治解放仅仅是人类解放过程的一个中间阶段而非终点,原因就在于政治解放内部存在着难以消解的冲突,主要表现为共同体与个体、公民权和人权、身为"公民"的人和身为"市民社会成员"的人之间的矛盾。因此,在人的解放视域中,马克思并不纠缠于如何摆正平等、自由与权利,市场与国家,形式正义与实质正义的相互关系,其致思取向在于如何从根本上"推翻使人成为被侮辱、被奴役、被遗弃和被蔑视的东西的一切关系"[1],其最终理想在于实现人的自由而全面的发展。在这个意义上,罗尔斯正确地指出,马克思关于未来理想社会的理论构想是"超越正义"的,超越于他所主张的"政治正义"之上的。[2]

进一步的问题是,马克思所确立的"良序社会"的超越性维度是如何落实在世俗生活之中的? 这种超越性的追求仅仅是一种彼岸世界的美好蓝图吗? 实际上,马克思所从事的政治经济学批判以及所领导的工人运动,就是

---

① 马克思恩格斯文集:第一卷[M].北京:人民出版社,2009:11.
② [美]罗尔斯.政治哲学史讲义[M].杨通进,等译.北京:中国社会科学出版社,2011:385.

这种超越性目标得以实现的现实载体。马克思对资本主义社会的政治经济批判集中展现出"良序社会"的现实性维度。

首先,立足市民社会的核心原则——所有权,马克思揭示出资本主义生产关系的剥削本性,从而穿透了资产阶级的意识形态迷雾,解除了束缚工人阶级的思想桎梏。立足市民社会,所有权意味着每个人都应当无条件地占有自己的劳动产品。然而在生产资料资本主义私人占有的生产关系中,情况却是相反的,劳动所有权规律颠倒为资本主义占有规律,所有权表现为丧失所有权,"工人丧失所有权,而对象化劳动拥有对活劳动的所有权,或者说资本占有他人劳动——两者只是在对立的两极上表现了同一关系——,这是资产阶级生产方式的基本条件,而决不是同这种生产方式毫不相干的偶然现象"①。质言之,在马克思看来,"平等地剥削劳动力,是资本的首要的人权"②。

其次,马克思确立起生产资料共同占有基础上所有权原则——共产主义初级阶段的"按劳分配"。在马克思看来,共产主义社会初级阶段的生产力还没有达到高度发达的水平,因此人们相互之间的关系在根本上还是围绕着物质利益来展开的竞争性关系。这就意味着,共产主义初级阶段还带有资本主义社会的痕迹,消费品的分配原则依然带有资产阶级法权性质。本质性的不同在于,由于生产资料的共同占有,每一个社会成员都被还原为劳动者,劳动成为谋生的第一需要,"按劳分配"要求按照每一个人的劳动量来公平地分配消费。由于个人的禀赋、家庭状况等因素的制约,作为一种法权的"按劳分配"必然会带来贫富差距等社会弊病,但这种社会弊病并不会造成人与人之间奴役性的社会关系。"某一个人事实上所得到的比另一个人多些,也就比另一个人富些,如此等等。要避免所有这些弊病,权利就不应当是

① 马克思恩格斯文集:第八卷[M].北京:人民出版社,2009:208.
② 马克思恩格斯文集:第五卷[M].北京:人民出版社,2009:338.

平等的,而应当是不平等的。"①在马克思看来,唯有在生产力高度发达、集体财富的一切源泉充分涌流的基础上,在人与人的社会关系以互助友爱、平等劳动为核心内容时,权利才能是不平等的,"按需分配"才能是可欲的。

可见,与资产阶级性质的"良序社会"根本不同,马克思不是要对既有的资本主义体制进行哲学辩护和某种修正,而是要在揭示其自我悖反的基础之上为社会生活确立新的实践地基。在马克思所生活的早期资本主义社会,资本主义的自我悖反以异常残酷的形式体现在社会生活的方方面面。一方面,资本主义创造出不计其数的社会财富,比以往任何时代都能推进生产力的进步和发展;另一方面,资本主义创造出异常深重的社会贫困,工人仅仅处于不至饿死的悲惨境地。一方面,资产阶级政治解放解除一切封建枷锁,赋予每个人以公民的身份;另一方面,资产阶级的民主只是少数人的民主,绝大多数社会成员难以拥有实质性的政治权利。一方面,资产阶级的国家治理标榜自身的自由主义属性,将扶植和照料生命作为自己的任务;另一方面,随时降临的紧急状态使得每一个人都面临着沦为毫无社会政治属性的"赤裸生命"的危险。

在 21 世纪的今天,世界历史的基本面貌发生了翻天覆地的变化。在资本主义国家内部,资产阶级与无产阶级的矛盾趋于缓和,工业时代的无产阶级似乎已经被消费社会的大众所取代。但是这只是带有迷惑性的表象,在这一表象之下潜藏着的是更为深刻的社会危机。一方面,消费社会的崛起,在缓解资本主义生产相对过剩压力的同时,又造成了人与自然之间更为深层次的对立,环境污染升级为生态危机,人类所栖居的自然环境遭到前所未有的破坏;另一方面,消费社会的崛起,意味着资产阶级对无产阶级奴役和剥削的深化。在工业时代,资产阶级对无产阶级的奴役和剥削主要集中在生产

---

① 马克思恩格斯文集:第三卷[M].北京:人民出版社,2009:435.

领域,表现为延长劳动时间、增加劳动强度、克扣工资等。而在消费社会中,通过对工人消费活动的引导与填充,资产阶级的奴役和剥削已经延展到了精神领域,以此来塑造绝对服从资本增值逻辑的虚假主体。在世界范围内,资本主义一统天下的局面日益松动,资本主义对世界历史的绝对主导权日益瓦解,社会主义的理想已经从理论变成现实。在"百年未有之大变局"的今天,中国特色社会主义进入新时代,标志着科学社会主义在 21 世纪的伟大复兴,意味着中国特色社会主义为"良序社会"的现实建构提供了"中国智慧"和"中国方案"。

这就意味着,在当代社会背景下,"良序社会"的现实构建必须同时回答两个问题,它们共同构成了在当代社会讨论"良序社会"的时代经纬,也是"良序社会"所立足的历史前提及其所要达成的未来前景。第一,资本主义的悖论如何破除;第二,社会主义的前景如何谋划。这两个问题并不是相互孤立地存在的,而是内在地契合于"良序社会"的现实性与超越性。这是因为,社会主义的前景必须在批判性地吸收资本主义文明成果的基础上才能具有现实的生命力,而资本主义悖论的破除同样也不是一蹴而就的,其内部所包含着的先进的社会主义因素的发展壮大以至于成熟起来同样需要一个漫长的历史过程。正如马克思曾经指出的:"新思潮的优点就恰恰在于我们不想教条式地预料未来,而只是希望在批判旧世界中发现新世界。"①这就意味着,我们必须在历史唯物主义所开启的辩证视域中去建构"良序社会"的理想图景,并对其展开具体的和历史的前提批判。

综上所述,站在历史唯物主义的基本立场上,以现实的人及其历史发展为基本线索,以全人类的自由解放为最高旨趣,将"良序社会"的现实建构纳入一个更为宽广的理论视野和更为深厚的实践背景之中,从而突破"良序社

---

① 马克思恩格斯全集:第 1 卷[M].北京:人民出版社,1956:416.

会"的资产阶级政治哲学范式和西方政治文化传统,在构建人类命运共同体的时代背景下探索"良序社会"的可能形态,便是本书所确立的问题意识和基本任务。在这个意义上,本书将当代西方政治哲学开创者罗尔斯的"良序社会"作为典型形态予以前提性(或历史唯物主义式)的反思,澄清罗尔斯"良序社会"的理论关切、理论建构以及理论症结,在彰显罗尔斯"良序社会"之内在价值的基础上指出其不可跨越的外在限度,以此为基础,揭示在百年未有之大变局的背景下建构"良序社会"应遵循的历史逻辑和现实道路,从而在理论对话与现实反思相结合的意义上敞开对"良序社会"的历史反思、现实把握和未来探索。

第一章 "良序社会"的制度设计理念

就其基本含义来看,所谓"良序社会"就是指一个秩序良好的社会,在其中,社会基本权利与义务、社会合作产生的利益与负担都能够得到公平的分配。从霍布斯到洛克,从斯密到黑格尔,政治哲学家对"良序社会"的制度设计理念进行了不懈的理论探索。①霍布斯从充满丛林法则的自然状态中论证权力利维坦的必要性,而洛克则从普遍和谐的自然状态中讨论公正裁判者的经济属性。斯密从经济人假设出发相信每一个人的自利行为能够实现社会整体利益的增长,而黑格尔则主张政治国家是市民社会的本质,伦理实体是利己主义者存在的天命。可见,对于"良序社会"的制度理念,近代以来的政治哲学家的探讨基本上都是围绕着市民社会与政治国家的关系来展开的。以利益为核心的市民社会与以权利为核心的政治国家之间的关系,成为"良序社会"之制度理念的根本问题。换句话说,是政治国家压倒市民社会,还是市民社会压倒政治国家,或者市民社会与政治国家的其他关系模式,都预示着截然不同的至少是差别巨大的制度设计。

---

① 在笔者看来,所谓政治哲学就是对政治的前提反思,因此政治哲学家对政治的探索不同于政治家,他们侧重于从制度理念的形上层次上阐释政治制度的根据、标准和尺度。

实际上,近代政治哲学家的探讨只是揭示出"良序社会"的两大基本领域,并没有为建构"良序社会"提供一个可以拿来就用的现成方案。在黑格尔之后,马克思通过他的"三大批判"(哲学批判、政治经济学批判以及社会主义批判)颠倒了以往人们对"良序社会"的唯心主义理解,将"良序社会"的探索与建构奠定在物质生产方式的基础上。当代西方政治哲学家对"良序社会"之制度理念的探索不再固守于市民社会与政治国家的两极对立,而是在当代社会生活重大变革尤其是资本主义当代发展的基础上试图寻求市民社会与政治国家的某种和解,以此作为建构良善制度的理念支撑。在笔者看来,罗尔斯和诺奇克在这一方面的理论探索具有代表性意义,他们将一个秩序良好的社会需要什么样的财产理念和国家理念作为自己明确的问题意识,并展开了持久的学术讨论。

基于此,本章的主要任务就是,探讨罗尔斯和诺奇克所持有的制度设计理念,尤其是在财产所有和国家职能方面,在此基础上对比性地分析二者的理论特质。通过对比性分析,笔者认为,罗尔斯的以公平正义为核心的制度设计理念更具有综合性,它多方面地吸收了卢梭、康德、黑格尔以及马克思的思想资源,试图以此来对西方的政治制度和财产制度进行某种重构,使其能够适应变化了的社会现实。因此,在笔者看来,罗尔斯的以公平正义为核心的制度理念更具有可欲性,更符合人们的基本认知,从而也更具有进一步的阐释空间。

一、罗尔斯"良序社会"的制度设计理念

罗尔斯最为著名的学生涛慕斯·博格指出:"罗尔斯将精力集中于对他来说意义最大的两个问题:一个正义的制度安排如何可能? 一个值得度过的

人生如何可能？"①在罗尔斯看来,唯有在一种正义的制度安排之中,人生的意义问题才能够获得恰切的回答,因为在其政治哲学的基本构架之中,个人是社会合作的参加者,而人生的意义恰恰在于社会合作者这一身份的长久稳定。因此,罗尔斯政治哲学的核心问题意识聚焦于正义的制度安排如何可能。借用罗尔斯的术语来说,那就是"良序社会"的理想图景如何可能。通观罗尔斯的政治哲学著述,我们发现,罗尔斯"良序社会"的理想图景存在着显性与隐性两个层面:罗尔斯所谋求的正义的制度设计是其显性层面,而这种制度设计得以可能的思想前提即政治正义原则是其隐性层面。在罗尔斯看来,政治正义原则必须应用于一定的社会基本结构,体现为具体的社会制度,后者保障着政治正义原则的实现。正如罗尔斯在《正义论》开篇中所强调的那样,"正义是社会制度的首要德性"②。在罗尔斯看来,社会基本结构不同于一般意义上的共同体、社团、家庭等,它是每个社会合作的参与者"生而入其内,死而出其外"的封闭的存在空间,它决定着基本权利和义务的分派,调节着社会合作所产生的利益与负担的划分。因此,社会基本结构从根本上决定着社会合作参与者所秉持的"善观念"能否公平地获得发展和实现的机会。很显然,基本政治体制决定了基本权利与义务的分派,而基本财产所有制决定了社会合作所产生的利益与负担的划分。因此,对于"良序社会"来说,至关重要的制度构成部分体现为政治体制和财产形式,这也是罗尔斯着墨较多的。这样的话,我们主要围绕着政治体制和财产形式来讨论"良序社会"的制度设计,以此来探究这样的制度设计如何保障政治正义原则,进而重塑社会生活之整全性。

---

① [美]涛慕斯·博格.罗尔斯:生平与正义理论[M].顾肃,等译.北京:中国人民大学出版社,2010:3.

② [美]罗尔斯.正义论[M].何怀宏,等译.北京:中国社会科学出版社,2009:2.

(一)理性多元论

在《道德哲学史讲义》中,罗尔斯曾经指出:"政治哲学的任务是帮助他们理解这一点。它要关注的不是一个超越现实世界的应然的世界(黑格尔认为康德哲学就是如此),而是一个在他们眼前的、实现了他们自由的世界。"①在《道德哲学史讲义》的另一处,罗尔斯毫不讳言地指出:"我把黑格尔解释为一位温和进步的、改革取向的自由派,我把他的自由主义看作《政治之自由主义》中道德和政治哲学的一个重要的范例。"②可见,罗尔斯从"正义论"转向"政治自由主义",浓缩地包含着一段从康德到黑格尔的哲学史,即前期罗尔斯的"正义论"是康德式的,后期罗尔斯的"政治自由主义"是黑格尔式的。促成此种转变的原因就在于罗尔斯对现代民主社会之基本事实的判定,即理性多元。而这一判断与黑格尔对市民社会中个人与共同体分裂的指认具有某种一致性,正如著名的罗尔斯专家伯库森 (Jeffrey Neil Bercuson)所言:"罗尔斯自觉地与克服现代社会原子主义特征的黑格尔式的谋划保持一致。而且,像黑格尔那样,罗尔斯将深层的多元论视作稳定统一的先决条件而非障碍。"③由此来看,与黑格尔一样,面对现代社会的特殊性、多元性和分裂性,罗尔斯并没有像康德那样彻底遁入纯粹实践理性的内在性之中,企图以一种抽象同质性来还原特殊性,而是主张走出特殊性的狭隘眼界,在新的历史情势中重新实现社会整合。这样的话,我们就能够在思想史与问题意识的双重向度上来理解罗尔斯政治哲学的思想转向,切中这一转向的现实考量——理性多元的事实。

---

① [美]罗尔斯.道德哲学史讲义[M].顾肃,等译.北京:中国社会科学出版社,2012:290.

② [美]罗尔斯.道德哲学史讲义[M].顾肃,等译.北京:中国社会科学出版社,2012:288.

③ Jeffrey Neil Bercuson.Reconsidering Rawls:The Rousseauian and Hehelian Heritage of Justice as Fairness[M].Doctoral thesis of University of Toronto,2013:64.

理性多元是罗尔斯对现代社会生活的一个基本判断。如何在这一既定事实的前提之下,重新实现社会的统一与整合,是罗尔斯为自己政治哲学所确立的理论目标。换句话说,如何使"正义论"阶段提出的正义原则与理性多元相融合,这是实现社会整合的关键所在。那么,在这里,澄清罗尔斯语境中的理性多元论,便是一项基础性工作。在罗尔斯看来,现代民主社会是一个多元社会,社会成员之间存在着严重且深刻的思想分歧。这些思想分歧之所以严重且深刻,其原因在于这些思想均是理性的宗教、道德和哲学的"完备性学说"。"现代民主社会不仅具有一种完备性宗教学说、哲学学说和道德学说之多元化特征。这些学说中的任何一种都不能得到公民们的普遍认肯。任何人也不应期待在可预见的将来, 它们中的某一种学说或某些其它合乎理性的学说,将会得到全体公民,或几乎所有公民的认肯。"①从罗尔斯对现代民主社会这一特征的界定来看, 我们应该从以下相互规定的三个方面来具体地理解什么是"理性多元论"。

首先,就其本身来看,我们必须阐明什么是理性的"完备性学说"。在这里,我们可以通过分别阐释"完备性"和"理性的"来对这样的学说进行初步的认知。在罗尔斯那里,所谓"完备性"本身具有特殊的含义,即为"一般的",意指一种学说可以适用于广泛而普遍的主题之上。它不仅适用于政治性主题,而且还适用于非政治性主题;它不仅作为人们在社会合作过程中的行为规范,而且作为人们追求人生幸福和实现人生理想的行动指南。就其是否包含全部的非政治价值而言,"完备性"又被区分为"充分完备性"和"部分完备性"。那什么是"理性的"呢? 在罗尔斯看来,所谓"理性的",表达的是一种公共性。一种理性的学说"是一种包含着公共理性的民主公民的政治理想。这一理想的内容包括作为理性的、自由而平等的公民可以要求相互尊重他们

---

① [美]罗尔斯.政治自由主义[M].万俊人,译.南京:译林出版社,2011:4.

各自合乎理性的完备性观念"①。与之相反,那些非理性的学说便是得不到公共理性的支持、得不到他人认可的学说。这样的学说,在罗尔斯看来,在现代民主社会中是不会普遍流行的。

其次,各自理性的"完备性学说"的存在内在地呼唤作为"重叠共识"的政治正义观念。在罗尔斯看来,理性多元是现代民主社会的一项永久性事实,它并不是一个短暂的历史性特征。因此,任何一种"完备性学说"要想得到人们的一致认可,必须借助于带有压迫性质的国家权力。一边是相互冲突且理性的"完备性学说",一边是带有压迫性的国家权力,在这样的社会环境下,现代民主社会的长治久安是一个难以达成的难题。罗尔斯指出,这就需要在各种相互冲突且理性的"完备性学说"之间达成"重叠共识"。对任何一种"完备性学说",这种"重叠共识"既不支持,也不反对。这就意味着,这种作为"重叠共识"的政治正义观念不可能是理性独断的思辨产物,其自身必须植根于民主社会的"公共政治文化"——人们所共享的直觉性理念。"一民主社会的政治文化,在一个相当长的时期里理性地发挥着作用,它通常包含着或至少是隐含着某些基本的直觉性理念,从这些理念中,有可能制定出一种适合于一立宪政体的政治的正义观念。"②

最后,在现代民主社会中,为什么各种理性的"完备性学说"会相互冲突呢? 这些冲突本身为什么是合理的呢? 在这里,罗尔斯提出了"判断的负担"这一理念,用以揭示合理冲突得以产生的原因。"在我们最重要的判断中,许多都是在这样一些条件下做出的, 即我们不能期待正直的个人以其充分的理性能力(甚至是在经过自由讨论之后)总能达到相同的判断。"③由于所掌握的判断证据的差异、赋予各种考量的权重不同、概念本身的模糊不清、生

① [美]罗尔斯.政治自由主义[M].万俊人,译.南京:译林出版社,2011:57.
② [美]罗尔斯.政治自由主义[M].万俊人,译.南京:译林出版社,2011:34(注释41).
③ [美]罗尔斯.政治自由主义[M].万俊人,译.南京:译林出版社,2011:54.

活经验的不同以及价值排序的不同,表征着世界观和人生观的各种"完备性学说"很难得到人们的一致认可,进而很难成为指导社会合作的统一的行为规范。

实际上,理性多元,在现代性的开端之初,就已经显露出自身的端倪。古代社会的禁欲主义的生活方式以及追求完满德性的生活理想,与现代社会以发家致富为核心意识的资产阶级价值观相互冲突。而在资产阶级的价值观内部,利己主义与利他主义、个人利益与整体利益相互冲突。从笛卡尔的"我思"到康德的纯粹实践理性,随着意识内在性原则的步步推进,相互冲突的各种学说在思维方式的意义上逐渐自觉到自身的合理性。只是在罗尔斯生活的美国,作为一个成熟且发达的民主社会,理性多元才被表征为现代民主社会的一项永久性事实,才被作为现代社会的本质性特征。在这个意义上,我们可以说,黑格尔第一个洞见到了现代社会生活的分裂性,而罗尔斯首先自觉地将这种分裂性把握为理性多元。二者面对的是共同的时代课题,他们提出的解决方案也具有诸多相似性。

综上可知,罗尔斯的问题意识植根于现代民主社会的一个基本事实,即理性多元及其带来的深刻而持久的社会分化。这是罗尔斯对现代性困境的独特的政治哲学表征。而罗尔斯为自己确立的理论使命就在于,在理性多元这一既定事实的前提下,实现社会统一,重塑社会生活的整全性。这种社会统一的实现既不诉诸种种以妥协退让为基础的"临时协定"("权宜之计"),也不诉诸一种为社会生活各个方面提供最高指导的"道德理想",而是致力于在已然深刻分化的社会成员之间就应用于社会基本结构的政治正义原则达成共识,从而确立社会合作的公平条款。在这个基础上,罗尔斯建构了"良序社会"这一理想图景。

（二）国家中立性

石元康指出："在存在着合理的分歧的社会中，社会统合的基础何在？'中立性'这个概念就是自由主义用来处理合理的分歧的中心概念。"①作为自由主义者的罗尔斯，在政治体制的层面上坚持的就是中立性原则。这种中立性原则应用于掌握压迫性力量的国家。通过建构中立性的国家，罗尔斯力图避免国家通过压迫性力量强迫人们接受某一种特殊的"善观念"。那么，什么是中立性的国家呢？它与以往的国家理念有什么重要区别呢？这就要求我们回顾国家理念的历史形态，来对罗尔斯的中立性国家观念有一个更为实质性的把握。

从字面意思来看，所谓的国家中立性意指国家不能通过压迫性力量而强迫人们接受某一特定的"善观念"。与国家中立性相反，以往的国家总是将某一特定的"善观念"强制地变成所有人都不得不接受的生活前景，甚至上升到国家施政纲领的高度。比如，中世纪神权国家将基督教确立为国教，对异教徒进行残酷迫害。在罗尔斯看来，这是一种伦理学上的"至善论"在政治原则上的表现。所谓伦理学上的"至善论"是"目的论"的一个表现形式。"目的论"与"义务论"相对应，二者的区别在于对伦理学的两大基本要素"正当"与"善"所赋予的权重以及优先性不同。在"目的论"看来，"善"优先于"正当"，而"正当"就在于最大限度地实现某种特定的"善"。与之相反，在"义务论"看来，"正当"优先于且独立于"善"，它不以某种特定的"善"为转移。那么，"至善论"作为"目的论"的一个变形，它所强调的"善"与一般的"善"有什么区别呢？具体而言，"至善论"对于何为"善"的解释超出了一般"目的论"的范围，它将"善"看作人类在艺术、科学以及文化上的卓越性的实现。

---

① 应奇.自由主义中立性及其批评者[C].南京:江苏人民出版社,2007:封底.

在罗尔斯看来,"至善论"作为一个自由的社会团体或共同体的行为原则和规范,是没有问题的。因为任何一个既定的社会团体或共同体得以存在的前提就在于对某种特定的人类价值的承认、维护和发展。罗尔斯反对的是,超出既定的社会团体或共同体,将"至善论"的原则应用于整个国家层面,将之当作基本的政治原则,进而"以其活动具有更多的内在价值为理由,使用强制性的国家机器来为自己争取更多的自由或更大的分配份额"①。"至善论"的国家观念虽然将人类在艺术、科学以及文化层面的卓越性上升到整个国家层面,但其基本理念不符合现代民主社会理性多元的社会事实,使个人的自由陷入危险之中。换句话说,人们接受某种"善观念",并不是出于自身对该种"善观念"之价值的自觉认同以及自由选择,而是出于对国家强制力的恐惧以及基本善的额外分配。"国家至善论事实上歪曲了人们对各种生活方式的自由评价,在不考虑其内在优点的情况下强化了支配性的生活方式,并且不公平地将处于边缘和不利地位的团体的价值和抱负排除在共同体之外。"②

由此观之,在理性多元已成为基本事实的现代民主社会,为了维护个人的自由,国家不能奉行"至善论",只能将"中立性"当作基本的政治原则。与"至善论"的"目的论"底色相反,"中立性"的伦理学底色则是"义务论"。这种"义务论"在罗尔斯原初状态的论证模式之中早已被预先决定了。如上所述,"义务论"的基本主张在于,"正当"独立于且优先于"善","善"必须在"正当"的范围内发挥作用。在人们选择正义原则的原初状态中,无知之幕摒弃了关于个人的具体"善观念"的特殊信息,这就迫使人们对不同的"善观念"保持中立性立场。进而,特殊的"善观念"也就难以取得支配性的统治地位。通过对"中立性"之伦理学底色的描述,国家中立性的观念也就呼之欲出了。质言

---

① [美]罗尔斯.正义论[M].何怀宏,等译.北京:中国社会科学出版社,2009:257.

② Will Kymlicka,"Liberal Individualism and Liberal Neutrality",99 Ethics,1989:900.

之,一方面,国家应当保证每个公民都有平等的机会来发展可以被"正当"原则认可的"善观念";另一方面,国家不能通过强制性力量来推进某种"善观念",也不能对那些持有某种"善观念"的公民给予过多的支持。这样的话,国家中立性只是意味着"国家不得做任何意在袒护或促进任何特殊完备性学说的事情,或者,给那些追求某一特殊完备性学说的人以较大支持"①。也就是说,国家中立性观念既不意味着国家可以无原则地支持被人们自由选择的"善观念",也不意味着国家不得对任何"善观念"或"完备性学说"造成各种影响和后果。

从中,我们可以看出罗尔斯的国家中立性观念具有四个方面的特征。第一,这种中立性观念是特殊主义的,而不是普遍主义的。国家中立性不是建立在康德式的人性论基础上,它植根于民主社会的"公共政治文化",由此,这种中立性并不是在任何时间地点都奏效。第二,这种中立性是实质性的,而不是程序性的。国家中立性是具有原则高度的,其原则就是原初状态中所选择的正义原则,即"公共政治正义观念",它是一切"善观念"得以被人们认同和接受的基本标准,唯有合乎正义原则的"善观念"才能被中立性的国家所认可。第三,这种中立性是近似的,而不是绝对的。很多共同体主义者如克劳德(George Crowder)将罗尔斯的中立性原则看作绝对的,因而批判罗尔斯对某些价值给予过少的重视,"它促进了宽容而不是正统、自由而不是团结,多样性而不是社群、争论而不是共识、试验而不是传统"②。第四,这种中立性是辩护理由的,而不是结果的。这种中立性主要用于对国家行为的辩护,而不是国家行为的结果。也就是说,不是所有的合乎正义原则的"善观念"都能够获得人们的支持,人们对"善观念"的自由选择是具体的历史的,国家确保的是这种自由选择的实现,至于何种"善观念"被选择,则不在国家行为的范

---

① [美]罗尔斯.政治自由主义[M].万俊人,译.南京:译林出版社,2011:178.

② [英]乔治·克劳德.自由主义与价值多元论[M].应奇,等译.南京:江苏人民出版社,2006:34.

围之内。

不论是国家中立性的"义务论"底色,还是国家中立性的四个特征,都保证了国家中立性原则既具有可欲性,又具有可行性。正如查尔斯·拉莫尔(Charles Larmore)所言,罗尔斯的国家中立性是在"两种极端之间保持平衡的一种努力"。一种极端就是以康德和密尔为代表的"完备性学说","把政治中立性奠基在个人主义理想之上,这种理想不但要塑造我们作为公民的角色,而且要塑造我们的整个良善生活"[①],因而不具备可行性。另一种极端就是策略性的"权宜之计",它通过讨价还价,"把政治中立性单纯地奠基在策略性考虑之上"[②],因而不具备可欲性。正是通过这种兼具可欲性和可行性的国家中立性原则,罗尔斯在国家层面实现了社会生活之整全性的重塑。在现代多元的民主社会中,国家不再是各种利益角逐的战场,而是实现社会统一的前提。

(三)财产所有的民主制

国家中立性确保所有公民有平等的机会来自由地选择合乎"公共政治正义观念"的"善观念",那么,财产所有的民主制则旨在将这种自由选择从抽象的政治承诺落实为一种具体的实际行动。只有公民占有一定的财产,他才能够自由地选择"善观念",并将这种"善观念"付诸实现。这就能够理解罗尔斯为什么仅仅将对于所有人来说都是必需品的基本善仍然保留在原初状态中。与特殊的"善观念"相比,基本善虽然体现为具体的权利与自由、机会与权力、收入与财富等,但这些基本善是任何一种特殊性的"善观念"实现自身所必需的物质基础,其本身表现出一种普遍性。那么,什么是财产所有的民主制呢?它与以往财产所有制的区别体现在哪里?这两个基础性的问题,

---

①② [美]查尔斯·拉莫尔.现代性的教训[M].刘擎,等译.上海:东方出版社,2010:143.

对于理解罗尔斯独特的财产观念及其对社会生活统一性的重塑，具有至关重要的意义。

财产权是资本主义社会的核心权利。在罗尔斯看来，财产不仅关涉着个人的物质生活以及"善观念"的实现，还更为本质地关涉着个人政治参与状况以及公民德性的养成，正所谓"有恒产者，有恒心"。近代以来，资产阶级政治解放将人们从封建性质的人身依附中解救出来，赋予每个公民政治权利与政治自由。但是事实上，这种政治权利与政治自由仅仅是一种形式上的平等，不具有实质性的意义。因为在资本主义生产资料私有制的前提下，只有少数资产者掌握着生产资料。他们占有了劳动产品中的绝大部分，广大劳动者所占有的劳动产品仅足以维持基本生存而已，社会成员之间的贫富差距日益呈现出两极分化的趋势。在这样的社会背景下，公民平等的政治参与不能获得真正的实现。由此，实现公民政治参与权的平等，培育公民德性，首要任务就是要均等化产权，实现财产所有的民主制，进而缩小公民间的经济差距。在《正义论》中，罗尔斯指出："从一开始，我就假设理想体系的制度是财产所有的民主制。"①与撒切尔所主张的财产所有的民主制相比，罗尔斯财产所有的民主制更具进步色彩，可以说是对古典自由主义财产权的反叛。这种反叛主要体现在以下两个方面，即基本的经济自由和公平的市场。

经济自由是古典自由主义的核心观念，其基本主张是公民的财产权，尤其是生产资料的所有权，是天赋的，因而是不可侵犯的。这种意义上的经济自由是国家利用其职能来实现分配正义的一大阻碍。因此，如何突破不可侵犯的财产权，是罗尔斯财产所有的民主制不得不首先要解决的重大难题。如果说，古典主义的经济自由是厚版本的形式化的经济自由，那么罗尔斯所坚持的经济自由就是薄版本的实质性的经济自由。这正是罗尔斯对古典经济

---

① [美]罗尔斯.正义论[M].何怀宏，等译.北京：中国社会科学出版社，2009：216.

自由思想的一大反叛。具体而言,罗尔斯将生产性资本(如生产资料)的所有权排除在基本的经济自由之外,认为生产资料等生产性资本的所有权及其所带来的财产性收入并不是个人充分发展和灵活运用"正义感能力"和"善观念能力"这两种道德人格能力所必需的。因此,生产资料的所有权被排除在正义第一原则所保护的基本自由之外。这就为实现财产所有的民主制提供了道德上的正当性。正义第一原则对基本经济自由即公民的非财产性收入给予宪法层面上的保护,正义第二原则用于规范社会经济的不平等,在社会基本结构范围内广泛分布生产性资本,将贫富差距控制在合理范围之内。与之形成对照的是,撒切尔所主张的财产所有的民主制更倾向于古典自由主义,坚持一种厚版本的经济自由,承认生产资料所有权作为基本经济自由的基础性地位。在这样的前提下,自由放任的市场虽然在短期内扩大了财产的分散性,但长期来看,不可避免地导致了生产性资本的高度集中,而贫富差距的两极分化是在所难免的。

罗尔斯财产所有的民主制对古典自由主义进行突破的第二个方面是对公平市场的界定。在古典自由主义看来,只有自发自生的市场才是公平的,而对市场结果的任何干预破坏了市场的公平,侵犯了公民的经济自由。尽管罗尔斯同样反对对市场结果进行干预和调整的配给正义,但在罗尔斯看来,自发性和自生性并不能完全保证市场的公平性。市场的公平性并不仅仅取决于其自身的运转机制,更为本质性地,取决于参与竞争的市场主体所处的具体境域。换句话说,罗尔斯主张的市场的公平性是实质性的,而不是形式化的,形式化的公平市场只是一种"自然的自由体系"。在罗尔斯看来,只有参与竞争的市场主体所处的具体境域是公平的,自发自生的市场才有可能是公平的。那么,如何实现市场主体之具体境域的公平性呢?在罗尔斯看来,这种公平性的实现,必须依赖于市场竞争主体之原初地位的平等。也就是说,竞争主体的原初地位必须最大限度地免受自然的和社会的非选择性的偶然性因素(如出身、天赋、运气等)所带来的消极影响。这样的话,在平等的原初地位这一前提下,自发自生的市场所导致的任何结果才是公平的,而这样的公平市场才能被认为是一种纯粹的程序正义。与之相反,不对竞争主体的原初地位加以调节的公平市场仅仅是一种形式意义上的抽象观念,其最终走向的是一种"自然的自由体系"。

由此可见,薄版本的经济自由与公平的市场是内在一致的,是罗尔斯财产所有的民主制的两大支点。罗尔斯通过削薄基本经济自由,确保市场主体原初地位的平等,使公民在市场竞争中养成独立性和责任感。这从根本上契合于罗尔斯的分配正义思想。罗尔斯区分了分配正义与配给正义。所谓分配正义,实质上是一种应用于社会基本结构的纯粹程序正义,即不存在一种判断何种分配结果是否公平的独立标准,只要严格依照既定程序,任何结果都是公平的。而所谓的配给正义,实质上是一种着眼于物的不完美的程序正义,即存在着判断结果是否公平的独立标准,但没有达到此种标准的可行手段。由此来看,分配正义强调的是程序本身的公平性,力图构建一种公平的背景制度,来最大限度地保证公民民主参与的公平性,培育公民德性。而配给正义则着眼于物,仅在于对市场结果进行干预和调整,将一定量的社会善分配给已知其需求和欲望的特定人群,不利于激发公民市场参与的积极性,更不利于公共德性的培育和养成。

综上可知,面对现代民主社会之理性多元这一基本事实,罗尔斯通过多种制度设计来重塑社会生活的整全性。

首先,在国家层面,罗尔斯确立了中立性原则,防止国家利用压迫性力量来强制推行某一特殊的"善观念"。通过反思"目的论"视域中的国家"至善论"观念,罗尔斯认为,尽管"至善论"观念高度颂扬了人类在科学、艺术和文化中的卓越性,并将之看作占据着支配性地位的"善观念",但其内在的人性论根基仍然是一种完备性的形而上学,从根本上不符合现代民主社会的多元论事实。而罗尔斯所确立的国家中立性原则,是对国家职能的一种"义务论"界定,以"公共的政治正义原则"为基本立场,以所有公民的一致认可为旨归,兼具可欲性与可行性。这就有效地避免了各种合乎理性的"完备性学说"之间的冲突,防止整个社会陷入无意义的内耗之中。

其次,在经济层面,罗尔斯确立了财产所有的民主制,通过削薄基本经济自由和建立公平的市场,保证所有公民都能够自由地选择合乎正义原则的"善观念"。一直以来,财产权都是政治生活的基础。近代以来资产阶级的政治解放之所以日益变得空洞抽象,是因为公民之间的经济差距日益悬殊,多数人难以维持自己的生存,更何况实现政治参与的平等。在罗尔斯看来,经济差距根源在于生产性资本过于集中,生产性资本的所有权成为宪法层面的基本自由。这些都导致了财产性收入压倒劳动收入,人们逐渐丧失了自尊的社会基础。有鉴于此,罗尔斯才主张更为激进的财产所有的民主制,将生产性资本的所有权排除在基本经济自由之外,确保人们参与市场竞争的原初地位的平等。由此,公平的市场不仅使人们具备了自由地选择合乎正义原则的"善观念"的能力,更重要的是,培育了公民德性。

二、诺奇克"良序社会"的制度设计理念

在很大程度上,诺奇克关于"良序社会"的制度设计以批判罗尔斯为出发点。众所周知,罗尔斯《正义论》的发表标志着政治哲学的当代复兴,人们围绕着罗尔斯的政治哲学展开热烈的讨论,而这些讨论在实质上都是对罗尔斯政治正义原则的回应或者批判。罗尔斯关于"良序社会"的制度设计,包括国家中立性、财产所有的民主制,受到了政治哲学家们的热议,有的人持赞同态度,有的人持反对态度。在这个意义上,诺奇克毫不夸张地指出:"政治哲学家现在要么必须在罗尔斯的理论之下展开工作,要么必须解释为什

么不这样的理由。"①作为一名极端自由主义者,诺奇克也不例外,他的论域以及论题几乎都是对罗尔斯政治哲学的某种回应。在《无政府、国家和乌托邦》中,诺奇克旗帜鲜明地反对罗尔斯的政治哲学主张,尤其是以持有正义原则反对罗尔斯的分配正义原则。以此为基础,诺奇克坚持认为,"最低限度的国家"是功能最多的国家,比它功能更多的任何国家都是不道德。更进一步来看,诺奇克认为这种"最低限度的国家"不是一种传统意义上的乌托邦,因为传统意义上的乌托邦赋予国家以太多的职能,尤其是具有侵犯个人权利之倾向的调节分配的职能,而是一种作为乌托邦共同基础的框架即"乌托邦框架",是一种作为乌托邦的乌托邦,是一种各种乌托邦的容器,用诺齐克自己的话来说,它表现为一个包容许多不同共同体的社会结构,是一个进行各种乌托邦实验的外部环境。

实际上,诺奇克与罗尔斯之间的争论可以被视为不同自由主义传统之间的争论。如果检视自由主义的思想史,不难发现,其中存在着两种截然相反的思想传统——自由和平等。自由的传统肇始于洛克,其基本主张是权利尤其是生命权、财产权的不可侵犯性;而平等的传统则肇始于卢梭,其基本主张在于全体公民的一致同意("公意")。罗尔斯坚持平等的价值取向,主张实现社会基本善的平等分配,为公民们实现各自的善观念提供必要的物质保障。诺奇克坚持自由(权利)的价值取向,主张个人权利尤其是财产权的不受侵犯性。因此,罗尔斯与诺齐克关于"良序社会"之制度设计是截然不同的:前者要保证社会成员之间公平、互惠和稳定的社会合作,后者要保证个人基本权利的完整。从根本上来看,二者的分歧在于对财产权的坚持程度不同:罗尔斯坚持的是一种经过修正了的、薄版本的财产权,一种不包含生产性资本之所有权的财产权,这正是财产所有的民主制的核心原则;而诺奇克

---

① [美]罗伯特·诺奇克.无政府、国家和乌托邦[M].姚大志,译.北京:中国社会科学出版社,2008:218.

坚持的是一种极为严格的古典意义上的财产权，无论是生产性资本的所有权，还是生活资料的所有权，都属于严格财产权并受到保护。在这个意义上，本章将诺奇克作为分析对象，一方面是为了强调罗尔斯在自由主义发展中所实现的重要突破，凸显出当代自由主义学说中平等价值取向的合理性；另一方面是为了警惕诺奇克式的极端权利主义的观念，尽管这种极端式的权利观点对于划分群己权界具有重要意义，但它对于人们所珍视的诸如平等、公正、良善、统一等政治价值同样造成了极大的冲击，不利于整个社会的繁荣与稳定。

（一）"最低限度的国家"

诺奇克全部国家构想的根本基础是个人权利的不可侵犯性，在他看来，个人权利的不可侵犯性是所有行为的"边际约束"。"个人拥有权利，有些事情是任何人或任何群体都不能对他们做的，否则就会侵犯他们的权利。"[①]在诺奇克看来，个人权利的"边际约束"反映了康德的义务论观点，"个人是目的，而不仅仅是手段；没有他们的同意，他们不能被牺牲或被用来达到其它目的"[②]。那么，为什么个人的权利是不可侵犯的？为什么为了较大利益不能牺牲个人的利益？在诺奇克看来，就个人而言，每一个人都可以为了长远的较大的利益而牺牲眼前的较小的利益，但是就整体而言，整个社会不能为了某些个人或群体的长远的较大的利益而牺牲另一些个人或群体的眼前的较小的利益，否则，就会造成"权利的功利主义"。诺奇克进一步指出，个人是唯一的实体，社会或者国家既不是实体，也不是生命，"并不存在拥有利益的社会实体，这种社会实体能够为了自己的利益而承受某些牺牲。存在的只是个

---

① ［美］罗伯特·诺奇克.无政府、国家和乌托邦[M].姚大志，译.北京：中国社会科学出版社，2008：前言1.

② ［美］罗伯特·诺奇克.无政府、国家和乌托邦[M].姚大志，译.北京：中国社会科学出版社，2008：37.

体的人,具有他们自己个别生命的不同的个体的人"①。由此来看,诺奇克所坚持的个人权利并不是一种一般性的、积极的权利,也不是一种由社会基本结构来规定的权利,恰恰相反,它是一种特殊性的、消极的权利,是一种反过来规定社会基本结构的权利。因此,"不可侵犯的权利"不是一个可以追求的目的,也不是一个有意为之的状态,而是一种对所有行为的道德约束,是所有行为围绕的焦点。

基于此,诺奇克既反对无政府主义,担心个人的权利得不到维护,又担心国家权力的扩大会侵犯到个人的权利。他试图在个人权利和国家权力之间寻找某种平衡,因而提出了"最低限度的国家"这一构想。诺奇克把国家产生的证明称之为"看不见的手的解释"。一方面,"看不见的手的解释"放弃了传统社会契约论关于国家起源的观点,不接受任何关于权利的形而上学观点以及"公意"的构想。因为传统社会契约论要求人们在缔约时将个人的所有权利都让渡给国家,然而这种让渡潜藏着国家侵犯个人权利的危险,即使是洛克认为个人的生命权、自由权和财产权是不可让渡的,那也很难保证这些权利能够免于国家的干涉和侵犯。另一方面,这一解释借用了市场机制的隐喻,意在表明"最低限度的国家"是可以通过一种不侵犯个人权利的方式从一种自然状态中产生出来的。这样一来,在诺奇克的理论构想中,国家的产生就是一个没有强制、没有压迫的自然而然的过程,同时,个人的权利也将会得到国家的维护。基于这样一种"看不见的手的解释",诺奇克描述了国家的产生过程。在这里需要强调的是,这个产生过程实际上并不是国家的真实产生过程,而是一种规范性的价值指引,换句话说,诺奇克关注的并不是国家如何产生,而是现实中的国家及其运行是否符合他关于国家产生的"看不见的手的解释"。

---

① [美]罗伯特·诺奇克.无政府、国家和乌托邦[M].姚大志,译.北京:中国社会科学出版社,2008:40.

　　诺奇克指出,无政府状态就是没有国家的自然状态,但即使是洛克提出的完善、和平、互助合作的自然状态也依然会产生诸多的不便,原因在于这种自然状态缺乏一个"公正的裁判者"来解决个人之间的矛盾纠纷。为了解决这种不便,无政府的自然状态必须被超越,"最低限度的国家"便应运而生。在诺奇克看来,"最低限度的国家"必须具备两方面的本质规定:一方面,国家必须具有使用强力的垄断权,禁止任何个人和团体进行惩罚或索取赔偿,在这个意义上,强力不再出自个人和团体,国家就是社会上一切纷争的终极裁决者;另一方面,国家应该保护所有人的权利免于侵犯,而不能仅仅给一些人提供保护性服务,而这一点是国家得以垄断强力的前提。

　　在诺奇克的理论构想中,这样的"最低限度的国家"的产生可以大致分为三个阶段:第一,从"自然状态"发展到"支配性的保护性社团";第二,通过"禁止"形成了"极限的国家";第三,通过"赔偿原则"最终达到"最低限度的国家"。①这三个阶段显示出,国家的整个产生过程是自然而然的,个人的权利既没有被侵犯,也没有被让渡给国家,因此也就不会产生国家侵犯个人权利的潜在威胁。在"最低限度的国家"中,个人权利得到了最终的维护。

　　第一,从"自然状态"发展到"支配性的保护性社团"。在洛克的自然状态中,一方面,人们处于一种完善而自由、互助友爱的状态;另一方面,自然状态中也存在着很多不便之处,主要体现为缺乏一个"公共的裁判者"去解决个人之间的各种冲突。在诺奇克看来,在自然状态中,解决这些不便之处的最自然的方法就是,当一个人受到伤害时,呼吁请求他人的帮助。作为交换,他以后也会回应请求而帮助他人。这样就自发地形成了一些"保护性社团"。但这种自发的"保护性社团"仍然存在不便之处,比如它们难以有充足的时间和精力去保护他人,也没有一个统一的标准去保护他人。因此,为了适应

---

　　① 姚大志.当代西方政治哲学[M].北京:北京大学出版社,2011:81.

人们的安全需要,某些专业性的保护性社团便应运而生,它们出售专门的保护服务,为"委托人"进行惩罚和索取赔偿。在一定的区域内,最初可能存在着许多个专业性的保护性社团,但由于竞争的原因,某一个提供优质服务并收费低廉的保护性社团能够击败其他对手,承担起此区域的全部保护任务,成为"支配性的保护性社团"。

第二,从"支配性的保护性社团"发展到"极限的国家"。在一定的地域内,一些人向"支配性的保护性社团"购买服务。但同时也存在着许多不想加入或者没有资格加入"支配性的保护性社团"的"独立者"。这就出现了很多不便之处,比如"支配性的保护性社团"很难有充分的理由介入"独立者"与"委托人"之间发生的冲突。如果"独立者"以一种十分可靠的程序来实施恰如其分的惩罚,那么在诺奇克看来,这种做法合乎"独立者"的权利,其他机构都无权干涉。如果"独立者"实施惩罚的程序不是十分可靠或者不太恰如其分,比如去惩罚一个无辜者或者是过分的惩罚,那么就会威胁社会的安定。因此,为了防止任何不是十分可靠的惩罚的出现,"支配性的保护性社团"必须禁止任何个人的保护性行动,将全部惩罚和索取赔偿的权利垄断在自己的手中。这种通过"禁止"而垄断全部惩罚和索赔权的"支配性的保护性社团",诺奇克将之称为"极限的国家"。

第三,从"极限的国家"到"最低限度的国家"。实际上,仅仅因为"独立者"实施的惩罚不可靠而剥夺其保护自己免受伤害的权利,在诺奇克看来,是不合理的,这种做法侵犯了"独立者"不可侵犯的个人权利。那么,如何才能使得这种剥夺和垄断成为合理的呢?在诺奇克看来,"极限的国家"必须赔偿"独立者"的损失。如果"独立者"被禁止强行个人正义确实需要赔偿,那么最省钱的方式莫过于对"独立者"给予保护服务。因此,这种既拥有强力垄断权又能为全体公民提供保护性服务的机构就是诺奇克眼中的"最低限度的国家"。

很显然,这里存在着一个关键性的问题,那就是,既然"独立者"没有能力或者不想加入"保护性社团",那么为"独立者"提供保护性服务所需的费用从哪里来呢? 这里,罗尔斯式的平等主义者将这种费用的来源解释为再分配,即国家通过再分配的职能为"独立者"提供免费的保护性服务。但是在诺奇克看来,这种再分配的职能不符合"最低限度的国家"的基本要求,而且任何一种再分配都是对个人劳动的掠夺,侵犯了个人的财产权。如上所述,"最低限度的国家"之所以给"独立者"提供免费的保护性服务,真实原因在于对"独立者"所受损失的赔偿,是"委托人"免于遭受不可靠或者不确切的惩罚和索赔的代价。换句话说,这些费用是"委托人"出于自己权利免受侵害的考虑而通过"最低限度的国家"赔偿给"独立者"的,并不是"最低限度的国家"出于对"独立者"不幸遭遇的同情而给予的。事实上,"最低限度的国家"也并没有执行某种分配正义的职能,只是对"独立者"给予了免费的保护性服务。因此,在这一过程中,并没有什么人的权利被侵犯,也没有什么权利被让渡。

通过这三个阶段,诺奇克试图论证,一方面,国家的起源是必要的,因为它是为了解决自然状态或无政府状态中的诸种不便的产物;另一方面,国家的起源也是正当的,因为它是自然而然的,它得以产生的整个过程并没有侵犯任何个人的合法权利。这就是为什么诺奇克将"最低限度的国家"产生的证明称为"看不见的手的解释"。"看不见的手"借用自然市场的隐喻,意在指明没有一只"看得见的手"来支配国家的产生,比如统一的意志("公意")、统一的目的、统一的行动(让渡个人权利)。在这个意义上,诺奇克关于国家产生的论证完全抛弃了社会契约论传统,既证明了国家产生的必要性,也证明了国家产生的自然性,从而为"最低限度的国家"确立了新的理论框架和解释原则。基于这一新的理论框架和解释原则,诺奇克才能够对现实中的国家及其职能做出评价,揭示出现实国家是否符合"最低限度"的基本规定。

在概念的规定层面上,罗尔斯的"国家中立性"与诺奇克的"最低限度的国家"具有一定的相似性,二者都规定了国家行为的一定的界限。但实际上,"国家中立性"与"最低限度的国家"具有本质性的区别。在罗尔斯的政治哲学中,"国家的中立性"体现为国家独立于各种不同的"善观念",既不支持也不反对任何一种特定的"善观念"(当然,这些"善观念"之所以能够存在,之所以能够被人们所认可,就在于它在根本上合乎政治正义原则),这种独立性同时也赋予国家以积极的职能,要在社会基本结构的层面上实现权利与义务、负担与利益的正义分配,来为个人"善观念"的充分实现提供物质保障。而在诺齐克的设想中,"最低限度的国家"的行为界限是个人权利(尤其是财产权),这种权利不是一般的,而是特殊的,不是积极的,而是消极的,特殊的个人充满了权利的空间。而个人与"最低限度的国家"之间并不存在权利的让渡与被让渡关系,存在的只是服务的委托与受托关系。可见,罗尔斯的"国家的中立性"维护的是个人的"善观念"的充分实现,在"善观念"的视阈中,权利是居于工具和手段性地位的,而诺奇克的"最低限度的国家"维护的是个人的权利,权利居于本体性地位。在这个基础上,在财产所有方面,罗尔斯坚持的是分配正义原则,而诺奇克坚持的是持有正义原则。

(二)持有正义

在诺奇克看来,"最低限度的国家"的"功能仅限于保护人们免于暴力、偷窃、欺诈以及强制履行契约等等"[1],因此"最低限度的国家"只不过是"守夜人式的国家"的变形和延伸,是"能够得到证明的功能最多的国家,任何更多功能的国家都会侵犯人们的权利"[2]。然而在一般的观点看来,国家职能应

---

① [美]罗伯特·诺奇克.无政府、国家和乌托邦[M].姚大志,译.北京:中国社会科学出版社,2008:1.

② [美]罗伯特·诺奇克.无政府、国家和乌托邦[M].姚大志,译.北京:中国社会科学出版社,2008:179.

该超出"最低限度的国家"的范围而具有更多的职能,尤其是再分配的职能。在这一点上,罗尔斯与诺奇克产生了严重的分歧。罗尔斯认为,一个正义的国家不仅仅要维护权利,而且要实现平等。"除了维持社会的日常开支费用之外,政府试图通过补贴私立学校或者建立一种公立学校体系来保证具有类似天赋和动机的人都有平等的受教育、受培养的机会。在经济活动和职业的自由选择中,政府也执行和保证均等的政策。……最后,政府确保一种社会最低受惠值,这或者通过家庭津贴和对生病、失业的特别补助,或者较系统地通过收入分配等补贴……的方法来达到。"①很显然,罗尔斯的"分配正义"要求更多的国家职能,而不仅仅是保护个人权利不受侵犯。

诺奇克认为,"分配的正义"并不是一个中性词。"分配"一词意味着某种事物或机制使用某种原则或标准来分发一些东西,但是在西方社会中,"没有任何集中的分配,任何人或任何群体都没有资格控制所有的资源,都没有资格共同决定如何把它们施舍出去"②。在诺奇克看来,在一个自由主义社会中,任何决定都是分别由个人做出的,生产、交换和资源的控制是由不同的人分散进行的,所有人的合力构成了总的结果。更进一步看,诺奇克指出,分配正义也不是中立的,它在价值取向上侵犯了财产所有者的权利,偏向于最不利者,它只关注财产接受者,不关注财产给予者,只关注财产的去向,不关注财产的来源。因此,诺奇克以持有正义批判分配正义,认为自由自发的市场机制不仅能够保证生产的效率,而且能够完成国家再分配的任务,实现社会财富占有的公平。

在诺奇克看来,持有正义主要由三部分构成:一是持有的原初获取,对无主物的占有;二是从一个人到另一个人持有的转让;三是持有的不正义的

---

① [美]罗尔斯.正义论[M].何怀宏,等译.北京:中国社会科学出版社,1988:266.

② [美]罗伯特·诺奇克.无政府、国家和乌托邦[M].姚大志,译.北京:中国社会科学出版社,2008:179.

矫正。与之相应,诺奇克讨论了持有正义的三个原则:"获取正义的原则""转让正义的原则""矫正不正义的原则"。

第一,"获取正义的原则"主要是解决对无主物占有的合法性问题,在这一点上,诺奇克与洛克的看法基本一致,"对无主物的所有权看作由某个人把他的劳动同无主物相混合而产生的"。但是这种获取的方式往往会影响别人获取的可能性。基于此,诺奇克进一步规定,只要这种基于个人劳动的获取将"足够的和同样好的东西留给其他人共有",也就是说,这种获取并没有使他人的境况变坏,那么这种获取行为就是正义的。

第二,"转让正义的原则"规范的是已经合法拥有的财产如何转让给他人才是合法的。诺奇克强调,只要一种转让行为是财产所有者自愿做出的,那么这种转让行为就是正义的。

第三,"矫正不正义的原则"主要是一种补充性的正义原则,用于对违反获取正义原则和转让正义原则的纠正,因为"并非所有实际状态都是依据持有正义的两个原则而产生出来的"①。根据持有正义的三个原则,诺奇克对何为正义的分配做出了自己的解释。"如果一个人根据获取和转让的正义原则,或者根据不正义的矫正原则……对其持有是有资格的,那么他的持有就是正义的;如果每一个人的持有都是正义的,那么持有的总体(分配)就是正义的。"②在诺奇克看来,这种持有的总体(分配)是所有个人意志合力的产物,整个过程不依赖于统一的意志和行动,而是自然而然地达成的。

在明确持有正义三个基本原则后,诺奇克进一步用两组范畴(历史性与非历史性、模式化与非模式化)廓清了持有正义与分配正义之间的原则性区

---

① [美]罗伯特·诺奇克.无政府、国家和乌托邦[M].姚大志,译.北京:中国社会科学出版社,2008:182.

② [美]罗伯特·诺奇克.无政府、国家和乌托邦[M].姚大志,译.北京:中国社会科学出版社,2008:183-184.

别。首先,历史性与非历史性。实际上,按照诺奇克的看法,持有正义具有明显的历史性特征,因为无论是获取正义,还是转让正义,抑或是对不正义的矫正,都指向了财产的历史来源,都是对财产来源的探究。与持有正义相反,分配正义不考虑财产的来源,只关注财产的去向,将财产分配给那些社会上的不利者。其次,模式化与非模式化。在诺奇克看来,"几乎所有被提出的分配正义原则都是模式化的:按照一个人的道德功绩、需求、边际产品、努力程度或者前面各项的权重总和对每个人进行分配"①。与之相反,所谓非模式化的分配不设定任何分配标准,其实施过程是自然而然地听从个人的意愿,没有一个统一的意志作为指导,它允许任何个人按照他所意愿的方式来分配他合法获取的财产。在诺奇克看来,模式化的分配原则忽视了财产的历史来源,只考虑财产接受者的利益,侵犯了财产所有者的权利。

很显然,持有正义的关键之处在于"获取正义"。只有个人对所获取的财产有权利,即只有获取正义是有效的,整个持有正义才是有效的。诺奇克规定,个人对无主物的所有权的产生需要具备两个条件:一是个人对自己的劳动能力(自然天赋)具有所有权,二是个人对于无主物的占有并不会使他人的境况变坏或妨碍他人对无主物的占有。对于第一个条件,诺奇克指出,个人对于自己的自然天赋尽管不是应得的,但至少是有资格的,而这种资格就会导致所有权的产生。这就是诺奇克强版本的资格理论。对于第二个条件,诺奇克认为,在洛克式的自然状态中,自然资源是丰富的和足够的,以至于个人稍加劳动就能够获取财产。因此,个人通过劳动对无主物的占有并不影响他人的占有。可见,当诺奇克批评罗尔斯站在最不利者的立场主张分配正义的时候,诺奇克站在了有利者的立场上主张持有正义,即设法证明有利者所持有的财产在其来源上是合法的和正当的。

---

① [美]罗伯特·诺奇克.无政府、国家和乌托邦[M].姚大志,译.北京:中国社会科学出版社,2008:187.

实际上,诺奇克的持有正义只是对有利者持有财产的正义背书,他所坚持的获取正义在现实社会中是不存在的。一方面,个人对自然天赋没有排他性的权利。只有在与外部条件和他人劳动相结合的情况下,自然天赋才会具有价值,因此,对于自然天赋所带来的利益,个人是没有排他性的资格的,反过来说,对于由较差自然天赋所带来的不利地位,个人也不应为其负全责。另一方面,洛克式的自然状态是一种对现实世界的抽象。实际上,资源丰富且足够的假设只不过是一种视线转移,即将现实中的贫富差距归结为个人原因,而不是归结为社会基本结构。这种假设在道德上贬低现实中的不利者,将不利者的贫困归结于其个人私德的不堪,比如懒惰、浪费、奢侈等。可见,诺奇克依然坚守着古典自由主义的信仰,站在有利者的立场上为之作正义辩护。正是在这个意义上,诺奇克的自由主义往往被归为新古典自由主义,其本质含义在于,站在古典自由主义的立场上来批判罗尔斯的以平等为核心的自由主义。

(三)"乌托邦框架"

"西方政治哲学关于国家理论有两个极端。一端是古典自由主义的'守夜人式的国家',诺奇克的'最低限度的国家'是其最新表述。另一端是各种各样的乌托邦理论。"①在一般情况下,这两种国家理论的极端形式往往是相互对立的,但是在诺奇克看来,"最低限度的国家"同样是一种乌托邦,一种不同于传统乌托邦的乌托邦。因为传统乌托邦是拥有最多职能的国家,服从统一的意志,遵从统一的善观念,而"最低限度的国家"作为乌托邦具有特殊的意义——它是一切乌托邦得以实验的环境和框架。在诺奇克看来,只有澄清"最低限度的国家"和乌托邦之间的内在关系,极端自由主义的主张才会得到人们的认同,才会成为值得欲求的对象。

---

① 姚大志.当代西方政治哲学[M].北京:北京大学出版社,2011:85.

为了论证"最低限度的国家"作为"乌托邦框架"的有效性,诺奇克指出:"人是不同的,不同的人有不同的理想,追求不同的善和价值,从而人们借以实现善、价值和理想的乌托邦也应该是多种多样的、形态万千的。不存在一个对所有人都是最好的世界,只存在一个相对于某个人或某些人而言最好的世界。"①实际上,这段表述中蕴含着"最低限度的国家"作为一种"乌托邦框架"的三重论证。

第一,人是有差别的。人们的志趣、理想、气质等都是有差别的,这就意味着,每个人对于理想社会的憧憬是不同的,因而不可能要求所有人去接受同一个理想共同体。"乌托邦将由各种乌托邦构成,由众多不同的和相异的共同体构成,在这些共同体中,人们在不同的制度下面过着不同的生活……,是这样一个场所,人们有权在理想的共同体中自愿地联合起来,去努力追求和实现他们关于美好生活的梦想。"②因此,诺奇克眼中的乌托邦是一个"元乌托邦",是一个容纳各种乌托邦实验的框架和容器。

第二,"乌托邦自助餐"的隐喻。在诺奇克看来,如果所有的社会基本价值不能同时实现,那么就必须使这些价值获得实现的均等机会。不同的人构成不同的共同体,每个人都有权平等地选择那些最接近其价值理想的共同体。这就是"乌托邦自助餐",在其中,每一个共同体都是一个乌托邦,都有进行实验并被选择的均等机会。

第三,如何发现那个对于所有人来说最好的共同体呢?诺奇克指出了两种发现方法。一是建构方法。但是任何一种建构方法必然依据一定的先定程序和统一的意志,因此它并不是自然而然的。另一种方法是过滤方法。这种方法允许信奉不同"善观念"的人提出自己的共同体设想,努力说服别人加

---

① [美]罗伯特·诺奇克.无政府、国家和乌托邦[M].姚大志,译.北京:中国社会科学出版社,2008:译者前沿 16.

② [美]罗伯特·诺奇克.无政府、国家和乌托邦[M].姚大志,译.北京:中国社会科学出版社,2008:373.

入自己的共同体,而在经过各种实验之后,最优的共同体将会被选择。因此,在一个"乌托邦框架"之中,一些乌托邦将被选择,一些乌托邦将被抛弃。这是一个逐步过滤的过程,也是一个自然而然选择的过程。

可见,诺奇克的"最低限度的国家"作为"乌托邦框架",并不是传统意义上的乌托邦,它不是某一种特定"善观念"的表达,而是一种可以将各种"善观念"包含于其中的框架。因此,这种"乌托邦框架"具有两个优势:"首先,它是未来某个时候的几乎所有乌托邦思想家都可以接受的,而无论他的特殊梦想是什么;其次,它与几乎所有特殊乌托邦梦想的实现都是相容的,虽然它并不保证任何一种特殊乌托邦梦想的实现或者普遍成功。任何一位乌托邦思想家都会同意,我们的框架对于一个善良人组成的社会是合适的。"①诺奇克进一步解释道,他的"乌托邦框架"包括三个层次:国家、共同体和个人。国家在个人的"善观念"之间保持中立,其职能"仅限于保护人们免于暴力、偷窃、欺诈以及强制履行契约等等"②。共同体则是个人基于共同的"善观念"自愿联合而成的,因此共同体可以对个人提出更为广泛的要求,包括强制慈善、帮助穷人等。个人是乌托邦的落脚点,具有独立的生命,国家根据"看不见的手"的原则为个人提供保护,共同体则根据"善观念"满足个人的需要。基于此,诺奇克认为:"最低限度的国家"是自然国家,在产生上是自然而然的,同时也是最好的国家,它能够实现人们的"善观念"。在《无政府、国家和乌托邦》的结尾处,诺奇克问道:"有任何国家或由个人组成的群体敢比这做得更多吗?"③

---

① [美]罗伯特·诺奇克.无政府、国家和乌托邦[M].姚大志,译.北京:中国社会科学出版社,2008:382-383.

② [美]罗伯特·诺奇克.无政府、国家和乌托邦[M].姚大志,译.北京:中国社会科学出版社,2008:1.

③ [美]罗伯特·诺奇克.无政府、国家和乌托邦[M].姚大志,译.北京:中国社会科学出版社,2008:400.

那么,应该如何评价诺奇克的作为"乌托邦框架"的"最低限度的国家"呢?在政治哲学史上,国家与乌托邦向来是对立的,前者是现实的,后者是理想的,但是诺奇克却实现了二者的联结。毋庸置疑,这种联结是新颖的,具有将国家理想化以及乌托邦现实化的意味,但是其内部也充满了不和谐的因素。一方面,诺奇克坚信"最低限度的国家"的职能仅仅在于为个人提供保护,与各种"善观念"无关;但另一方面,这种国家又承担起了"乌托邦框架"的作用,将信奉各种不同"善观念"的共同体都容纳在自身内。一方面,诺奇克反对模式化的非历史原则,认为这些原则侵犯了个人权利;但另一方面,"最低限度的国家"却具有"元乌托邦"的性质,是一种"作为乌托邦的乌托邦"。那么,在这里或有一个恰当的解释就在于,诺奇克同样看到了社会中的不平等,但他不像罗尔斯那样赋予国家以再分配的职能,而是将满足个人需要和实现个人"善观念"的职能交付给处于国家内部的共同体。只有如此来看,"最低限度的国家"才能值得人们欲求,具有道德上的吸引力。

三、简短的评论

通过以上论述,不难发现的是,在核心环节上,罗尔斯与诺奇克所给出的"良序社会"的制度设计是互相对立的:罗尔斯属于新自由主义的旗手,主张政治哲学的核心议题应该是平等;而诺奇克属于新古典自由主义的旗手,坚持权利的不可侵犯性。在此基础上,罗尔斯和诺奇克在国家理论上存在重要的分歧。罗尔斯坚持国家在众多"善观念"之间的中立性,并以政治正义原则为基础履行着再分配的职能,而在财产权方面坚持的是财产所有的民主制,主张广泛分配生产资料。诺奇克坚持"最低限度的国家"的观念,认为国家的唯一任务就是保护个人的权利不受侵犯,在财产权方面坚持严格的持有正义,认为除非个人自愿,任何团体都不得侵犯个人财产权。罗尔斯与诺奇克代表了自由主义的两个端点，是卢梭的平等传统与洛克的自由传统的当代延伸，其他自由主义者在很大程度上都是对二者的折中，力图在自由和平等之间实现某种调和，认为罗尔斯的再分配必须以不侵犯个人权利为底线，诺奇克的持有正义必须将贫富差距控制在一定范围内。①

现在摆在面前的问题是，这两种关于"良序社会"的制度设计孰优孰劣？哪一种制度设计还具有进一步阐释的空间？实际上，罗尔斯和诺奇克在其理论生涯的后期都对各自的制度设计有过深刻的反思。罗尔斯并未完全放弃其分配正义的主张，而是在理性多元论的基础上修正其早期的康德主义倾向，使其制度设计更加符合实际。而诺奇克则在《被检验的人生》中对自己的极端自由主义观点作出反省，指出其不当之处，明确表示，"我曾经提出的极端自由主义的立场，在我现在看来，是非常不当的，其部分原因在于，它没有充分地把这两个方面编织进它的结构之中，一方面是人道的考虑，另外一个方面是它为更加紧密的关系留有空间的共同合作行动……有一些事情，需要我们通过政府一起来做"②。在这里，我们不妨分析一下诺奇克极端自由主义观点可能产生的不良社会后果。

尽管诺奇克宣称其"最低限度的国家"是在自然状态中产生出来的，其所坚称的持有正义在初始环节（获取正义）中并未侵犯他人的正当利益，但是这些理论的支点并不在于现实社会之中，而是在于洛克式的完善、和谐、充裕的自然状态之中。因此，诺奇克的极端自由主义观点难以实现从理论（自然状态）到现实历史（社会状态）的演绎。按照获取正义的原则，一个人越

---

① 在这里，除了自由主义传统之外，当代政治哲学中的其他流派，比如以桑德尔为代表的社群主义、以哈贝马斯为代表的共和主义以及以柯亨为代表的分析马克思主义，乃至于以奈格里为代表的自治主义马克思主义都有关于"良序社会"的制度设计。实际上，这些观点都构成了对罗尔斯的前提批判，在某种程度上澄清了罗尔斯的思维盲区。这部分内容将在后文详细阐述。

② ［美］罗伯特·诺奇克.无政府、国家和乌托邦[M].姚大志，译.北京：中国社会科学出版社，2008：327-328.

是勤劳,占有的财产就越多。但是在资本主义社会,事实确是恰恰相反的。工人劳动得越多,失去得就越多。这就意味着,获取正义原则无法解释劳动者日益贫困、不劳动者日益富有的社会难题。换句话说,诺奇克的极端自由主义观点的真实意义在于,为现实中既有的财产权作理论辩护——任何现实持有的财产都是个人的劳动加诸无主物的结果,并且这种对无主物的占有并不会使他人的境况变坏,因为在自然状态中,财富是充裕的且是易得的。类似的推论则是:为什么现实中的劳动者却没有财产可占有呢? 那是因为穷人的私德有问题,比如懒惰、浪费、纵欲、攀比等,他们没有资产者所具有的那种勤勉、节俭等美德。由此,诺奇克认为,贫富分化、两极对立是不幸的且值得同情,但绝不是不公平的,因而国家也没有责任去剥夺勤勉者的财产去救济懒惰者。

不难看出,诺奇克的观点在某种程度上是洛克-斯密自由主义观点的当代翻版,内部充满着二元冲突:承认两极分化的存在,但却认为这种分化是合理的。实际上,诺奇克的观点与资产阶级的劳动价值论具有内在的一致之处,将私有财产说成是个人劳动的结果,完全抹杀私有财产在来源上的剥削性,并将由社会基本结构等外在原因所造成的贫困归因于个人的品德。按照资产阶级劳动价值论的看法,越是勤劳的人就越富有,但是事实却是相反,越是勤劳的人越是贫困。在这个意义上,资产阶级的劳动价值论将如何在社会现实中前后一致地贯彻下去呢? 唯一合理的解释只能是倒果为因,越是富有的人就越勤劳,或者是其本人勤劳,或者是其先辈勤劳,而越是贫困的人就越懒惰(浪费、纵欲)。那么如何救济穷人呢? 按照劳动价值论的观点,只有强制其劳动,使其养成勤劳节俭的美德。这样就陷入了一个恶性循环,不仅会带来原子化的个人之间的冲突,而且会引起巨大的贫富差距,最终威胁社会的安定团结。马克思曾经在《1844 年经济学哲学手稿》描述过工人的勤劳带来的正是工人的贫困这一异化情形,"在国民经济的实际状况中, 劳动的这种现实化表现为工人的非现实化,对象化表现为对象的丧失和被对象奴役,占有表现为异化、外化"①。

可以预见的是,诺奇克的极端自由主义的观点至少会产生以下两个方面的不良后果。其一,社会关系凝固化。诺奇克认为,平等是不可能实现的,机会平等比结果平等和起点平等更为重要。实际上,没有起点平等的保证,机会平等只是一种纯粹的形式平等,只是一句空话"职位向所有人开放",其结果只能形成一个"自然的自由体系"。这就意味着,那些没有优越的家境、过人的天资以及绝好的运气的人只能望洋兴叹,日益沉沦在社会的底层,看不到阶层跃迁的希望。其二,极权主义国家形成。"当一个人比另一个人在某一资源上(如权力)更为充裕时,他通常也会在几乎其他所有资源上都更为充裕——社会地位、财富、合法性、对宗教和教育机构的控制、知识、官职等。"②在这个意义上,不平等的分配所产生的一大后果在于,绝大多数的社会资源会被少数人垄断,少数人能够支配整个生活,而国家只不过是其利益的代言人。罗伯特·A.达尔(Robert Alan Dahl)在《谁统治:一个美国城市的民主与权力》中质问道:"在一个几乎每个成年人都可以参与选举,但知识、财富、社会地位、担任政府官职的机会,以及其他资源的分配都是不平等的政治系统中,到底是谁在进行统治。"③很显然,达尔触摸到了问题的实质,分配上的不平等对于公民行使民主权利具有绝对的制约性,而使公民真正享有民主权利的关键在于实现平等的分配。

与诺奇克从权利出发来规定社会基本结构不同,罗尔斯是从社会基本结构出发来规定权利,不仅认为不平等是不幸的,而且认为不平等是不公

---

① 马克思恩格斯文集:第一卷[M].北京:人民出版社,2009:157.

② [美]罗伯特·A.达尔.谁统治:一个美国城市的民主与权力[M].范春辉,张宇,译.南京:江苏人民出版社,2005:1.

③ [美]罗伯特·A.达尔.谁统治:一个美国城市的民主与权力[M].范春辉,张宇,译.南京:江苏人民出版社,2005:96.

的,因而必须通过社会基本制度来加以纠正。原因在于,罗尔斯并没有将分配上的不利地位完全归因于个人的私德,而是去探索其背后的社会原因,挖掘那些不具有道德意义的非选择性的偶然因素。在罗尔斯看来,造成个人处于不利地位的原因,除了个人主观原因之外,还包括社会基本结构、家庭出身、自然天赋以及运气等非选择性的偶然因素。这些偶然因素对于个人来说是非选择性的,个人不应该为其所导致的不利地位承担道德责任。因此,这样的不利地位必须通过再分配来给予弥补。为此,罗尔斯提出著名的"两个正义原则"。"(1)每一个人对于一种平等的基本自由之完全适当体制都拥有相同的不可剥夺的权利,而这种体制与适于所有人的同样自由体制是相容的;(2)社会和经济的不平等应该满足两个条件:第一,它们所从属的公职和职位应该在公平的机会平等条件下对所有人开放;第二,它们应该有利于社会之最不利成员的最大利益(差别原则)。"①正是基于这两个正义原则,立足理性多元论的社会背景,罗尔斯在进行"良序社会"的制度设计时特别强调了财产所有的民主制,"财产所有的民主之背景制度力图分散财富和资本的所有权,这样来防止社会的一小部分人控制整个经济,并从而间接地控制政治生活"②。

相比较而言,罗尔斯"良序社会"的制度设计是更加值得欲求的。作为新自由主义者,罗尔斯将卢梭式的平等主义传统确立为政治哲学的基本底色,真诚关注社会最不利者的根本利益,努力改善最不利者的生存境况,缩小社会成员之间的贫富差距,致力于让每一个社会成员都能够实现自己的"善观念",最终重塑社会生活的整全性。再加上其精致的理论设计和概念建构,罗尔斯的政治哲学当之无愧地成为当代学术史上无法绕过的丰碑,成为人们构建理想社会图景的理论参照。然而现在的问题在于,我们研究罗尔斯"良

---

① [美]约翰·罗尔斯.作为公平的正义[M].姚大志,译.北京:中国社会科学出版社,2011:56.

② [美]约翰·罗尔斯.作为公平的正义[M].姚大志,译.北京:中国社会科学出版社,2011:169.

序社会"之制度设计的初心和使命是什么？是沉浸于罗尔斯自圆其说的理论体系之中呢，还是要从其理论内部走出来，考察其理论自身的客观性呢？答案是后者。这就意味着，我们并不是出于纯粹的理论兴趣去探讨当代西方政治哲学尤其是罗尔斯关于"良序社会"的制度设计，而是出于极其强烈的现实关怀，即罗尔斯的政治哲学方案对于走出资本逻辑的宰制、扬弃市民社会与国家的分离包含着值得挖掘的思想意蕴。更进一步看，我们必须以世界历史的发展进程为基础，尤其是站在新时代中国特色社会主义的立场上，来全面审视罗尔斯"良序社会"的制度文明意义，使其在百年未有之大变局的今天恰如其分地发挥其构建人类文明新形态的理论价值。

因此，我们对于罗尔斯"良序社会"的制度设计进行研究的初心和使命聚焦于强烈的中国意识。但显而易见的是，罗尔斯关于"良序社会"的制度设计并不能被直接地运用于当今时代，更不能以其来规划中国特色社会主义的未来发展前景，其原因无非有三个：其一，罗尔斯面对的是 20 世纪晚期的资本主义社会，其提出的判断更多是对当时社会现状的诊断；其二，21 世纪人类社会出现了前所未有的变革，这些变革是罗尔斯始料未及的，因而超出其理论解释力；其三，中国特色社会主义的正义理论有其特殊的理论逻辑和思想资源，与立足西方公共政治文化传统的罗尔斯政治哲学有着本质的区别。实际上，在人类文明发展大逻辑的意义上，在现实的人及其历史发展的意义上，我们需要透过罗尔斯"良序社会"之制度设计的具体论断，对其展开前提批判，揭示其坚持的标准和尺度，澄清其具有的问题意识、精神实质、内在症结与未来走向。唯有如此，我们对罗尔斯"良序社会"的研究才能摆脱单纯介绍和外在批评的传统模式，挖掘其具有的人类性价值，为实现中国特色社会主义的良序久安提供可资借鉴的思想资源和理论图景。实际上，相较于既有研究，这种前提批判的研究理路具有非常重要的理论意义与现实价值。

第一，在研究视角方面，关于罗尔斯"良序社会"的既有研究局限于特定的学科范式,专注于烦琐的概念思辨以及想象的思想实验,愈益脱离人类真实的境况以及本真的需要,陷入抽象空疏的语言游戏之中。与之相反,本书力图从现实的生活世界出发打破既定的学科界限,突破罗尔斯政治哲学研究的碎片化、概念化藩篱,将"良序社会"的研究纳入现代性困境这一人类总体生存境况之中,将"良序社会"理解为罗尔斯对现代性困境诊断与突破的总体性理论设计,从而实现其根本立足点的彻底转换。

第二,在核心观点方面,关于罗尔斯"良序社会"的既有研究局限于西方政治哲学的逻辑定势,植根于狭隘的西方政治文化传统,并未在社会生活总体的意义上把握政治哲学的现实意义。在梳理西方政治哲学理论逻辑的基础上,本书指出,罗尔斯"良序社会"片面地强调公共政治领域的独立性,忽视其现实的经济基础,并未从根本上贯通私人领域与公共领域。据此,本书将扬弃私人领域与公共领域、市民社会与国家二元对峙的"超越正义"确认为构建"良序社会"的未来方向。所谓"超越正义",就是超越对"正义"的政治性理解,将"正义"的对象从政治领域扩展到现实的人的存在方式。就人的存在方式而言,所谓"正义"表征的是"现实的历史的人""自己构成自己"的内涵逻辑。

第三,在研究旨趣方面,关于罗尔斯"良序社会"的既有研究往往满足于知识层面上的考古,以概念的辨析、学理的澄清以及学术的争鸣为目标,失落了政治哲学作为"第一哲学"的现实性。与之不同,本书的旨趣并不只是对罗尔斯"良序社会"进行知识性的梳理,而是立足当今社会现实,突破"良序社会"研究的资产阶级政治哲学范式和西方政治文化传统,发掘其具有的制度文明意义,为构建人类文明新形态提供理论资源。

第四,在历史唯物主义的意义上,共产主义指明了"良序社会"的未来发展方向,开辟人类文明发展的新境界。"良序社会"不仅需要新制度的生成,也需要新主体的诞生,是人类文明再启蒙的题中之意。在全新的生产关系的基础上,私人领域与公共领域实现了内在统一,劳动不仅是"生存的第一需要",更是"生活的第一需要"。以劳动为基础,社会成员将建立健全的"需要体系",从而获得完整的生命体验与生命意义。

第二章 "良序社会"的"政治正义"之维

　　如果说"良序社会"存在着显性与隐性两个层面,那么罗尔斯谋求的正义的制度设计就属于其显性层面, 其隐性层面则是这种制度设计得以可能的思想前提——政治正义原则。实际上,罗尔斯的政治正义原则并非仅仅表现为其系统化地提出的"两个正义原则"(平等的基本自由,公平的机会平等原则以及差别原则),更多地包含着罗尔斯从民主社会的"公共政治文化"中提炼出来的为所有公民共享的政治正义理念。这些理念可以说构成了"两个正义原则"的内在支撑,从根本上体现着"良序社会"的"政治正义"之维。

　　在我们看来,罗尔斯"良序社会"的"政治正义"之维主要体现在三个方面。第一,作为罗尔斯政治自由主义思想之核心概念的"合理性"是罗尔斯制度设计的"阿基米德点"。在罗尔斯看来,"合理性"正是基于民主社会的理性多元这一基本事实而做出的对人性的现实界定,同时,它也是民主社会"公共政治文化"的一个核心部分。罗尔斯正是通过"合理性"来彻底消除康德个体理性的抽象性,重塑现代多元社会中个体理性与公共理性的统一。第二,作为罗尔斯制度设计之论证基础的"政治建构主义"是对早期"正义论"阶段的"道德建构主义"的修正,是从方法论的层面上对康德式道德学说的反叛,其目的在于"扩大共识,缩小分歧",进而使政治正义原则脱离任何一种带有争议性的特殊的"完备性学说",使其能够得到所有公民出于道德理由的一致认可。第三,罗尔斯制度设计的论证理路说明了此种制度所具有的核心的政治价值(社会正义、稳定性与合法性)。

一、核心概念:"合理性"

在《正义论》中,罗尔斯将原初状态中的各方代表设置为理性自主的,其实质在于对康德式人性论的经验论阐释。具体而言,罗尔斯意义上的理性自主并不是处于先验理性的范围内,而是处于经验生活之中,是经济理性的一种表现形式,即"采用最有效的方式达成特定的目的"。尽管这种理性自主从属于经济理性,但其本身并不遵循那种谋求利益最大化的功利主义原则。罗尔斯明确反对的是将经济或政治上的利益作为牺牲人们所珍视的政治价值的筹码。因此,罗尔斯的理性自主可以说是一种比较"弱"的工具理性,既不利他,也不利己,既远离了康德式的先验界定,又没有深陷于功利主义利益算计的泥沼。罗尔斯指出,与洛克和卢梭的契约论相比,他的契约论具有更高程度的抽象性。而这种抽象性的集中表现就在于,原初状态以无知之幕的方式摒弃了所有关于个人"善观念"的特殊性信息。由此,各方代表具有同质性,仅仅是纯粹的自我利益的追求者,也没有充足的理由去选择那些明显偏袒某一"善观念"的正义原则。可以说,这种设定是罗尔斯对自由主义人性论的一大突破。但正是这种突破,一方面使其理论内部出现逻辑上的不一致,另一方面使其与民主社会的公共生活发生某种冲突。这些都迫使罗尔斯从民主社会的公共生活出发去反思其理性自主的人性设定。

首先,罗尔斯的这种理性自主的人性设定与康德式的真理标准是相互冲突的。在原初状态之中,罗尔斯摒弃了一切"完备性学说",理性自主的各方代表只能通过审慎的理性选择，得出调整社会基本结构的正义原则，"正义理论是理性选择理论的一部分，也许是它最有意义的一部分"①。在此之后，罗尔斯对正义原则做出了康德式诠释，将正义原则纳入纯粹实践理性的范围之内，力图实现理性自主与康德的理性自治、经验实践理性与纯粹实践理性的内在勾连，从而赋予正义原则可欲性和理想性。但是实际上，罗尔斯的自主与康德的自治之间存在着不可逾越的逻辑鸿沟，康德式的真理标准并不能保证正义原则本身的可欲性。一方面，罗尔斯的理性选择，在康德看来，归根结底是一种审慎原则。而审慎是一种假言命令，遵循的并不是内在的道德法则，而是外在的感性欲求，谋求的是个人的最大幸福。这种假言命令是以外在的幸福为旨归的，最终被排除在纯粹实践理性之外。另一方面，康德式的真理标准所预设的是一种自由平等的有理性者，这种有理性者并不仅仅局限于人本身，也不局限于经验性的政治生活。因此，这种设定本身，作为一种涵盖人类生活所有领域的"完备性学说"，在原初状态中就已经被屏蔽在无知之幕的背后了。这样的话，罗尔斯企图将正义原则的可欲性奠基于康德的定言命令之上，只能使其陷入逻辑上的断裂。正如郝费（Otfried Haffe）所指出的，"将正义原则看成是绝对命令是有问题的，因为人们可以坚称罗尔斯想要从一种理性的审慎选择中演绎出正义的诸原则"②。

其次，罗尔斯的这种理性自主的人性设定与多元社会的公共性诉求是相互冲突的。如上所述，在罗尔斯看来，现代民主社会的一个基本事实就是理性多元，各种相互冲突且理性的"完备性学说"并存，它们共同构成了可供所有公民自由选择的"观念的市场"。这就意味着，现代民主社会的公共生活是非常有必要的，它能够将秉持相互冲突的"善观念"的公民联结在一起。因

---

① ［美］罗尔斯.正义论［M］.何怀宏，等译.北京：中国社会科学出版社，2009：13.

② Ragip Ege and Herrade Igersheim.Rawls with Hegel：The concept of "Liberalism of freedo［J］. Euro. J.History of Economic Thought：25-47，2008.

此，公共生活所要谋求的是一种可以为人们广泛认同的公共性，它是社会生活统一性的核心。由此，罗尔斯区分了两种关于人的概念：道德概念和政治概念。所谓关于人的道德概念，意指个体在道德领域内的自主性，表征的是个人追求特殊性道德价值的可能性，其实质是一种内在于个体的自我反省。所谓关于人的政治概念，指向的则是社会基本结构以及应用于其上的正义原则，它为人们的政治行为提供公共性证明。如果说前者提供的是个体的道德自治，那么后者提供的则是个体的政治自治。二者作为个体生活之泾渭分明的两个领域，是不能相互还原的，唯有"澄清前提，划定界限"，才能确保二者并行不悖。正是在这个意义上，罗尔斯的这种理性自主仅仅属于私人领域；为个体所坚持的特殊的道德价值提供证明，并不能为个体的政治行为提供公共性辩护，更不能成为选择应用于社会基本结构的正义原则的正当理由。

这样的话，罗尔斯的理性自主作为一种关乎经验生活的假言命令，就不能从康德的纯粹实践理性那里获得真理性证明，而理性自主作为一种内在于自我的道德追求，也很难为个体政治行为以及正义原则的选择提供公共性辩护。这就要求罗尔斯必须从现代社会的理性多元出发，从根本上转变理性自主的人性设定，赋予其政治哲学中的个人观念以更多的现实性内涵。在罗尔斯看来，"合理性"是理性多元背景下对个人观念的现实界定。一方面，它能够从社会生活中获得一种正确性的证明；另一方面，它能够调和各种相互冲突的"完备性学说"。这就意味着，罗尔斯自由主义政治哲学的核心概念实现了从理性自主向"合理性"的重大转变。这一转变不仅使罗尔斯摆脱了自身理论逻辑上的断裂，而且使其政治哲学对社会现实更具解释力和穿透力。我们可以从三个方面对罗尔斯的"合理性"做进一步探讨。第一，"合理性"是一种形而上学真理观的替代性方案，是一种植根于现代民主社会的正确性标准。第二，"合理性"是一种实践理性原则，是原初状态中各方代表选择正义原则的标尺。第三,"合理性"是个人的一种最低限度但有效的道德人格能力,表现为一种遵循正义原则的通情达理的能力。当然,理性选择并没有被排除在罗尔斯的人性设定之外,只是不具有逻辑上的优先性而已。也就是说,离开理性选择,"合理性"就成了无的放矢的抽象概念;离开"合理性",理性选择就会变成非理性的相互冲突。

(一)作为正确性标准的"合理性"

在现代民主社会之理性多元的背景下,罗尔斯将政治哲学的研究对象确定为社会基本结构以及应用于其上的政治正义原则,不再将"观念与原则、判断和判断的根据以及个人和制度"的正确性标准寄托于独立于经验生活的绝对真理。可以说,这是罗尔斯对康德式"完备性学说"的反叛。这种反叛的实质是一种中立性立场,即悬搁"真理",对之既不支持,也不反对。"政治建构主义并不批评宗教的、哲学的或形而上学的有关道德判断及其真理性的解释。合理性即是其正确性的标准,而如果其政治目的是既定的,它就毋需超出这个范围。"①可见,罗尔斯旨在以"合理性"作为判断"观念与原则、判断和判断的根据以及个人和制度"的正确性标准。那么具体来看,罗尔斯悬搁"真理"的理由是什么?作为正确性标准的替代性方案,"合理性"的精神实质是什么?最后,罗尔斯做出此种替换的政治哲学意义是什么?唯有在回答这三个问题之后,我们才能够对作为正确性标准的"合理性"有比较全面的把握。

"真理"是近代认识论哲学的研究主题,其本身预设了一种客观的绝对标准,寻求一种超越经验生活的同一性。但是近代以来经验论与唯理论的争论表明,"真理"问题是很难得到解决的。康德曾在《纯粹理性批判》中指出,

---

① [美]罗尔斯.政治自由主义[M].万俊人,译.南京:译林出版社,2011:117.

人是有限的理性存在者,只能认识现象界的事物,对没有经验对应物的物自体则是不可知的。而在自由民主的现代社会中,理性的分化和多元已经成为一个不争的基本事实,人们很难就什么是"真理"以及如何达成"真理"做出统一的判断。因此,不管是出于理性自身的有限性,还是出于社会生活的分化,人们谈论"真理"问题总会陷入无休无止的争论之中,而对"真理"问题的存而不论就是更为审慎和明智的选择。"实践限制为一种合理的正义观念施加了一种更为谦逊的目的:去鉴定出那些可以对付、可处理的正义的根本问题。"①在罗尔斯看来,不仅人们谈论"真理"问题是徒劳的,而且道德理论自身也不需要"真理"为其奠基。道德理论的使命就在于将人们日常生活中的"正义感"通过一定的建构程序使之理论化和系统化,帮助人们通过"反思的平衡"去探寻与"深思熟虑的判断"相一致的表征"公共政治文化"的政治正义原则。因此,政治正义原则的建构并不是一个发现既存的客观道德"真理"的过程,而是"一种心理学并且它并不预设客观道德真理的存在"②。这样的话,罗尔斯的政治哲学就不应当将"真理"当作正确性的标准。

由此来看,将"合理性"作为正确性的标准既有深层次的哲学史渊源,又立足当代民主社会的政治实践。与"真理"本身脱离经验生活的绝对客观性相比,"合理性"内在于人们的经验生活之中,是蕴藏于人们日常生活之中的基本事实。在罗尔斯看来,政治哲学的研究主题是社会基本结构,而整个社会被看作一个自由平等的合作体系。因此,个人是作为社会合作的参与者来参与公共事务的。这就意味着,"合理性"是"一种参与社会平等合作的个人的美德"。这就将"合理性"与理性自主区别开来了。理性自主是一种内在于个体的自我反思,其所追求的是一种表现为"完备性学说"的道德价值;而

① [美]罗尔斯.罗尔斯论文全集[M].陈肖生,等译.长春:吉林出版集团有限责任公司,2013:396.
② [美]罗尔斯.罗尔斯论文全集[M].陈肖生,等译.长春:吉林出版集团有限责任公司,2013:326.

"合理性"作为一种社会合作者的美德,很显然已经突破了理性自我的狭隘藩篱和有限眼界。在罗尔斯看来,"合理性"被理解为个人的一种社会合作意愿,体现的不仅仅是一种互利性,更进一步说,是一种互惠性。这种表现为互惠性的"合理性"就是一种"以善报善"的"相互观念"。"基本的观念是一种相互观念,一种以善报善的倾向。这种倾向是一个深刻的心理学事实。……以善报善而形成的一种正义感能力,似乎是人的交往的一个条件。"①

首先,互惠性处于利己性与利他性之间,其要义在于"所有的人都有他们自己希望实现的目的,所有的人都准备提出一些可以合理地期许他人接受的公平项目,以至于所有的人都有可能获利,并改善每一个人所能追求的状况"②。与之相对的是,利己主义者和利他主义者都是秉持某种特殊性"真理"标准的"片面人"。前者仅仅依照自己的"善观念"来行动,至多将相互性看作一种互利性;后者依照他人的利益或者普遍总体利益("公正的旁观者")来行动。

其次,互惠性所建构的社会是一个公平合作体系,处于以自我为中心的社会和圣徒的社会之间,它既不会给人提出过高的道德要求,使人难以忍受其"承诺的压力",也不会容忍自我中心主义者践踏公平合作条款。由这种"合理性"所规定的个人不具有超出特定时代和地域的普遍性,既不是自然状态中的个人,也不是由某种"完备性学说"所支配的社团或共同体中的一员。作为公平合作体系的参与者的美德,"合理性"体现的是民主社会的"公共政治文化",是成长于民主社会中的公民所富有的深思熟虑的坚定信念。由此,这种"合理性"能够通过教育、学习、传播等方式得到全体社会成员的理解和认同,成为他们所共享的公共知识,进而成为他们就宪法实质和基本正义问题进行公共证成的公共基础。

---

① [美]罗尔斯.正义论[M].何怀宏,等译.北京:中国社会科学出版社,1999:391.
② [美]罗尔斯.政治自由主义[M].万俊人,译.南京:译林出版社,2011:49.

与"真理"相比,"合理性"更适合作为"观念与原则、判断和判断的根据以及个人和制度"之正确性的标准。实际上,政治哲学是一种立足现实经验生活的实践哲学,它的目标就在于将散见于日常生活之中的理性事实("深思熟虑的判断")系统化和理论化为一种具有逻辑性、解释力和穿透力的原则体系。它不仅是对日常行为规范的总结和概括,更为本质地,是对人们行为规范的引领和塑造,表征的是人们对美好生活的目的性寻求。在这个意义上,"合理性"可以说是对社会合作体系之相互性本质的表征,它将人们社会合作的基本事实上升为一种人们社会合作的意愿。这种意愿既能够通过社会合作不断地得到证实,又能够得到人们实践理性的自觉肯认,而毋需依赖于任何一种压迫性和强制性力量。作为正确性的标准,"合理性"能够从民主社会的"公共政治文化"出发来对各种正义观念和原则提供公共性辩护。这种辩护,一方面为个人所秉持的特殊性的"善观念"提供必要的发展空间,另一方面也是培养公民的公共理性的德育过程。在此,我们就会发现,将"合理性"作为正确性标准,既符合政治哲学作为实践哲学的理论本性,又有利于培育个体理性自觉认同普遍理性的公民德性。

由此来看,罗尔斯的这种正确性标准的"合理性"转换对于重塑社会生活的整全性具有重大意义。在我们看来,这种重大意义可从两个层面来阐述。首先,"合理性"使得政治正义原则更易于得到相互冲突的"完备性学说"的出于自身道德理由的支持。"合理性"悬搁"真理",对之既不反对,也不支持,它表明,政治正义原则植根于民主社会的"公共政治文化",置身于各种真理观的相互冲突之外。这就意味着各种"完备性学说"能够出于自身的道德理由而去自觉认同政治正义原则,将之作为"重叠共识"的焦点。其次,"合理性"能够使得应用于社会基本结构的政治正义原则免于对强制性力量的依赖。换句话说,政治正义原则的产生依赖的是民主社会中公民个体参与社会合作的意愿和美德,而公民个体自身具有一种在社会基本结构的制度安排上达成共识的自觉倾向。这与依赖于强制性力量来维持某一制度安排的专制政体截然二分。因此,如果从"合理性"出发来衡量罗尔斯"良序社会"及其制度设计,我们就会发现,无论国家的中立性,还是财产所有的民主制,维护的都是公民参与社会合作的平等权利。

(二)作为实践理性原则的"合理性"

作为正确性的标准,"合理性"的意义主要来源于其所表征的民主社会的"公共政治文化"。相对于"真理"所指向的纯粹抽象的客观性,"合理性"更加符合政治哲学作为实践哲学的理论性质,也有助于培育个体理性认同普遍理性的公民德性。如果说,在正确性标准的意义上,以互惠性为中心的"合理性"与以内在性为核心的理性是相互竞争的,那么在实践理性原则的意义上,二者则是相互辅助的。正如罗尔斯所指出的那样,"合理性预设着理性,而理性从属于合理性"[①]。所谓理性,指的是行为主体(个人或者团体)制定生活计划以及追求目标时所具备的审慎能力,"适用于人们如何采取、认定这些目的和利益,也适用于人们是如何给予这些目的和利益以优先性的"[②]。与之相对,"合理性"主要强调的是行为主体之间的互惠性,旨在突破狭隘个体的内在性界限,以政治正义原则来规约理性的生活计划。"作为公平合作系统之社会理念的一个要素","合理性"要求人们选择并接受公平的社会合作条款。从其概念界定来看,罗尔斯对理性与"合理性"的区分实际上源于康德对经验实践理性与纯粹实践理性的区分,前者是对后者的一种经验性阐释。

那么在界定了理性与"合理性"作为实践理性原则的内涵之后,我们需

---

① [美]罗尔斯.罗尔斯论文全集[M].陈肖生,等译.长春:吉林出版集团有限责任公司,2013:358.

② [美]罗尔斯.政治自由主义[M].万俊人,译.南京:译林出版社,2011:46.

要追问的是,二者如何相互辅助? 更具实质意义的提问方式是,罗尔斯如何解释这种相互辅助的运作机制? 尽管罗尔斯对二者的区分源于康德经验实践理性与纯粹实践理性的二分,但是"合理性"的逻辑优先性已然打破了康德式的道德教条。因此,罗尔斯对这种辅助机制的解释必定不同于康德式的抽象道德说教,将道德原则的落实寄希望于个体启蒙和自我反省。实际上,当"合理性"被看作表征民主社会之"公共政治文化"的正确性标准时,这种不同于康德的解释模式就已经孕育其中了。质言之,罗尔斯的解释模式既不依赖于个体启蒙和自我反省,也不依赖于偶然出现的利益纽带,因为这些要么是空洞的,要么是暂时的,其中并不包含真正的逻辑必然性。在我们看来,罗尔斯解释模式的真正支点在于其对社会生活之整全性的 "本体论承诺"。这与罗尔斯对政治哲学的角色定位是密切相关的,在他看来,政治哲学的作用就在于促成人们与现实的"和解"①,缓解人们对现实的不满与愤怒。

首先,面对现代民主社会之理性多元的基本事实,罗尔斯赋予"合理性"以绝对优先性。"合理性体现在原初状态的背景设计中,这种设计为各派的讨论设定了框架并且对称性地将他们安置在原初状态内。"②在这个意义上,基于相互性和互惠性的"合理性"不再单纯地是各种正义原则之正确性的根本标准,在更为本质的意义上,是秉持相互冲突的"善观念"的理性个体得以团结起来的逻辑根据。这凸显的是一种作为思维方式和建构框架的整全性。这种整全性表征着人们对公共性价值的寻求。正如拉莫尔所指出的那样,"当我们使自己的理由符合他人的理由时,我们是尊重公共理由的……我们生活中的正义观念是我们所认可签署的……而是为了那些对我们而言有价

---

① [美]罗尔斯.作为公平的正义——正义新论[M].姚大志,译.北京:中国社会科学出版社,2011:10.

② [美]罗尔斯.罗尔斯论文全集[M].陈肖生,等译.长春:吉林出版集团有限责任公司,2013:357.

值的原因,因为我们能够相互承认它们"①。

其次,在罗尔斯看来,现代民主社会之所以呈现出多元特征,理性个体之所以能够获得展示其特殊潜能、实现其特殊"善观念"的机会,其逻辑上的根源和动力在于以"合理性"为轴心的社会基本结构以及运用于其上的政治正义原则。换句话说,唯有个体摆脱封建性质的人身依附,被承认为是更大共同体的成员,进而获得公共性的政治身份的时候,个体的理性自主才能获致长足发展的可能性空间,正如罗尔斯所强调的那样,"公平的正义强调这一对照:它认肯适用于所有人的政治自律,但却把伦理自律的价值留给公民们,让其各自按照他们自己的完备性学说去决定"②。

最后,在一个以"合理性"为核心的公平的社会合作体系内部,所有社会合作参与者的"善观念"及其所需要的基本善都能够得到相互间的充分认肯,"我们可以合理地期待他们作为自由而平等的公民也能够合理地予以接受"③。而当每个人的"善观念"都得到满足的时候,整个社会就会创造出份额更为丰富的基本善。

由此可见,罗尔斯对于理性与"合理性"相互关系的把握是富于辩证智慧的,他并没有以还原论的方式简单地归结为其中的任何一方。如果说,罗尔斯对理性和"合理性"的区分来源于康德经验实践理性与纯粹实践理性的二分,那么他对二者辩证关系的把握则明显地带有黑格尔的伦理学色彩。对于现代社会生活的分裂,不像康德那样忧心忡忡地为其寻求道德上的补救措施,黑格尔乐观地将理性自主这一反思的特殊性形式看作伦理精神发展的一个内在环节。在黑格尔看来,"特殊性本身是没有节制的,没有尺度的,

---

① Charles Larmore:Public Reason[C]// Samuel Freeman ed.,The Cambridge Companion to Rawl. Cambridge University Press,2003,p.368.

② [美]罗尔斯.政治自由主义[M].万俊人,译.南京:译林出版社,2011:72.

③ [美]罗尔斯.罗尔斯论文全集[M].陈肖生,等译.长春:吉林出版集团有限责任公司,2013:357.

而这种无节制所采取的诸形式本身也是没有尺度的"①。这种特殊性对于古代狭隘脆弱的城邦政治而言,无疑具有巨大的冲击力,被看作"伤风败俗,以及它们衰亡的最终原因"②。与之形成对照的是,正是现代社会生活在深度和强度上的巨大拓展,"现代国家的原则具有这样一种惊人的力量和深度,把主体性的原则推向完成,成为独立的个人特殊性的极端,而同时又使它回复到实体性的统一,于是在它本身中保存这种统一"③。由此,我们会发现,"黑格尔的'市民社会',作为其自由意志的第二阶段,与罗尔斯的理性概念是完全对应的"④。而在这个意义上,作为实践理性原则的"合理性"澄清了理性自主的"公共政治文化"前提,划定了其自我发展的外在界限,指明了其未来发展的基本方向。

(三)作为道德人格能力的"合理性"

桑德尔(Michael Sandel)曾经在其论著《自由主义与正义的限度》中对罗尔斯的"作为公平的正义"进行了一番全方位的检视。作为社群主义(共同体主义)的代表人物之一,桑德尔对罗尔斯正义理论的批判聚焦于个体与共同体之间的关系。在桑德尔看来,"作为公平的正义"最为突出的症结和理论困难在于,"正义优先于善"这一最为基本的主张暗含着一种独立于一定共同体而存在的形而上学式的抽象自我和先验主体。具体而言,"正义优先于善"这一命题意味着,规定社会合作公平条款的正义原则并不是以某种"善观念"为目的,不是为了促成某种"善观念"的实现。恰恰相反,这一命题为某种特定的"善观念"划定了界限,而唯有事先将个人预设为一种抽象自我和先

---

① [德]黑格尔.法哲学原理[M].邓安庆,译.北京:商务印书馆,2016:332.

② [德]黑格尔.法哲学原理[M].邓安庆,译.北京:商务印书馆,2016:331.

③ [德]黑格尔.法哲学原理[M].邓安庆,译.北京:商务印书馆,2016:390.

④ Michael L. Frazer. John Rawls:Between Two Enlightenments[J]. Political Theory,Vol.35,No. 6.2007,756-780.

验主体,正义原则的选择才毋需考虑特殊的"善观念"。桑德尔认为,罗尔斯原初状态中的各方代表就表现为这样一种抽象自我和先验主体,他们站在无知之幕背后与特殊性信息相互隔绝。

在我们看来,桑德尔对罗尔斯的批评建立在对原初状态之误解的基础上。我们可以从两方面来看待这种批评。其一,罗尔斯正义理论中的个人确实不是桑德尔意义上的从属于一定的共同体的个人,而是政治社会中的一员。在罗尔斯看来,政治社会对于个人而言是"生而入其内,死而出其外"的封闭组织,而共同体则是由特殊性因素连接起来的暂时的和偶然的组织。其二,原初状态中的各方代表不是桑德尔所言的形而上学式的抽象自我和先验主体。事实上,罗尔斯的原初状态,已经不再是早期契约论所主张的自然状态,而选择正义原则的代表更不是哲学思辨的产物。面对理性多元的现代民主社会,罗尔斯的原初状态更多地带有历史性的内涵和公共性的视野。"我们的先辈们获得了一些东西,并让我们继续去追求它们;他们的成就影响着我们的选择,并规定了一个更广泛的背景,我们根据这个背景才能理解我们的目标。"①通过设置无知之幕,罗尔斯不仅将社会的和自然的偶然性因素排除在正义考量的范围之外,而且更为本质的是,能够将民主社会所积淀的"公共政治文化"凸现出来,而政治正义原则在某种程度上就是这种"公共政治文化"的理论表征。在这个意义上,原初状态中的各方代表并不是桑德尔所批评的抽象自我和先验主体,而是为社会性和公共性所规定的政治主体。

那么这种政治主体的社会性与公共性,在罗尔斯看来,并不是对政治主体本身的一种外在的修饰和界定,直接的就是内在于政治主体的构成要件,而作为最低限度但有效的道德人格能力的"合理性"就是其最好的注脚。如

---

① [美]罗尔斯.正义论[M].何怀宏,等译.北京:中国社会科学出版社,1999:414-415.

上述,无论是作为正确性标准,还是作为实践理性原则,"合理性"都是对理性自主的规范和引导。如果没有"合理性"及其所表征的公共性,理性自主在获得长足发展之前就已经陷于相互冲突之中,就像霍布斯所言,人与人之间的关系犹如狼与狼之间的关系那样。实际上,通过赋予"合理性"相对于理性自主的优先地位,罗尔斯揭示出了在现代民主社会中普遍存在于政治主体之中的道德人格能力,它是政治社会得以存在的人性基石。在《道德理论中的康德式建构主义》一文中,罗尔斯明确而系统地阐述了政治主体所具有的道德人格能力:"合理性"和理性。所谓"合理性",就是一种通情达理的能力,亦即"有效正义感的能力,也就是理解、应用和践行(并不仅仅是遵循)正义原则的能力";所谓理性,就是一种合理推理的能力,亦即"形成、修正和理性地追求一种善观念的能力"。[1]在罗尔斯看来,"发展和运用这两种道德能力"[2]是政治主体的最高阶利益。

为了使这种道德人格能力获得人们的一致肯认,罗尔斯作了两方面的理论努力。一方面,罗尔斯悬搁复杂多变的偶然因素,将这两种道德人格能力形式化,也就是说,它们是确定但不确知的,是"最低度但足够的道德人格能力"[3],由此来确定公民之间的平等地位。另一方面,罗尔斯在这两种道德人格能力之间进行价值排序,以突出"合理性"的优先性,由此彰显社会合作的相互性和互惠性。这样一来,社会合作不仅仅是一种产生更多效益的协作活动,而且更应该是一个由公平合作条款所约束的互惠性活动。在此,我们可以进一步追问,如何保证这种道德人格能力具有内在于人们经验生活的真实性? 换句话说,这种道德人格能力的诞生地和秘密在哪里? 罗尔斯对此

---

① [美]罗尔斯.罗尔斯论文全集[M].陈肖生,等译.长春:吉林出版集团有限责任公司,2013:352.

② [美]罗尔斯.罗尔斯论文全集[M].陈肖生,等译.长春:吉林出版集团有限责任公司,2013:353.

③ [美]罗尔斯.罗尔斯论文全集[M].陈肖生,等译.长春:吉林出版集团有限责任公司,2013:357.

进行了三方面阐释。

首先,罗尔斯指出,这种道德人格能力是潜在于经验常识中的共享的根本性观念,并不是一次性就能展现出来,而是经由民主社会"公共政治文化"的发展而来,政治哲学的任务就是要澄清和阐明这些观念,为共识的达成奠定深层基础。

其次,罗尔斯的"作为公平的正义"仅仅为这种道德人格能力提供了一种反思的可能性,它必须受到"正在考察着'作为公平的正义'的你与我"的"普遍和宽泛的反思平衡"①的检验,最终与人们"深思熟虑的判断"以及一般信念达成一致。

最后,罗尔斯指出,这种道德人格能力作为蕴含于"公共政治文化"中的政治理想,其完全实现的可能性必须取决于社会生活的现实条件,"必须受制于人本性的能力以及社会生活的要求","必须预设一个关于人本性的理论,以及一般性的社会理论"。②

通过这三个方面的阐释,罗尔斯指出,这种作为道德人格能力的"合理性"是根本的、公共的和现实的。

如此来看,作为道德人格能力,"合理性"表征的是一种社会合作体系的理想性状态,所有社会合作参与者的道德能力("正义感的能力"和"善观念的能力")都能够得到充分的发展和灵活的运用。因此,我们会发现,在罗尔斯这里,"善观念"是否在选择正义原则时被考量,取决于这种"善观念"是公共的还是特殊的。特殊性的"善观念"植根于特殊的"完备性学说",理应被无知之幕所摒弃。而作为道德人格能力的"合理性"就是一种公共的或共同的"善观念",旨在促进其充分发展和灵活运用的正义原则也是公共善的表现

---

① [美]罗尔斯.罗尔斯论文全集[M].陈肖生,等译.长春:吉林出版集团有限责任公司,2013:362.
② [美]罗尔斯.罗尔斯论文全集[M].陈肖生,等译.长春:吉林出版集团有限责任公司,2013:363.

形式。"成功地实行正义制度是所有社会成员共有的最终目的;同时,这些制度形式被人们看作善。"①在这个意义上看,罗尔斯和共同体主义者之间的差异远小于与功利主义者之间的差异。与功利主义者不同,罗尔斯和共同体主义者都反思多元社会的正义困境,致力于实现政治认同,重塑社会生活的整全性,都属于"关于自由的自由主义"。他们的区别是同一自由主义范式内的区别:罗尔斯将社会生活的整全性寄托于社会基本结构及其正义原则,共同体主义者则寄希望于家庭、社团、民族和国家。

二、论证基础:政治建构主义

作为罗尔斯"良序社会"之论证基础的政治建构主义是对早期《正义论》阶段的道德建构主义的修正,是从方法论层面上对康德式道德学说的反叛,其目的在于"扩大共识,缩小分歧",进而使政治正义原则脱离任何一种带有争议性的特殊的"完备性学说",使其能够得到所有公民的出于道德理由的一致认可。在这个意义上,罗尔斯指出,"一种建构主义的政治观念之充分意义,在于它跟理性多元论事实以及民主社会保证对其根本性政治价值达到一种'重叠共识'之可能性的需要之间的联系中"②。政治建构主义不仅设定了一种政治正义观念在实践理性中的一般哲学背景,而且还构建了其结构和内容。通过这种结构和内容,这种政治正义观念能够在理性的"完备性学说"和"重叠共识"之间架起一座桥梁。因此,如果我们想要深入地探讨"良序社会"及其制度建构何以能够获得民主社会所有公民的一致认可,那就必须深入其论证基础,从方法论层面挖掘其所蕴含的共同性。

通过上一小节的论述,我们已经知道,罗尔斯政治哲学的核心概念发生

---

① [美]罗尔斯.正义论[M].何怀宏,等译.北京:中国社会科学出版社,1999:417.

② [美]罗尔斯.政治自由主义[M].万俊人,译.南京:译林出版社,2011:82-83.

了从理性自主到"合理性"的转变,这一转变的最为根本的原因是现代民主社会的理性多元这一基本事实。不可避免的是,这一核心概念的转变从根本上决定着其政治哲学论证基础的转变。由此出发,尽管政治建构主义是罗尔斯在后期《政治自由主义》中进行集中阐述的,但我们对政治建构主义的讨论不能仅仅局限于其后期的"政治自由主义",否则就会丧失必要的理论深度。我们必须拓宽我们的理论视野,将其放在罗尔斯整个政治哲学的背景之中来加以探讨。这就要求我们首先将理论视线转移到罗尔斯前期"正义论"之中,甚至是更早的伦理学传统之中,去发掘建构主义方法论在思想史中的出场逻辑,其自身所经历的范式转变,以及它为什么在罗尔斯这里集中体现为政治建构主义。这样的话,我们就将开启一种历史性的思想视野。在多重思想的相互对照中,罗尔斯政治建构主义的独特思路、内在价值以及现实意义才能凸显出来。

(一)道德实在论与道德建构主义

奥诺拉·奥尼尔(Onora O'Neill)曾在《罗尔斯和康德中的建构主义》中指出,"建构"一词,作为一种隐喻,在 20 世纪的哲学理论中被广泛使用。在道德理论中,"建构"一词是与"直觉"相对的。也就是说,道德建构主义是在与道德实在论(其典型形态是理性直觉主义)相对立的意义上被提出的。因此,我们在阐述道德建构主义之前,有必要对其对立面即理性直觉主义的理论特质进行一番整体性的检视,唯有如此,我们对道德建构主义的理解才不至于再次回落到道德实在论的窠臼之中。

理性直觉主义作为道德实在论的典型形态,是由道德实在论为其规定理论内核的。道德实在论的根本特质是什么? 总体而言,我们可以将道德实在论理解为一种"套用",即把实在论套用在与道德相关的陈述之上,其主张的核心点在于,"道德事实或伦理性质(如好与坏、德与恶)不依赖于我们的信念和意志而存在。伦理学应当发现有关道德事实或伦理性质的真理"①。在罗尔斯看来,道德实在论的典型范例是理性直觉主义,其主要代表人物有西季威克(Henry Sidgwick)、摩尔(G.E. Moore)和大卫·罗斯(David Ross)。在《道德理论中的康德式建构主义》一文中,罗尔斯概括了理性直觉主义的四个根本性特征。第一,"道德第一原理"的来源独立于而不依赖于人类心灵活动,在人类之外客观地存在着一个道德价值序列。"如果道德的第一原理和判断是正确的,那么它们就是关于一种独立的道德价值序列的真实陈述。进一步说,这种序列既不依赖于任何实际的(人的)心灵活动,包括理性活动,也不能由任何实际的心灵活动来解释。"②第二,人们只能依靠理论理性(认知和直觉)来认识"道德第一原理"并领悟其"真理性"。"道德的第一原理是通过理论理性而被人们了解的",即是说,"道德知识部分是通过一种知觉和直觉获得的,也是通过在恰当反思层面上可接受的那些第一原理组织起来的"。③第三,理性直觉主义"并不需要一种更为充分的个人观念"④,只需将个人设定为认知主体即可。通过对"道德第一原理"的认知就能激发起主体从事道德行动的欲望,因而它从根本上并不需要设定更为复杂的个人和社会观念来解释人们道德动机的来源。从前述三个特征出发,我们可以推演出第四个,从而也是最为根本的特征。这就是,"道德第一原理"的"真理性"是由外在于人类活动的独立客观的价值序列所给予的, 这个价值序列具有绝对的客观性。"当道德判断是关于并接近于独立的道德价值秩序时,它们便是真实的,否则就是虚假的。"⑤

　　检视道德实在论的特质及其典型形态,即理性直觉主义的四个特征,我们能够看到,它们将道德界定为一个认识论问题,而非一个实践问题。与理

---

① ［英］尼古拉斯·布宁,余纪元.西方哲学英汉对照辞典［M］.北京:人民出版社,2001:644.

②③ ［美］罗尔斯.政治自由主义［M］.万俊人,译.南京:译林出版社,2011:84.

④⑤ ［美］罗尔斯.政治自由主义［M］.万俊人,译.南京:译林出版社,2011:85.

性直觉主义相反,道德建构主义从根本上否认了外在于人类的独立的、客观的、能被认知的"道德第一原理",将道德从根本上看作一个实践问题,而不仅仅是一个认识论问题。由此,我们看到,理性直觉主义与道德建构主义分别占据着"内""外"两种立场。正如布莱恩·巴里(Brian Barry)曾经指出的那样,"直觉主义是一种内视,而建构主义则是一种外视。这的确改变了我们探求事物的方式。它自身无法确认任何东西。它需要确认别人(在公正的环境所确定的有利条件下)是否同样确信那些东西"①。可见,道德建构主义并不是不去确认任何客观性,而是如巴里所言,"它需要确认别人(在公正的环境所确定的有利条件下)是否同样确信那些东西"。这种立场与其他的反实在论立场是不同的,既不同于情感主义立场放弃整个道德证成过程,也不同于相对主义、共同体主义等立场将道德证成限制得过于严苛以至于无法确证道德理论的客观性。道德建构主义所寻求的不是一种绝对的客观性,而是一种人们相互认可的公共客观性。

由此可见,道德建构主义与理性直觉主义在道德原则的正确性、道德原则的作用以及道德原则的客观性上存在着重要的区别。首先,在道德原则的正确性标准问题上,理性直觉主义认为,道德原则源于对独立客观的道德事实的认知,只要道德原则正确反映了这一道德事实,它就是正确的;道德建构主义则认为,道德原则是建构程序的产物,其是否正确取决于建构程序本身的正确性。其次,在道德原则的作用上,理性直觉主义认为,道德原则的作用在于人们对独立客观的道德事实的认知和直觉,是道德事实自我显现的过程;道德建构主义则认为,道德原则并不仅仅是认知的结果,从根本上看,它对人们的道德实践具有规范和引导作用,为人们的道德行动提供辩护理由。最后,在道德原则的客观性上,理性直觉主义认为,道德原则的客观性来

---

① [英]布莱恩·巴里.正义诸理论[M].孙晓春,等译.长春:吉林人民出版社,2004:445–446.

源于外在人类生活的独立客观的道德事实,是人类认识道德事实的产物,并不是自我证成的。道德建构主义则认为,道德原则的客观性来源于建构程序本身的客观性,道德原则作为建构的结果直接体现了建构程序的客观性。因此,在道德建构主义的视域中,作为建构产物的道德原则,其正确性、实践性以及客观性都来自具体的建构程序,建构程序才是建构主义的核心环节,是区别于理性直觉主义的根本性所在。

在罗尔斯看来,道德建构主义可以追溯至康德。在"正义论"阶段,罗尔斯基本上遵循的是康德式建构主义的思路,即通过"原初状态"这一建构程序构建可以为人们一致同意的正义原则,从而实现指导和规范人们道德行动的目的。原初状态这一建构程序包含着两方面的构成要件:其一是设定选择正义原则的各方代表,其二是设定公平选择条件的无知之幕。对于各方代表而言,罗尔斯将他们设定为相互冷淡的理性个体,只是理性地谋求关于自身的特殊利益,既不利己,也不利他。这就决定了各方代表所做出的最优选择仅仅是相对于自身的,与他人无关。罗尔斯将这种相互冷淡的理性个体选择正义原则的过程描述如下,"怀有某些目的并以某种方式相互联系着的有理性的个人,将根据他们对环境的知识在各种不同的行动方案之间进行选择"[①]。在无知之幕背后,各方代表对自己的特殊性信息一无所知,"不具有那种使他能够选择他律原则的知识"[②],他们仅仅知道那些共同导向一致同意的正义原则的一般性信息。在这个意义上,每个选择正义原则的理性个体实际上就具有了一种同质性,即所有人就是一个人,"这种一致同意很好地表现了甚至一个单个自我的本质"[③]。由此,相互冷淡的各方代表在无知之幕的背后,就如何分配那些对任何"善观念"都有益处的社会基本善(权利与自

---

① [美]罗尔斯.正义论[M].何怀宏,等译.北京:中国社会科学出版社,1999:92.

② [美]罗尔斯.正义论[M].何怀宏,等译.北京:中国社会科学出版社,1999:198.

③ [美]罗尔斯.正义论[M].何怀宏,等译.北京:中国社会科学出版社,1999:202.

由、机会与权力、收入与财富）的正义原则进行选择。在原初状态的各种限定条件之下，具体的选择过程并不是讨价还价的过程，被选择的正义原则也不是暂时性的"权宜之计"。换句话说，这些限定条件，如相互冷淡和无知之幕本身就指向并构成了某种特定的正义原则。实际上，原初状态只不过是一个背景设置，各方代表只不过是这种背景中的表演者，其表演的内容早已为背景所设定。

对于原初状态，罗尔斯仅仅将其当作一种虚拟的思想实验，它并不是真实社会场景中的立约活动，而是一种"假然契约"。那么，从这种虚拟环境中所得出的正义原则，怎么才能够为现实中的人们所接受并产生约束力呢？在罗尔斯看来，从原初状态中所得出的正义原则必须经过"反思的平衡"而与现实世界中的人们"深思熟虑的判断"达成一致。通过"反思的平衡"，人们要么修正"原初状态"，要么修正"深思熟虑的判断"，经过反复的检验，最终实现正义原则与"深思熟虑的判断"之间的和谐一致。在这样的情况下，原初状态"既表达了合理的条件，又适合我们深思熟虑的并已及时修正和调整了的判断"①，而现实世界中的人们就会出于自身的道德理由而自觉认同正义原则并接受其对道德行动的指导和规范。

通过以上对原初状态以及"反思的平衡"的论述，我们可以发现，罗尔斯"正义论"阶段的建构主义具有明显的康德主义色彩。在原初状态中，为了得出一致的选择，罗尔斯将各方代表打造成同质性的理性主体，代表们的平等仅仅体现为相互之间的同质性，而不是内在于自身的独特的本质性规定。因此，他们选择正义原则的过程实际上就是单一自我的理性选择过程，就是特殊性的准则上升为普遍性的法则的过程。正如康德所言："如果我们抽象掉理性存在者的个人的差异，同时也抽象掉他们的私人目的的全部内容，就将

---

① [美]罗尔斯.正义论[M].何怀宏，等译.北京：中国社会科学出版社，1999：16.

能够设想在系统联结中一切目的(既是作为自在目的的理性存在者,又是每个理性存在者可能为自己设立的特有的目的)的一个整体,即一个目的王国。"①这就意味着,由同质性的理性主体所选择的原则,不仅仅用于政治领域,还可以被应用于其他领域。与之相应的是,接受这种原则来约束自身行动的个体也不是特定的,可以是任何人,只要在这种同质性上加上一些特殊规定即可。因此,尽管存在着反复的"反思的平衡"这一过程,原初状态所得出的道德原则很难与人们"深思熟虑的判断"达成和谐一致,因为"深思熟虑的判断"作为历史文化传统的产物,总是附着在一些与人们的生活前景发生直接关联的最基本的社会形式之上。

(二)政治建构主义的目标:"重叠共识"

通过上面的分析,我们可以得知,康德式道德建构主义所建构出的正义原则并不是"正义"的,其本质是一种理性的"完备性学说",它不仅仅用于政治领域,而且运用于其他领域,不仅仅可以用来规范社会合作事业,还可以指导其他社会事务。很明显,这与现代民主社会的理性多元这一基本事实是相违背的,人们不可能容忍一种正义原则同时也是一种"完备性学说",不能容忍一种"完备性学说"作为社会基本结构的规范性原则。因此,康德式的道德建构主义不可能作为"良序社会"的论证基础。

从总体上看,政治建构主义与道德建构主义的根本不同之处在于,前者将各方代表达成一致的基础奠基于从民主社会的"公共政治文化"中提炼出来的"人观念"和"社会观念",而后者将各方代表达成一致的基础看作人为设定的同质性的理性个体。这就决定了政治建构主义具有与众不同的特质。政治建构主义植根于民主社会的"公共政治文化",将自身严格地限定在政

---

① [德]康德.道德形而上学奠基[M].杨云飞,译.北京:人民出版社,2013:70.

治领域，旨在构建一种特殊主义的政治正义观念，将其应用于社会基本结构，界定社会合作的公平条款，为理性多元背景中人们就政治正义问题提供公共证成的基础。与之相反的是，道德建构主义始终立足于形而上学的先验唯心主义传统，将理性视为最高法庭，旨在构建一种具有普遍主义性质的"完备性学说"，指导个人和社会生活的各个方面，为合乎理性的信仰做理性辩护。这也就意味着，政治建构主义与道德建构主义在理论目标、作用范围和活动领域都具有非常明显的区别。

首先，二者的理论目标不同。政治建构主义旨在确立特殊性质的政治正义原则，道德建构主义旨在确立某种具有普遍性质的合乎理性的信仰。

其次，二者的作用范围不同。政治建构主义旨在为社会基本结构分配权利与义务确立正义原则，以民主社会的"公共政治文化"为根基。道德建构主义则旨在为个人和社会生活的各个方面提供最高指导，并将理性作为判定一切是否正当的最高法庭。

最后，二者的活动领域不同。政治建构主义将自身严格限制在政治领域，对理性的"完备性学说"既不肯定，也不否定，既不支持，也不反对，保持一种悬搁态度。道德建构主义将自己定位在先验形而上学层面，始终强调一种构成性自律的形而上学观念。从这种对比中，我们再一次确证政治建构主义自身所具有的建构性和实践性。建构性，排除了独立客观的形而上学真理；实践性，则意味着政治正义原则是一个实践问题，而不是一个理性思辨的认识论问题。

通过政治建构主义与道德建构主义的对比，我们发现，道德建构主义所持的观点是完备性的，力图对富有争议性的问题作出全面完整的回答。这就不可避免地将自身置于各种"完备性学说"的相互冲突之中。而这种处于冲突之中的"完备性学说"，要想获得所有公民的一致认可，除非借助国家的强制性力量，别无他途。而这种压迫性事实是民主社会实现长治久安的威胁性因素。与这种追求完备性的道德建构主义不同,政治建构主义并不追求完备性,而是力图实现清晰性。这就使政治正义观念独立于各种冲突的"完备性学说",进而从无休止的争论中抽身出来。政治建构主义不追求完备性,这使其建构的产物即政治正义观念能够成为各种"完备性学说"之"重叠共识"的焦点。在这里,我们有必要区分"重叠共识"和"权宜之计"(或"临时协定")。在罗尔斯看来,"权宜之计"的本质是理性主体之间的讨价还价,是各种"完备性学说"相互冲突的结果。它立足各派之间全力竞争的力量平衡及其基础上的"政治谈判",是一种建立在明确的利益(自我的或者群体的利益)之上的"权威的共识"。它反映的并不是一种特殊性与普遍性相互渗透的公共意志或普遍意志,而是一种本质上仍然是特殊意志的共同意志。这种建立在利益与权力之上的"权宜之计"所带来的稳定是暂时的甚至是虚假的,不具有持续性和真实性,它仅仅是一种偶然性的结果,它严重地依赖于利益集中的环境,从根本上不利于维持民主社会的长治久安。罗尔斯指出,真正的社会稳定必须实现特殊意志与普遍意志的融合。而在现代民主社会中,人们唯有在社会基本结构层面上才能达成"重叠共识",因为社会基本结构所构成的政治社会是一个社会成员"生而入其内,死而出其外"的封闭性组织。

因此,如果说"权宜之计"立足相互冲突的"完备性学说",那么"重叠共识"就立足规范民主社会基本结构的政治正义观念,它是政治建构主义的产物。那么各种"完备性学说"何以能够认同政治正义观念,进而达成"重叠共识"呢?根据"完备性学说"的完备性程度,罗尔斯大体区分了两种情况。

第一种情况是,"完备性学说"自身是部分的,不成体系的。这就意味着政治正义观念能够以某种方式与之发生内在联系,并保持着某种不太严密的一致性。

第二种情况是,"完备性学说"是完全的、严密的且成体系的。这就意味着,必须出于自身的道德理由,"完备性学说"才能认同政治正义观念。比如,功利主义者认同政治正义观念，可能是由于政治正义观念能够促进社会最大利益的实现；康德主义者认同政治正义观念，可能是由于政治正义观念能够促进理性个体的道德自律。正是在这个意义上，政治正义观念才能够发挥对社会基本结构的规范性作用，进而为人们就政治正义问题的讨论提供公共性基础。很显然，"重叠共识"表征的是一种个体理性与普遍理性的一致，其所实现的稳定性是长久的和真实的，这与"权宜之计"所指向的特殊意志及其短暂虚假的稳定性有着本质性的区别。当然，"权宜之计"虽然是短暂的和虚假的，但它并不是与"重叠共识"截然无关的。在罗尔斯看来，"重叠共识"并不是一开始就能够达成，它是民主社会"公共政治文化"长期发展的结果，而"权宜之计"仅仅是这种"公共政治文化"发展得不够成熟的表现。与"重叠共识"相比，"权宜之计"的不成熟性表现为：其一，"权宜之计"的目标不在于达成某种道德观念，而是竞争各方利益的暂时平衡；其二，"权宜之计"的实现并不是出于各方真实意愿和道德理由，而是迫于外在的强制性压力。这就使得稳定局面是暂时的，协议各方随时准备为了自身利益而去损害他人利益。

由此来看，政治建构主义企图在道德建构主义和"权宜之计"二者之间谋求一种平衡，使各种相互冲突的"完备性学说"在应用于社会基本结构的政治正义观念上达成"重叠共识"。可以说，道德建构主义通过设定同质性的理性个体来接受同一种"完备性学说"，企图以此来一劳永逸地实现社会的稳定性，它诉诸社会成员的理性自律。与之相反，"权宜之计"则是相互冲突的利益各方通过讨价还价来达成的一种松散的权力平衡，它诉诸社会成员的现实处境。在实现社会稳定这一宏大事业上，道德建构主义与"权宜之计"处于两个极端，前者以社会统一为前提，后者以利益争夺为前提。它们所设定的社会稳定，不是难以实现的，就是松散易破的。如此来看，政治建构主义所谋求的"重叠共识"则在两个极端之间寻求到了一个恰当的平衡点。"重叠共识"能够独立于各种"完备性学说",获得各方出于自身的道德理由的一致认同。由此所促成的社会稳定,既成全了各种"完备性学说"自我发展的要求,又保证了各方代表正当利益的实现。现在的问题是,在了解了政治建构主义的目标之后,我们还需要揭示政治建构主义的运作机制。通过这种运作机制,政治建构主义向我们展示了"重叠共识"得以达成的内在驱动力。

(三)政治建构主义的运作机制

在"政治自由主义"阶段,面对现代民主社会之理性多元的基本事实,罗尔斯不再把建构主义局限在道德领域,而是将其植根于民主社会的"公共政治文化"。这就决定了,政治建构主义拥有与道德建构主义不同的构成要件。在我们看来,政治建构主义主要包括三个构成要件。其一,作为建构程序之原材料的、从民主社会"公共政治文化"之中提炼出来的"人观念"和"社会观念";其二,作为连接社会合作者和社会合作公平条款的"原初状态";其三,从原初状态中推论出来的政治正义观念。在《道德理论中的康德式建构主义》一文中,罗尔斯更明确地提出建构主义的"基本思想是:通过建构程序在一种独特的人观念与首要正义原则之间建立起一种恰当的联系"①。在这三个构成要件中,最为关键的是作为建构程序之原材料的"人观念"和"社会观念",它们从根本上决定着整个政治建构主义的性质和走向,或者说,它们自身所具有的公共性和政治性能够传递到原初状态以及政治正义观念。因此,"人观念"和"社会观念"具有公共性和政治性,是政治建构主义区别于道德建构主义和"权宜之计"的本质性特征,也是使政治正义观念独立于各种相互冲突的"完备性学说"的关键所在。

"公正政治文化"是罗尔斯政治哲学尤其是政治建构主义的基础性概念。无论是作为正确性标准、实践理性原则以及道德人格能力的"合理性"概

---

① [美]罗尔斯.罗尔斯论文全集[M].陈肖生,等译.长春:吉林出版集团有限责任公司,2013:342.

念,还是作为政治建构主义原材料的"人观念"和"社会观念","公共政治文化"都具有基础性意义。因此,阐明"公共政治文化"的核心内涵,对于理解罗尔斯的整个政治哲学尤其是本小节所论述的政治建构主义,是不可或缺的理论中介。罗尔斯曾经对民主社会的"公共政治文化"做出这样的界定,"此种文化由一立宪政体的各种政治制度及其解释的公共传统(包括那些司法解释传统)、以及作为共同知识的历史文本和文献组成"①。实质上,罗尔斯对"公共政治文化"的界定意味着它是关于社会基本结构之制度设计的文化,也即关于社会合作之公平条款的文化,旨在维护政治社会的统一性,"扩大共识,缩小分歧"。这样的话,与政治社会的公共文化相对应的就是市民社会的私人文化。在市民社会的非政治领域中,每个人都秉持不尽相同的"善观念",信奉着相互冲突的"完备性学说"。

从"公共政治文化"中提炼出来的"人观念"和"社会观念",作为政治建构主义的逻辑起点或原材料,具有公共性与政治性,可以通过教育等手段为所有公民接受,成为他们达成"重叠共识"的一个基础性部分。这种"人观念"和"社会观念"规定了原初状态中选择正义原则的各方代表。罗尔斯对"社会"的理解基本上没有发生变化,始终将之看作世代相继的公平的合作体系。对于这一合作体系,罗尔斯从三个方面给予阐释,来与相似性的观念区分开来。其一,社会合作与单靠强制性的行政命令来开展的协调活动不同。社会合作是由社会合作者共同承认的公平的合作条款来规范的,合作者依照这些条款来展开合作事宜。其二,社会合作的公平条款,是合作者相互之间可以出于道德理由"合理地"接受的,它分配权利与义务、利益与负担,由政治正义原则清晰地表达出来。其三,社会合作不同于牺牲个体利益的共同体,它与每一个社会合作者的正当利益并不冲突,在其中,每个合作者都积

---

① [美]罗尔斯.政治自由主义[M].万俊人,译.南京:译林出版社,2011:12.

极追求他们的理性利益。可见,这种从民主社会"公共政治文化"中提炼出来的"社会观念"追求的是一种特殊性与普遍性的和谐一致。

与"社会观念"不同的是,罗尔斯的"人观念"与"正义论"阶段的"人观念"具有十分明显的区别。如上述,在"正义论"阶段的道德建构主义中,罗尔斯将原初状态中的各方代表设定为同质性的理性主体,以此来保证他们选择正义原则的一致性。但是从"公共政治文化"中提炼出来的"人观念"自觉放弃了这种同质性设定,转而从社会合作者的道德人格能力入手来实现选择正义原则的一致性。其实,在论述罗尔斯自由主义核心概念"合理性"的时候,我们已经涉及了社会合作者的道德人格能力。罗尔斯指出,这种"人观念"所表征的个人是平等且自由的,是公平合作体系的参与者,既不是自然状态中的个人,也不是由某种"完备性学说"所支配的社团或共同体中的一员。所谓平等,是指个人被看作拥有最低限度且有效的两种基本的道德人格能力——"正义感能力"和"善观念能力",它们共同保证个人能够终生作为正式的和平等的社会合作参与者。"正义感能力"就是"理解、应用和践行(而不仅仅是服从)政治正义原则的能力";"善观念能力"就是"拥有、修正和合理地追求善观念的能力"。①所谓自由则表现在两个方面:一方面,个人拥有在理性和合理的基础上自由地修正和改变"善观念"的能力,并不会因此而失去他的公共身份或者法律身份,他独立于任何特殊的"善观念";另一方面,个人认为自己是其正当要求的自证根源,他所提出的正当要求不仅仅源于由政治正义观念所规定的义务,而且它们本身就是有价值的。②

在建构的原材料"人观念"和"社会观念"准备就绪后,我们就可以进入具体的建构程序,即原初状态。在政治建构主义的视域下,原初状态可以分

---

① [美]罗尔斯.罗尔斯论文全集[M].陈肖生,等译.长春:吉林出版集团有限责任公司,2013:352.

② [美]罗尔斯.作为公平的正义——正义新论[M].姚大志,译.北京:中国社会科学出版社,2011:31.

为两部分,分别由两种实践理性原则(理性的与合理的)构成。不言而喻,合理的实践理性原则对应着无知之幕对各方代表所施加的限制性条件,理性的实践理性原则意味着各方代表仅知道自身具有"善观念"。可见,在原初状态中,在政治正义原则尚未被选择出来时,各方代表仅仅被赋予了"善观念能力",但是为了保证所选择出来的正义原则是所有人一致认可的,又必须以无知之幕对各方代表的认知进行限制,以防止正义原则的选择偏袒任何一方。因此,原初状态这一建构程序作为一个代表设置,模仿了或者说再现了自由平等的社会合作参与者通过合理的和理性的实践理性原则为社会合作体系选择公平合作条款的过程。

作为社会合作者的各方代表在合理的和理性的实践理性原则的指导下,为社会合作选择了公平的合作条款,即政治正义原则。在政治建构主义的视域下,虽然政治正义原则与"正义论"阶段的"两个正义原则"在内容上是一致的,但其性质却发生了根本性的变化。如上述,"正义论"阶段的"两个正义原则"是由同质性的理性个体所选择的,旨在为个人和社会生活的各个方面提供最高意义上的指导,其本质是一种"完备性学说"。与之相反,政治建构主义视域下的政治正义原则,其应用范围、理论性质以及现实基础都完全超出了康德式的"完备性学说"的狭隘眼界,成为民主社会中人们达成"重叠共识"的焦点。其一,就其应用范围来看,政治正义原则以社会基本结构为主题,旨在为社会合作制定公平的合作条款;其二,就其理论性质而言,政治正义原则独立于各种"完备性学说",悬置"真理",对之既不支持也不反对;其三,就其现实基础而言,政治正义观念植根于民主社会的"公共政治文化",自身具有公共性和政治性。

现在的问题是,经过政治建构主义的一套程序得出的政治正义原则的客观性如何证成?与政治建构主义相竞争的理性直觉主义和道德建构主义都有其不证自明的客观性。比如,理性直觉主义直接预设了独立客观的道德价值序列，认知主体通过对这一道德价值序列的认知就能产生从事道德行动的欲望。道德建构主义预设了同质性的理性主体，它将纯粹理性看作最高法庭。那么政治建构主义的客观性来自哪里？在罗尔斯看来，政治建构主义的客观性主要有三个来源。第一个来源是建构程序本身所体现的"合理性"。建构程序本身的合理性能够排除主观意见，防止合作者从自身的特殊立场出发得出不能为所有人一致同意的结论。第二个来源是社会合作者充分而广泛的"反思的平衡"。充分而广泛的"反思的平衡"能够促使合作者的"深思熟虑的判断"与政治正义原则在相互比较的过程中达成一致。第三个来源是社会合作者的两种道德人格能力，尤其是作为"正义感能力"的"合理性"，这是政治正义原则之客观性的最根本的保证。

三、基本价值："良序社会"的政治理想

在某种意义上，"合理性"和政治建构主义分别作为罗尔斯"良序社会"制度建构的核心概念和论证基础是隐而不显的，需要我们以哲学抽象将其从罗尔斯繁杂的概念体系和理论线索中提炼出来。可以说，作为核心概念的"合理性"贯穿罗尔斯"良序社会"的始终，是从民主社会的"公共政治文化"中提炼出来的，既具有公共性，也具有政治性。与之相应的是，政治建构主义作为论证基础，在与理性直觉主义和道德建构主义的理论辩难中，充分彰显了"良序社会"是建立在代表各方一致同意的基础上的。这种一致同意既不以某种形而上学的假定为前提，也不以国家强制力为后盾，而是以民主社会中人们所习得的道德人格能力作为基本前提。无论是作为核心概念的"合理性"，还是作为论证基础的政治建构主义，二者都凸显出"良序社会"制度建构所具有的现实性与历史感，体现出罗尔斯在面对现代民主社会理性多元这一基本事实时积极重塑社会生活之整全性的理论努力。可见，这种对社会

生活之整全性的追求,植根于民主社会的"公共政治文化"中,有着异常丰富的文明史内涵,与那种建立在讨价还价基础上的"权宜之计"有本质性区别。如上所述,"权宜之计"实际上是把市民社会中的行为原则僭越地应用于政治社会的结果,是把低层次的特殊性原则片面膨胀为高层次的普遍性原则的结果。正如黑格尔所言,把国家建立在契约关系上,"把私有制的各种规定搬到一个在性质上完全不同而更高的领域"①,就颠倒了政治社会与市民社会的关系。在这种"权宜之计"的视域下,缔约各方随时会为了自身利益而公然撕毁合约,致使社会生活再度陷入四分五裂的破碎状态。这就意味着,"权宜之计"作为一种基于利益博弈和力量制衡的"临时协定"不具有正义性、稳定性和合法性。

在罗尔斯看来,"良序社会"及其制度建构具有正义性、稳定性和合法性。毋庸置疑的是,这些关于制度的良好德性并不是罗尔斯人为赋予的,而是早已潜藏在其核心概念以及论证基础之中了。所谓正义性,简言之,就是罗尔斯"良序社会"之制度建构具有道德上的可接受性。所谓稳定性,就是指现实社会生活中持有不同且相互冲突的"善观念"的多个个人能够就某一项政治正义原则达成共识,进而以之作为社会合作的公平条款,从而使政治正义观念及其所规定的社会合作体系具有稳定性。所谓合法性,就是指政治权力的行使者能够向所有人证明其行使权力的道德正当性。在一般的观点看来,正义性和稳定性是经典的罗尔斯式问题,二者分别表征着"良序社会"及其制度建构的"可欲性"和"可行性",无论是在"正义论"阶段,还是在"政治自由主义阶段",正义性和稳定性都是罗尔斯政治哲学所要探讨的核心问题。但是合法性问题尤其是政治权力行使的合法性问题,是后期罗尔斯政治自由主义关注的核心问题之一。正如波顿·德雷本(Burton Dreben)所指出的

---

① [德]黑格尔.法哲学原理[M].邓安庆,译.北京:商务印书馆,2016:147-148.

那样,"《正义论》处理的主题是正义,而《政治自由主义》处理的是合法性"①。在这里,需要我们澄清的是,作为论证基础的政治建构主义和作为论证理路的三重政治价值之间存在着微妙的差别。质言之,二者所面对的主体是不同的。政治建构主义面对的是"人观念",其决定着"良序社会"及其制度建构的基本性质和现实走向,表明其所寻求的既不是道德建构主义所塑造的道德理想,也不是理想直觉主义对绝对道德真理的认知,更不是讨价还价的"权宜之计"。而作为论证理路的三重政治价值面向的是生活于现实社会中的人们,其目的在于向他们证明或展示"良序社会"及其制度建构所具有的制度德性,以期获得他们的一致同意。由此可见,这里所体现的就是从理论到实践、从抽象到具体的逻辑思路。"良序社会"及其制度建构不仅在理论层面上具有自洽性,而且在实践层面获得人们的广泛认同。

(一)基于政治正义观念的可接受性

众所周知,罗尔斯在后期对其政治正义观念做出了重大修正。如上所述,这种修正的关键之处在于,其政治哲学的核心概念发生了从理性自主到"合理性"的根本性转变。随之而来的是,"作为公平的正义"的理论性质也发生了从道德"完备性学说"到政治正义观念的根本性转变。但是这种转变并不意味着罗尔斯放弃了"作为公平的正义",恰恰相反,这种转变更为有力地证成了"作为公平的正义"的正义性,使之更加具有道德上的"可欲性"。那么,"作为公平的正义"在道德上的"可欲性"是如何得到证成的呢?这将是本节要探讨的核心问题。在探讨这一问题之前,我们首先澄清一下何谓道德上的"可欲性"。显而易见的是,这种"可欲性"是存在于道德层面的,是在道德层面上显现自身的。换句话说,这种政治正义观念具有人们所欲趋附的道德

---

① Burton Dreben."On Rawls and Political Liberalism".in Samuel Freeman(ed.).The Cambridge Companion to Rawls[M].London:Cambridge University Press,2003:317.

魅力,人们是出于道德上的理由来接受政治正义观念的,而不是出于外在的压迫性力量以及形而上学的假设。这就要求我们必须将研究的视角转向政治正义观念内部,来挖掘其自身所具有的道德魅力。

在我们看来,政治正义观念所具有的道德魅力主要体现在三个方面:其一,政治正义观念的性质是"政治的"而不是"道德的",因此,它能得到相互冲突且理性的"完备性学说"的一致支持;其二,政治正义观念是属人的,而不是属物的,它将两种最低限度但有效的道德人格能力的充分发展和灵活运用当作自己的目的;其三,政治正义观念不仅仅是工具性的善,而且就其自身而言,也是一种值得欲求的"善观念"。

首先,政治正义观念是"政治的",而不是"道德的",它能够得到相互冲突且理性的"完备性学说"的支持。在上文的表述中,我们总是零星地提到政治正义观念的性质问题。说政治正义观念是"政治的",其内涵主要包括以下三个方面:

其一,政治正义观念的应用对象是社会基本结构,旨在为社会合作体系提供公平的合作条款。在罗尔斯看来,政治社会与市民社会及其中的社团不同,政治社会是一个封闭的体系,人们"生而入其内,死而出其外"。作为政治社会的一员,人们具有政治身份或法律身份。这一身份不是可以被人们随意放弃或者改变的,它是人们不能够掌控的具有先验意味的基本事实。正如亚里士多德所言,人天生地是政治的动物,政治性存在是人们的第一存在,而政治哲学则是第一哲学。正是由于政治社会的封闭性以及不可选择性,构建公平的用于规范社会基本结构的政治正义原则才显得非常有必要。罗尔斯将政治社会看作一个社会合作体系,这一体系能够为人们实现各自的"善观念"提供外部的制度保障。而政治正义观念旨在为社会合作体系提供公平的合作条款。这样的话,政治社会就不单单是一个封闭的体系,而且是一个被公平原则所规范的合作体系。既然人们逃不出政治社会的外在"桎梏",那么使其变得更加公平,便成为政治正义原则的使命。①

其二,政治正义观念内在地植根于民主社会的"公共政治文化",这就使其具有了现实性和历史感。如前所述,"公共政治文化"是政治社会长期实践的文化积淀,不同于市民社会的背景文化。可以说,市民社会的背景文化与相互冲突的"完备性学说"及其所主张的"善观念"相一致。毫不夸张地说,正是市民社会中原子式个人的存在,撕裂了社会生活的整全性,使之陷入四分五裂的混乱状态。与之相反,"公共政治文化"具有公共性,它作为潜藏于社会生活中的为人们所共享的基本理念,是人们求同存异进而走向社会联合的生存论基础,它能够淡化人们之间的相互分歧,扩大相互间的共识。

其三,政治正义观念独立于任何一种特定的理性的"完备性学说"。在这里,政治正义原则所具有的相对于理性的"完备性学说"的独立性,是理解其"政治"属性的关键所在。在罗尔斯看来,所谓独立性包含两个方面的意义。一方面,政治正义原则并不是从理性的"完备性学说"中推导或演绎出来的,正相反,它是将民主社会的"公共政治文化"加以理论化和系统化的结果。另一方面,对于理性的"完备性学说"所探究的"真理",政治正义原则所采取的是存而不论的悬搁态度,对之既不支持也不反对,以免自身陷入无意义和无限度的争论之中。由此,各种理性的"完备性学说"也就能够出于自身的道德理由去自觉认同政治正义原则,将之当作"重叠共识"的焦点。

其次,政治正义观念是"属人的"而不是"属物的",它将两种最低限度却有效的道德人格能力的充分发展和灵活运用当作自己的目的。在罗尔斯看来,人具有两种最低限度但却有效的道德人格能力,即"正义感能力"和"善观念能力"。而政治正义原则作为规范社会合作体系的公平条款,通过分配社会基本善,为"正义感能力"和"善观念能力"的充分发展和灵活运用创造

---

① [美]罗尔斯.作为公平的正义——正义新论[M].姚大志,译.北京:中国社会科学出版社,2011:10.

了外部条件。在这个意义上，我们可以说，政治正义原则是一种工具性的善，其目的就在于人本身。罗尔斯最为著名的学生涛慕斯·博格将这种工具性的善理解为"纯粹接受方导向"。所谓"纯粹接受方导向"，实质上，就是将能否正当地对每一个接受此种正义原则的人有利作为判断其优劣的终极标准。既然这种正义原则对于接受它的每一个社会成员都能带来正当的好处，那么人们自然就会对这种正义原则产生道德理由的认同。在涛慕斯·博格看来，这种"纯粹接受方导向"内部包含四个环节，它们相互递进、层层深入。第一个环节是结果论。顾名思义，结果论就是要求以某项原则实施后的结果或效果作为标准，其典型形态是功利主义。功利主义追求利益最大化，不惜以牺牲人们所珍视的政治价值为代价。第二个环节是人本主义。较结果论进一步，它关注的是某项原则对人类本身的影响，它给结果论加上了道德束缚，即结果或效果必须以道德的方式来获得。第三个环节是规范的个人主义。它则更进一步地将这个抽象普泛化的人类具体化为特定的终生参与社会合作的个人，将个人"善观念"的实现与否当作判定正义原则是否合适的标准。第四个环节就是匿名性，其针对的正是终生参与社会合作的个人。匿名性的作用就在于，防止对个人的"善观念"抱有偏私的态度，它要求平等地对待每一个人的"善观念"。可见，"纯粹接受方导向"的四个环节层层深入，从物质利益到人类本身，最后固定在终生参与社会合作的个人身上，最终指向的是罗尔斯的原初状态这一代表设置。反过来说也一样，原初状态就是一种"纯粹接受方导向"的政治正义原则的选择过程。在原初状态中，个人是社会合作的参与者，无知之幕则将有关个人的特殊信息遮蔽起来。这使得个人在选择分配社会基本善、规范社会合作体系的合作条款时，不受个人特殊"善观念"的限制。由此所选择出来的正义原则，能够为人们的两种道德人格能力的充分发展和灵活运用提供必要的制度保障，自然能够做到正当地对每一个社会成员有利，能够得到人们出于道德理由而非外在强制性力量的认同。

最后，政治正义观念不仅仅是工具性的善，而且就其自身而言，也是一种值得欲求的"善观念"。政治正义观念能够为人们两种最低限度但有效的道德人格能力提供制度保障，这彰显的是政治正义观念的工具性价值。实际上，就其自身而言，政治正义观念本身也具有内在价值，也是一种值得欲求的目的（"善"）。在论证政治正义观念自身就是一种目的性的善时，罗尔斯引入了"亚里士多德主义原则"。所谓"亚里士多德主义原则"，在罗尔斯看来，是一种分析行为动机的理论。"如其它条件相同，人们以运用他们已经获得的能力（天赋的或从教育中获得的能力）为快乐，能力越是得到实现，或者所能实现的能力越是复杂，这种快乐就越增加。"①在政治正义原则所规范的社会合作体系之中，社会基本善得到了公平的分配，最小受惠者的利益得到了根本性的提升，人们作为社会合作者的身份得到了保证。由此，人的两种基本道德能力（"正义感能力"和"善观念能力"）得到了充分的发展和灵活的应用。可见，从自身角度来看，政治正义观念就具有促进人的两种基本的道德人格能力之充分发展和灵活运用的内在价值。在这个意义上，政治正义观念自身具有内在善，不管人们是否能够按照其所要求的原则来规范自己的社会生活，其所具有的内在价值是不以人的意志为转移的，因而是客观的。正是这种内在价值的客观性，才更加有力地印证了"良序社会"及其制度建构所具有的正义性，即它是中立的，不偏袒任何一种理性的"完备性学说"。

通过上述三个层面的分析，无论是从其理论性质上看，还是从其自身的手段价值和内在价值看，政治正义观念具有其他正义观难以比拟的道德魅力以及道德上的"可欲性"。一方面，由于政治正义观念是"政治的"，而不是"道德的"，各种相互冲突且理性的"完备性学说"能够出于自身的道德理由来接受它。另一方面，由于政治正义观念是"纯粹接受方导向"的，是"属人

---

① ［美］罗尔斯.正义论［M］.何怀宏，等译.北京：中国社会科学出版社，1999：336.

的",而不是"属物的",每一个人能够出于自身的道德理由而去自觉认同它。最后,政治正义观念不仅具有一种手段性价值,而且其自身就是一种值得欲求的"善"。可见,只有具备了正义性这一核心的政治价值,"良序社会"及其制度建构才能够具有如此这般的道德魅力。

(二)基于"重叠共识"的稳定性

如果说正义性关涉着政治正义观念是否具有道德上的可欲性的话,那么稳定性则关涉着政治正义观念是否可行。实际上,这是探讨实际生活中的人们能否接受政治正义观念的问题。如上述,在"正义论"阶段,罗尔斯对稳定性的论证建立在康德式的人性论基础上,这使其正义理论变成了一种道德"完备性学说",其所要实现的目的变成了事先预设的理论前提。很显然,罗尔斯的这种康德式的"完备性学说"与民主社会的理性多元论是相互冲突的,民主社会的公民很难认同同一种"完备性学说"。这就使其稳定性的论证陷入巨大的困境之中。如何走出这种困境,成为罗尔斯不得不思考的理论难题。在笔者看来,罗尔斯通过两个方面的理论努力来论证政治正义观念的稳定性。简要地说,一方面,罗尔斯论证"正义感"的获得过程,并将这一过程进一步与其自由主义思想的核心概念"合理性"联结起来,最终将之表述为"合理的道德心理学"。另一方面,罗尔斯通过"重叠共识"这一理念来说明在不依赖于任何道德理想和压迫性力量的前提下,政治正义观念仍然能够得到相互冲突的"完备性学说"的自觉认同。

罗尔斯的"合理的道德心理学"旨在论证现实生活中的人们能够产生按照政治正义原则来行动的"正义感",这种"正义感"的产生不是外在强制力量的结果,而是民主社会中进行社会合作的公民日益形成和习得的一种行为习惯。在"正义论"阶段,罗尔斯论述了这种产生"正义感"的道德心理学过程。但是,如上所强调的,"正义论"阶段的正义原则实质上是一种强调理性自主的道德的"完备性学说",它不仅应用于政治领域,还要对个人和社会生活的方方面面提供最高的指导。因此,"正义论"阶段的道德心理学不可避免地也会带有这种完备性色彩,为此,罗尔斯必须在"合理性"这一新的核心概念的范围和界限内对这种在社会合作中产生"正义感"的道德心理学进行重新阐释。罗尔斯对这种道德心理学进行再阐释的要点主要在于以下几个方面。其一,以"合理性"代替理性自主,强调道德心理的相互性,也即个人作为社会合作者必须相互平等地对待。其二,这种以"合理性"为核心原则的道德心理学不再是"源于人性科学的心理学,相反,它是表达某种政治的个人观念和公民理想的一种概念和原则的图式"①。换句话说,这种"合理性"的道德心理学植根于民主社会的"公共政治文化",以从中提炼出来的"人观念"和"社会观念"为其根本解释原则。那么,在了解了罗尔斯道德心理学的性质转变之后,我们才能够以新的思维方式和解释模式来阐释道德心理学。当然,这种重新阐释并不是对"正义论"阶段道德心理学的完全否认,而是揭示其内在所隐含着的"合理性",使之与民主社会的"公共政治文化"相一致。

在社会合作过程中,作为合作者的个人具备两种最低限度但有效的道德人格能力:获得"正义感"的能力和追求"善观念"的能力。在制度是公平的前提下,人们就出于自身的道德理由来履行被分配到的责任与义务,前提是他们有理由确信别人同样也会履行这些责任与义务。如果别人有明确的意图去履行由公平的制度分配给他们的责任和义务,那么人们就倾向于发展出相间的信任,并逐渐培育出相互性的品格。罗尔斯将这种相互性称之为"礼尚往来"。在这种"礼尚往来"的相互性的促进下,人们的合作事业将获得长足的发展并达到成功。这时,人们生活于其中并保障人们切身利益的公平制度就会得到人们更为坚定的认同和更为自愿的拥护,人们之间的相互信

---

① [美]罗尔斯.政治自由主义[M].万俊人,译.南京:译林出版社,2011:80.

任就会越来越增强。当然,这种道德心理的发展过程是以我们所假设的民主社会的社会历史条件为前提的。这些社会历史条件包括"合理多元论事实""合理多元论具有持久性这一事实""压迫性事实""判断的负担"以及"适度匮乏的事实"。正是由于这些社会历史条件,人们才要求建立公平的社会合作制度,才需要发展出"正义感",才需要在社会合作事业中培育相互性这一品格。"基本的观念是一种相互观念,一种以善报善的倾向。这种倾向是一个深刻的心理学事实。……以善报善而形成的一种正义感能力,似乎是人的交往的一个条件。"①而一旦公平的社会合作制度能够保障合作者的切身利益,能够促进两种道德人格能力的充分发展和灵活运用,人们就会更加自愿地服从这种制度安排。

如果说,"合理的道德心理学"是从社会合作参与者的角度来论证政治正义原则的稳定性,那么"重叠共识"则是从政治正义原则自身所具有的道德吸引力来论证其稳定性的。前者属于他证,后者属于自证。这与"权宜之计"所指向的特殊意志及其短暂虚假的稳定性有着本质性区别。当然,"权宜之计"虽然是短暂的和虚假的,但它并不是与"重叠共识"截然无关的。在罗尔斯看来,"重叠共识"并不是一开始就能够达成,它是民主社会的"公共政治文化"长期发展的结果。而"权宜之计"仅仅是这种"公共政治文化"发展得不够成熟的表现。与"重叠共识"相比,"权宜之计"的不成熟性表现在两个方面。其一,"权宜之计"的目标不在于达成某种道德观念,而是竞争各方利益的暂时平衡。其二,"权宜之计"的实现并不是出于各方真实意愿和道德理由,而是迫于外在强制性压力。这就使得稳定局面是暂时的,协议各方随时准备为了自身利益而去损害他人利益。

由此来看,政治建构主义企图在道德建构主义和"权宜之计"二者之间谋求一种平衡,使各种相互冲突的"完备性学说"应用于社会基本结构之上

---

① [美]罗尔斯.正义论[M].何怀宏,等译.北京:中国社会科学出版社,1999:391.

的政治正义原则达成"重叠共识"。可以说,道德建构主义通过设定同质性的社会成员接受同一种"完备性学说",企图以此来一劳永逸地实现社会的稳定,它诉诸社会成员的理性自律。与之相反,"权宜之计"则是相互冲突的利益各方通过讨价还价来达成的一种松散的权力平衡,它诉诸社会成员的现实处境。在实现社会稳定这一宏大事业上,道德建构主义与"权宜之计"处于两个极端,前者以社会统一为前提,后者以利益争夺为前提。它们所设定的社会稳定,不是难以实现的,就是松散易破的。如此来看,政治建构主义所谋求的"重叠共识"是在"两种极端之间保持平衡的一种努力"。一种极端就是以康德和密尔为代表的"完备性学说",把稳定性"奠基在个人主义理想之上,这种理想不但要塑造我们作为公民的角色,而且要塑造我们的整个良善生活"[①],因而不具备可行性。另一种极端就是策略性的权宜之计,它通过讨价还价,把稳定性"单纯地奠基在策略性考虑之上"[②],因而不具备可欲性。"重叠共识"兼具可欲性和可行性,既成全了各种"完备性学说"自我发展的要求,又保证了各方正当利益的实现。

(三)基于实质性正义的合法性

所谓合法性,是指政治权力的行使者如何向所有人证明其行使权力的道德正当性。在一般的观点看来,正义性和稳定性是经典的罗尔斯式问题,二者分别表征着"良序社会"的可欲性和可行性。但是合法性问题尤其是政治权力行使的合法性问题,也是后期罗尔斯关注的核心问题之一。正如波顿·德雷本所指出的那样,"《正义论》处理的主题是正义,而《政治自由主义》处理的是合法性"[③]。当然,这里所说的合法性问题是指"立宪民主"国家内部

---

①② [美]查尔斯·拉莫尔.现代性的教训[M].刘擎,等译.上海:东方出版社,2010:143.

③ Burton Dreben."On Rawls and Political Liberalism".in Samuel Freeman(ed.).The Cambridge Companion to Rawls[M].London:Cambridge University Press,2003:317.

的政治决策或法律的合法性，而不是国家或政府本身等原初意义上的合法性。其实这也和罗尔斯一贯的思路是一致的，即罗尔斯只是为既定的社会基本结构本身选择合适的规范性原则，而不是要选择社会基本结构。

在我们看来，罗尔斯对合法性的论证实际上在于阐述合法性与正义的关系。合法性与正义的关系，是一个具有基础性意义的问题。有的论者认为，罗尔斯将二者等同起来；有的论者认为，罗尔斯将二者截然二分。事实上，通过梳理罗尔斯《政治自由主义》中涉及的关于合法性的论述，我们发现，罗尔斯对合法性与正义的关系的认识并不是简单地非此即彼，而是既对二者做出某种区分，又对二者做出某种整合。

一方面，从概念的层面上看，合法性与正义确实意指不同的含义，具有合法性的事物，不一定就是符合正义的。在这个意义上，合法性的本质是在一定范围和界限内程序上的合法性，指向的是一种合法性的程序。而正义本身必须得到所有人的一致同意，因而是实质性的。罗尔斯指出："民主决策和民主法律之所以合法，并不是因为它们是正义的，而是因为它们是按照一种为人们所接受的合法的民主程序而合法地制定出来的。"①可见，合法性在这里是一种发生学的概念，它不考虑目的和结果。这种发生学意义上的合法性可以通过原始神话、宗教、自然以及近代启蒙以来所倡导的理性原则来证成自身。这样，合法性就成了撇开质料和内容的纯粹形式和程序，对任何实质性的内容都产生效力。

罗尔斯之所以确立这样程序性的合法性概念，其原因主要体现在以下两个方面。其一，在现代民主社会中，理性多元是一个永久性的事实，深刻而广泛的冲突使人们难以或者基本不可能就某一项具有实质性意义的正义问题达成一致，在这时，法律或者政治决策程序的合法性就可以赋予作为该项

---

① [美]罗尔斯.政治自由主义[M].万俊人,译.南京:译林出版社,2011:396.

程序之结果的法律或政治决策以合法性。在这个意义上,即使某项法律或者政治决策与少数人的利益不相吻合,这项法律或者政治决策依然具有合法性,少数人也就有服从该项法律或者政治决策的责任和义务。其二,归根结底,法律程序是一种不完善的程序,即使最完美的程序的结果也不能合乎实质性正义原则的要求,不能做到绝对合乎每一个人的利益诉求,得到每一个人自愿的认同。因此,将程序合法性等同于正义的做法实质上就是取消了程序合法性这一概念,这种对程序合法性的过分要求不仅会给人们不遵守法律提供"正当的"理由,而且会导致程序自身的紊乱。从这个意义上来看,将合法性与正义区分开来,实际上就是将形式要件与实质要件区分开来。这有助于促进法律和政治政策的有效执行以及民主社会秩序的稳定。

另一方面,虽然在概念层面上合法性与正义有着形式与实质的区分,形式性的法律程序允许不正义的结果出现。但是这种不正义的结果在广度和深度上必须被控制在一定的界限与范围内,否则,这种形式性就会变成空洞的抽象性。这就意味着,程序合法性必须以实质性的正义原则为底线,不能冲破实质性正义原则所规定的最低限度,即两种最低限度但有效的道德人格能力,比如基本自由、差别原则等。那么具体而言,程序合法性与政治正义观念是通过什么纽带联系在一起的?罗尔斯在《政治自由主义》中指出:"只有当我们行使政治权力的实践符合宪法——我们可以合理地预期自由而平等的公民按照为他们的共同人类理性可以接受的那些原则和理想来认可该宪法的根本内容——时,我们行使政治权力的实践才是充分合适的。"[1]"在立法中所提出的所有涉及或接近于宪法根本或基本正义的问题,也都应该尽可能地通过公民们以同样方式认可的那些原则和理想来加以解决。唯有合理地期许全体公民认可的政治正义观念,这一观念才可能作为公共理性

---

[1] [美]罗尔斯.政治自由主义[M].万俊人,译.南京:译林出版社,2011:126.

和公共证明的基础。"①在这两段话中,罗尔斯用公共理性来联结程序合法性和正义,即法律和政治政策的制定要以公共理性为基础,受到政治正义观念的限制。在这里,公共理性与局限于狭隘个人眼界的理性自主有所不同,它强调的是公共性和政治性,它是公民们尤其是法律和政治决策制定者们在"公共政治论坛上"进行公共证成所使用的理性。通过公共理性,程序合法性不仅具有形式性,还具有公共性,与政治正义观念具有内在的关联。从这个意义上来看,通过公共理性,将程序合法性和政治正义原则联结起来,能够保证法律和政治决策的制定始终行驶在促进两种最低限度但有效的道德人格能力的充分发展和灵活运用的轨道上,维护公民作为社会合作参与者的平等身份。

综上可知,罗尔斯的"良序社会"具有正义性、稳定性和合法性三项政治价值。首先,它自身具有道德上的可欲性,在理论性质上是"政治的"和"属人的",而不是"道德的"和"属物的",不仅作为手段性的善能够促进公民的两种最低限度但有效的道德人格能力的充分发展和灵活运用,而且还作为目的性的善具有内在价值。其次,在实际生活中,持有不同"完备性学说"的公民能够培育出"相互性"的品格,人们出于自身道德理由将之作为"重叠共识"的焦点。最后,在具体的政治权力行使的过程中,法律或政治决策程序的合法性既与实质性正义相分离,又通过公共理性与实质性正义保持内在关联。当然,这三重政治价值并不是相互分离的,而是环环相扣的,考量的标准依次是政治正义观念本身、实际生活中支持不同"完备性学说"的公民以及具体的法律或政治决策的制定和执行,它们共同阐释了"良序社会"具有的良好德性。

---

① [美]罗尔斯.政治自由主义[M].万俊人,译.南京:译林出版社,2011:126–127.

第三章 作为"现实主义的乌托邦"的 "良序社会"

在上述各个章节中，我们分别从显性和隐性两个方面阐述了罗尔斯的"良序社会"。在显性层面，"良序社会"体现为其具体的制度建构，主要包括政治层面上的"国家中立性"和经济层面上的"财产所有的民主制"。在隐性层面上，"良序社会"体现了其具有的"政治正义"之维。通过这两个层面的论述，我们可以得知，罗尔斯的"良序社会"试图在"完备性学说"和"权宜之计"之间谋求一种恰当的平衡，使之既具有前者的理想性和可欲性，又具有后者的现实性和可行性。在这个意义上，罗尔斯将"良序社会"定位为一种"现实主义的乌托邦"。在本章中，我们主要是从政治哲学史的意义上来探讨罗尔斯的作为"现实主义的乌托邦"的"良序社会"。

可以说，贯穿政治哲学史的一个基本问题就是道德与政治的关系问题。在道德与政治的关系意义上来讨论罗尔斯的"良序社会"具有三个方面的意义。其一，它能够使我们了解政治哲学史的发展脉络及其理论使命，即政治哲学讨论重心的转换并不是空洞抽象的概念游戏，而是在不同的社会背景之下对人类美好生活的探求，表征的是人类对美好生活的向往与期许。其二,它能够使我们了解罗尔斯政治哲学的出场背景,即罗尔斯政治哲学具有深刻的哲学史背景,它是对政治哲学经典问题的当代解答,其面临的社会现实问题既是以往时代的老问题,又以新的面目呈现出来。其三,它能够使我们了解罗尔斯政治哲学的理论地位和理论价值,即它对政治哲学经典问题的解答对政治哲学发展的影响,它对当代社会现实问题的把握和应对对构建人类文明新形态所具有的借鉴意义和参考价值。

一、道德与政治关系的嬗变

检视自古希腊以来的政治哲学发展史,我们不难发现一个最为基本的线索性问题,这一问题堪称政治哲学的基本问题。那就是道德与政治的关系问题。如何处理道德与政治的关系,是政治哲学发展史的基本线索,也是划分政治哲学分期和派别的基本标准之一。自古希腊政治哲学开创以来,围绕着道德与政治的关系问题,政治哲学家们给出了各具特色的解答。总的来看,古代政治哲学赋予超越于政治之上的道德以绝对的优先性,其实质是一种道德乌托邦。在它看来,任何一种现实政治都必须受到更高水平和层级的道德规范的指引和范导。而自马基雅维利以来的现代政治哲学,则展开了对古代德性政治的全面反叛和彻底颠倒,他们将世俗政治放在第一位,把世俗政治的得失作为评判各种道德追求的最终标准。从卢梭开始,哲学家们开始结合现代社会生活的种种现代性病症来反思现代政治哲学的内在缺陷,试图走出道德与政治二元对立的思维模式,来寻求道德与政治之间的适当平衡。由此观之,政治哲学的发展史呈现出一个"正—反—合"的逻辑圆圈,其理论的侧重点实现了"道德—政治—道德与政治的和解"的起承转合。

（一）道德对政治的僭越

在道德与政治的关系上，古代政治哲学赋予道德以绝对优先性，认为世俗政治必须接受更高水平的道德规范的引导，才不至于走向堕落。换句话说，古代政治哲学对世俗政治的讨论并非立足现实，而是立足一种更为崇高的道德乌托邦诉求，其谋求的理想政治实质上是一种德性政治。如果我们从现代政治哲学的视角来看的话，这种德性政治，在某种程度上，就是道德对政治的僭越，企图通过某种完美人性和最好政制来一劳永逸地解决世俗政治问题。

古代政治哲学倡导的这种德性政治首先发端于苏格拉底的名言"德性即知识"，而柏拉图则通过《理想国》这一政治哲学名著将苏格拉底的箴言作了系统性的发挥和全面性的展开。柏拉图《理想国》的基本主题是如何塑造完美人性和最好政制。在柏拉图看来，在根本意义上，完美的人性与最好的政制具有同质性，而"理想国"则表征了这种同质性。在"理想国"之中，国家的善与个人的善是一致的，公德与私德是一致的。在某种意义上，柏拉图意义上的"理想国"就是"大写的人"。通过《理想国》的相关论述，我们可以对"理想国"和"大写的人"作一简单的规定。在《理想国》中，最能体现完美人性与最好政制、公德与私德之一致性的就是社会分工。柏拉图指出，良好的社会分工既有助于整个国家的正常运转，又有助于个人德性的培育及养成。具体而言，柏拉图将城邦中的公民分为统治者、护卫者和生产者，其各自的德性分别是智慧、勇敢和节制，只要他们依照各自的德性各司其职，国家就能够正常运转；而具体到个人，身体各个部分的分工各有不同，而唯有身体各部分协调运转，个人才能够在社会分工体系中履行各自的职责。这样来看，塑造理想国家的过程也就是培育好人的过程，唯有个人德性的培育及养成才能造就国家的德性。在这里最为突出的问题在于，谁能够胜任培育公民以及治理国家的崇高使命呢？在《理想国》中，柏拉图论述到，"一个按照自然建立起来的国家，其所以整个说成是有智慧的，乃是由于它的人数最少的那个部分和这个部分中的最小的一部分，这些领导着和统治着它的人们所具有的知识。并且，如我们所知道的，唯有这种知识才配称为智慧，而能够具有这种知识的人，按照自然规律总是最少数"①。这就从侧面印证了古希腊政治哲学的底色，即"德性即知识"，唯有那些具备渊博知识的最少数人才具有智慧，而智慧就是国家统治者的德性。

在柏拉图看来，这种表现为德性的统治智慧包含相辅相成、互为表里的两个方面：其一是关于善理念的知识，其二是掌握世俗权力，而能够将二者完美结合起来的人只能是"哲学王"。"除非哲学家变成了我们这些国家的国王，或者我们目前称之为国王或者统治者的那些人物，能严肃认真地追求智慧，使政治权力与聪明才智合二为一；那些得此失彼，不能兼有的庸庸碌碌之徒，必须排除出去。"②知识与权力的结合意味着道德与政治的联姻，是个人和公众获得幸福生活的最为根本的保证，"除了这个办法之外，其它的办法是不可能给个人给公众以幸福的"③。

柏拉图通过"理想国"表征出来的德性政治，从根本上来说，为现实的政治生活提供了一个绝对的标尺和理想的蓝图，是超越于世俗政治生活之上的永恒追求。这种德性政治对世俗政治生活之中的异质性因素采取一种"悬搁"的态度，专注于完美人性的培育和最美政制的塑造。实际上，这种理想状态下的德性政治，并不是对现实政治问题的消解，更不是对现实政治问题的漠视，而是企图通过某种具有形上色彩的道德规范来一劳永逸地将其置入人们所能把握的范围之内。正如泰勒所指出的那样，这种德性政治的根本特

---

① ［古希腊］柏拉图.理想国［M］.郭斌和，等译.北京：商务印书馆，2002：147.
② ［古希腊］柏拉图.理想国［M］.郭斌和，等译.北京：商务印书馆，2002：214.
③ ［古希腊］柏拉图.理想国［M］.郭斌和，等译.北京：商务印书馆，2002：215.

质就在于,将道德作为政治的向导,将伦理学作为政治学的基石。"在道德与政治之间,除方便的区分外,没有区别。……政治建立在伦理学上,而不是伦理学建立在政治上。《理想国》中提出的并最后在其结尾中回答的基本问题,是严格的伦理问题。"①柏拉图的这种德性政治将道德与政治同质化,将二者的复杂关系简单化,其结果就在于,"把政治简化的不成其为政治了"②,使世俗政治变得不可能,就好像人们一旦通过思辨概念构造出一个完美的乌托邦图景,现实的政治问题就能迎刃而解一样。因此,在某种程度上,柏拉图的"理想国"表征的是人们对完美人性和最好政制的形上追求。

如果说柏拉图的"理想国"充满着乌托邦色彩,从而使世俗政治变得不可能,那么,在亚里士多德那里,虽然道德与政治、伦理学与政治学依然是合二为一的,但他却将二者联姻的场所世俗化,并将之置放在现实的城邦以及人类共同体之中。在亚里士多德看来,人天生就是政治的动物,城邦是公民个人的德性培育以及获得良善生活的唯一场所,是人类共同体的最终实现形式。"我们见到每一个城邦(城市)各是某一种类的社会团体,一切社会团体的建立,其目的总是为了完成某些善业——所有人类的每一种作为,在他们自己看来,其本意总是在求取某一善果。"③因此,政治学实际上就是关于如何治理城邦并获得善果的学问,"政治学的目的是最高的善,它致力于使公民成为有德性的人、能做出高尚行为的人"④。

由此可见,与柏拉图具有一致性的是,亚里士多德同样认为唯有通过培育公民的德性并使之成为高尚的人,最高的善才是可以获致的。但与柏拉图不同的是,亚里士多德并不认为掌握了最高智慧的"哲学王"是公民德性培

① [英]泰勒.柏拉图——生平及其著作[M].谢随和,等译.济南:山东人民出版社,1991:378.
② [美]乔治·萨拜因.政治学说史:上[M].邓正来,译.北京:商务印书馆,1986:92.
③ [古希腊]亚里士多德.政治学[M].吴寿彭,译.北京:商务印书馆,2009:3.
④ [古希腊]亚里士多德.政治学[M].吴寿彭,译.北京:商务印书馆,2009:26.

育的唯一路径,在他看来,公民德性培育的唯一场所只能是城邦,尤其是城邦的健全的法律。"如果一个人不是在健全的法律下成长的,就很难使他接受正确的德性。"①因此,对于亚里士多德而言,公民德性的培育在于健全的法律,而健全的法律则来自于立法者自身的德性、以往的经验和普遍知识的有机结合。在他看来,"作为表达着某种明智与努斯的逻各斯,法律具有强制力量。而且,如果一个人反对人们的口味,即使他是对的,他也会引起反感。但法律要求公道的行为却不会引起反感"②。法律的强制力量,来自三个方面:其一是"明智",它首先意味着立法者的个人德性,指向的是具体实践经验的积累;其二是"努斯",它作为一种具有超越性的普遍力量,意味着人们对具有德性的幸福生活的向往与追求;其三是"公道",它是城邦公民共同意志的表达和外化,是城邦共同体所追求的共同善。

可见,在亚里士多德看来,健全的法律,是"明智""努斯"和"公道"相结合的产物,既具有值得人们向往和追求的"可欲性",又具有能够付诸现实的"可行性"。换句话说,它不仅需要普遍性的知识来作为其"可欲性"的保障,更为重要的是,还需要实践经验和共同意志作为其"可行性"的证明。与柏拉图"哲学王"掌握的最高知识相比,亚里士多德指出的健全的法律更接近世俗政治的现实根基。通过健全的法律,公民个人的善与城邦的共同善就相互结合起来,"每种技艺与研究,同样地,人的每种实践与选择,都以某种善为目的。所以有人说,所有事物都以善为目的"③。这不仅使公民的德性培育更具实践效力,而且使城邦生活更具稳定性。由此,伦理学与政治学在城邦生活中合二为一了——培育公民的德性并获得幸福的生活。

通过以上论述,我们不难发现,古希腊政治哲学的旨趣在于超越政治、

---

① [古希腊]亚里士多德.政治学[M].吴寿彭,译.北京:商务印书馆,2009:313.

② [古希腊]亚里士多德.政治学[M].吴寿彭,译.北京:商务印书馆,2009:314.

③ [古希腊]亚里士多德.政治学[M].吴寿彭,译.北京:商务印书馆,2009:3.

追求德性,以道德为世俗政治的最终标尺。在其看来,世俗政治作为一个属人的领域,注定是需要更高的道德规范予以指导的。如果我们结合古希腊政治哲学的社会历史背景来看的话,我们发现,柏拉图和亚里士多德的政治哲学正是诞生于城邦政治的日益腐化以及公民德性的日益倾颓之际,他们的理论旨趣在于挽救城邦生活,使之再现往日的繁盛。因此,通过德性培育来解决现实政治问题,显得力不从心,其归根结底是一种哲学家的主观愿望和道德呐喊。他们并未抓住现实问题的根源所在,仅仅指出了现实问题的一个侧面和表象。

(二)政治的"去道德化"

与古代政治哲学将政治建立在道德的基础上不同,现代政治哲学的目的在于使政治"去道德化",将政治从超越性道德、自然秩序和宗教神学中解放出来,实现政治的自律性。在这一方面,马基雅维利可以说是政治"去道德化"的开创者,而霍布斯和洛克的社会契约论则将道德从政治中完全排除出去,政治权力与道德无关,而是来自自然权利的让渡。

施特劳斯曾经指出:"马基雅维利将政治返回到一个低俗但坚实的地基,通过降低政治目标的方式来实现目标。"①作为现代政治哲学的开创者,马基雅维利一反古代政治哲学的超越政治的德性立场,将世俗政治的得失当作评判各种德性的最终标准。在他看来,政治并不是一个"应然"的领域,而是一个"实然"的领域,唯有通过斗争才能获得政治权力。因此,古典政治哲学的根本性错误在于,以"应该做什么"的道德规范来作为世俗政治的绝对标尺。与柏拉图和亚里士多德相反,马基雅维利"悬搁"一切超越政治的道德规范,严格划分政治领域与道德领域,从而切断政治与超政治的关联,保

---

① [德]施特劳斯.政治哲学史:上[M].李天然,等译.石家庄:河北人民出版社,1998:329.

持政治自身的自律性。对于各种道德价值的争论,政治始终保持中立性,超越了道德上善与恶的价值评判。对此,克罗齐曾经指出:"马基雅维利发现了政治的必要性及自主性,也就是超越了(或低于)道德性善恶的政治观念。"①

但是需要我们注意的是,马基雅维利并不是无原则地反对一切道德规范,实际上,他坚持的是一种双重意义上的道德标准——这就是所谓的"马基雅维利主义"。一方面,对于政治权力的获得,他主张统治者可以撇开道德规范的考量,坚持政治生活的"去道德化",以防政治生活被某种先验的道德戒条所左右。因此,在他看来,以不道德的手段来获取政治权力,正是统治者应有的美德。另一方面,对于公民个人而言,他却是十分看重公民美德对于社会团结的促进意义,比如家庭的纯洁、私人生活的独立和健全、行事方式的简约以及践履公职的忠诚和可靠。由此可见,马基雅维利将统治者和公民个人的行为标准做出了二元划分。在他看来,统治者与公民个人处于完全不同的社会地位,并且肩负着完全不同的社会责任。对于统治者而言,他的使命在于如何扩大和巩固政治权力;而对于公民个人而言,其使命在于如何能够赋予社会群体以团结和力量。由于统治者直接面对的并不是社会群体,而是政治权力的潜在威胁者,因此他与社会群体处于一种非常特殊的关系之中,或者处于社会群体之上,或者处于社会群体之外。这就意味着,公民个人所需要的美德对于统治者履行其职责而言并没有实质性的意义。如果以适用于公民个人的美德去约束统治者的行为,其结果只能是国家秩序的混乱。

那么马基雅维利何以主张这种"去道德化"的政治策略,其最为基本的理论前提是什么? 支撑上述政治主张的逻辑支点在于如下的人性预设,即人性在本质上是自私的。在他看来,由于人性的自私以及自然资源的稀缺,人与人之间的关系总是具有某种侵略性, 这种侵略性随时都有可能致使整个

---

① Benedetto Croce.Politics and Morals[M].London:George Allen & Unwin,1946:45.

社会生活陷于无政府主义的危险状态。正是基于此种原因，一个强有力的统治权力对于公民个人保全自身是必需的，唯有在这种强有力的权威之下，整个社会生活的运转才会变得有序。尤其重要的是，马基雅维利将财产和生命的安全作为良好治理的首要目标。因为在他看来，财产和生命是个人自我保全的根基所在，是一种最具普世性的欲求。在这个意义上，明智的统治者可能会杀人，但绝不会去掠夺他人的财产。

作为现代政治哲学的开创者，马基雅维利在统治者与公民个人的关系问题上坚持一种二元对立的立场，从而使政治权力与公民个人处于对抗之中。这使其政治权力的合法性始终处于悬而未决的状态。尽管他消解了政治权力的道德来源，代之以人性自私这一理论预设，但如上述，政治权力与公民个人之间很显然处于一种对抗之中。政治权力并非出于公民个人的让渡，其产生并非公民个人集体参与的结果，而是统治者运用权术与谋略的结果，由此，其强制性并不能得到公民个人的真诚接受。相反，唯有那些具有美德的公民才会自觉遵循政治权力的统治。因此，马基雅维利的政治权力在某种程度上依然依赖于公民个人的美德，只不过这种美德并不是来自超验的彼岸世界，而是来自对人性自私的省察。如果这种美德得不到较为妥善的培育和养成，那么政治权力便会处于某种岌岌可危的境地。由此可见，在政治"去道德化"这一现代政治哲学议程上，马基雅维利做得并不彻底。在这个意义上，如果要进一步推进这一现代政治哲学议程，那么需要解决的首要问题在于，公民个人何以能够不借助美德的加持而自觉地接受政治权力的统治，换句话说，在剥离传统道德之后，政治权力的合法性如何不借助美德的培育而建基于公民个体之上。

马基雅维利之后，在政治的"去道德化"这一议程上，以霍布斯和洛克为代表的社会契约论则将道德与政治完全剥离开来，使政治成为独立于道德的自为性存在。在社会契约论模式中，政治权力与其所治理的对象（公民个人)产生了直接性的关联,既不需要超验的道德,也不需要后天培育的德性作为联结二者的中介环节。无论是在霍布斯那里,还是在洛克那里,政治权力与公民个人相互联结的直接性体现在,政治权力来源于自然状态下所有个人的一致同意,是个人让渡自然权利的产物。正是以这种一致同意为基础,作为人们共同缔约的产物,政治权力才会得到人们出乎本心的真诚拥护,其合法性也会得到最高的保证。但是,这种在自然状态下的一致同意是如何产生的,作为政治权力拥有者的主权者是否是缔约方,以及主权者所要履行的政治使命是什么,霍布斯和洛克的回答是相当不同的。在某种程度上,霍布斯与洛克在社会契约论诸多关键性细节上的差异,表征的是政治的"去道德化"这一议程的历史性进展,更为重要的是,社会契约论的这种差异性进展本身与资产阶级政治统治的逐步确立是若合符节的。在这个意义上,对上述差异进行简明的论述,有助于我们从历史与逻辑相一致的意义上来把握现代政治哲学对道德与政治关系问题的解答,从而对这种解答的意义与限度做出较为全面的评价。

要想深入把握社会契约论对政治"去道德化"这一议程的推进作用,以及霍布斯和洛克在社会契约论关键性细节上的差异,我们必须对社会契约论的理论前提即自然状态有一个比较明确的界定。在霍布斯看来,自然状态是一个无政府的混乱状态,人与人之间的关系像狼与狼一样,相互之间充满了斗争,每个人都时刻面临被他人杀死的危险。因此,自然状态是一个人人无法自保的状态。霍布斯指出,正是为了寻求自我保护,人与人之间相互缔结,约定放弃自己的自然权利,将之让渡给一个掌握绝对权力的维护治安并惩罚违约行为的主权者——利维坦。这样的话,在利维坦状态下,人们不仅能够自己做到履行契约,而且能够合理地期待他人平等地履行契约。但是,霍布斯的利维坦存在着方法与内容的矛盾,即自然状态和社会契约的论证框架内在地反对利维坦的专制。洛克就此指出:"谁企图将另一个人置于自己的绝对权力之下,谁就同那人处于战争状态。"①在洛克看来,自然状态从根本上不同于霍布斯式的战争状态,是一种和谐互助的"完备无缺的自由状态"。这就杜绝了走向利维坦的可能性。但其缺陷在于,由于缺乏公正的裁判者和最高的裁决者,自然状态时常陷入无尽的利益纠纷之中而显得相当不方便。这就有了一种通过社会契约进入社会状态以及通过政府契约进入国家状态的必要性。

更为重要的是,洛克的契约是双重的,并不是霍布斯的那种主权者不参与其中的单重契约。一方面,自然状态中的人们相互之间缔结社会契约进入社会状态(市民社会),从而获得立法权,"每一个个人和其它最微贱的人都平等地受制于那些他自己作为立法机关的一部分所订立的法律"②。另一方面,市民社会与主权者缔结政府契约进入国家,人们仅仅将与公共权力相关的那一部分自然权利转让给国家,从而赋予后者以保护市民自由劳动的权力。这样,市民社会作为终极权力的来源消解了国家的绝对性,国家从一种终极性的目的变成一种工具性的手段。一方面,政府契约充分尊重市民社会成员选择国家制度的自主性。另一方面,这种自主性建立在市民社会成员自然和历史状况的基础上。当人们将市民社会的自由劳动作为目的时,工具性国家必须依照自由劳动的结果来构造,即按照财产状况来构造。因此,在达成政府契约的过程中,以财产状况为依托的讨价还价能力起着决定作用,国家制度的设计就成了反映市民某一时期财产分布状况的"权宜之计","只有那些拥有一定数量之财产的人民才拥有投票权"。③

可见,经由霍布斯和洛克的社会契约论,政治权力与道德之间的界限越来越明晰,其世俗性基础和工具性价值也越来越明显,财产越来越成为决定

① [英]洛克.政府论:下篇[M].叶启芳,等译.北京:商务印书馆,1964:11.

② [英]洛克.政府论:下篇[M].叶启芳,等译.北京:商务印书馆,1964:58.

③ [美]罗尔斯.政治哲学史讲义[M].杨通进,等译.北京:中国社会科学出版社,2011:139.

政治权力的基础性力量。尤其是在洛克的社会契约论中,政治权力不再是绝对的权威,仅仅是具有工具性价值的手段,其反映的是某一时期的财产分布状况,其目的在于保护人们的财产权不受他人的非法侵害。如果说,在马基雅维利那里,政治权力与公民个人处于一种外在的对抗性关系中,那么经由霍布斯,通过财产,洛克建立起了政治权力与公民个人之间的本质性的内在关联。在这里,不是通过超验的道德,也不是通过经验性的德性,也不是通过宽泛的自我保存,而是通过与个体生存直接相关的劳动及其产物,政治权力获得了自身正当性的证明。

(三)道德与政治的和解

由霍布斯和洛克所开创的近代社会契约论,将政治权力从道德制约之中剥离出来,使之成为保护财产权的工具性手段。由此,政治权力才真正地立足于现实的生活地基之上。但是问题在于,摆脱了道德制约并以财产为世俗基础的政治能否给人们创造出真正的幸福生活?事实上,自近代伊始,人们就注意到权利、财产等自由主义核心观念及其实践对人类社会生活所造成的负面影响。拥有权利和财产的追求私利的利己主义个人呈现出原子化的特质,他们之间相互隔绝,仅仅保持着一种赤裸裸的利益交换关系。而政治权力将保护财产作为自己的使命,实质上就是保护富人对穷人的剥夺,"它给富人所有的巨额财富以强有力的保障,而几乎弄得穷人不能安保他们亲手搭起的草屋"[①]。从根本上讲,脱离了道德制约的权利和财产观念瓦解了社会生活的整全性并将之撕裂成碎片,致使个人与个人、个人与社会之间处于无止境的对抗之中。而如何将政治重新置放在道德约束的范围内,进而重塑社会生活的整全性,实现个人与社会的和谐统一,则成为政治哲学的理论

---

① [法]卢梭.论政治经济学[M].王运成,译.北京:商务印书馆,1962:34.

主题。在这一理论主题的范围内,卢梭可以说作出了开创性的贡献,他在社会契约论这一思维模式内部实现了对由权利和财产所表征的利己主义人性的根本翻转。在社会契约论的谱系中,卢梭是带有转折性意义的一位代表人物。一方面,他的社会契约论所达成一致同意是带有普遍性的"公意",而不是带有"权宜之计"性质的"众意",也就是说,契约是人们自我立法的产物,带有自律的性质;另一方面,他寻求的不是从自然状态向社会状态的过渡,而是如何规训由财产所引发的不平等,以实现正义与功利的和谐一致。这就从根本上扭转了霍布斯和洛克所开创的社会契约论的基本主题和发展方向,直接启发了康德和黑格尔从理念和概念两个层面上改造和批判社会契约论,进而重新赋予世俗政治以道德尊严和伦理特质。

在康德看来,虽然卢梭指出了社会契约的本质在于自我立法的"公意",但是作为其基础的自爱和怜悯同霍布斯和洛克的利己心一样,"被病理学地刺激起来而言,是感性的"[①],因而不具有道德内涵。因此,康德的工作就在于将自我立法提升至纯粹实践理性的高度,从而也就将社会契约明确地提升到理性理念的层次。"人民借以把自己构成一个国家的那种行为——但真正来说只不过是国家的理念,只有按照这种理念才能设想国家的合法性——就是源始契约。"[②]因此,在康德这里,社会契约论第一次摆脱了一切感性因素,成为一种纯粹形式化的"国家的理念",运行在超感性的层面上。

康德对自然状态的界定是形式化的。自然状态作为一种战争状态,植根于人性之中的能够设定自我欲求的能力,即自由的任意。康德指出,"纯粹实践理性不可能包含使用该对象的任何绝对禁令,因为这种禁令将会是外在的自由与自身的一个矛盾"。也就是说,纯粹实践理性"许可"每一个人都拥有占有外在对象的权利,这种权利依照纯粹实践理性的法则具有公共性。但

---

① ［德］康德.纯粹理性批判［M］.邓晓芒,译.北京:人民出版社,2004:434.

② ［德］康德.康德著作全集:第6卷［M］.李秋零,译.北京:中国人民大学出版社,2007:326.

是人自身中的感性因素使人不能够时刻都遵循着道德法则，这就使得原本具有公共性的权利变成了自然状态中的私人性的权利，即自由的任意，它能够自由地设定自我的欲求。这就使得"人身上具有一种独立于感性冲动的强迫而自行规定自己的能力"①。这种既不封闭于动物性的本能需要，又不受理性道德法则引导的自由的任意相互之间的冲突引发了自然状态的战争。但是"法权是一个人的任意能够在其下按照一个普遍的自由法则与另一方的任意保持一致的那些条件的总和"②。作为纯粹实践理性的许可，权利本身只能是公共的，它反映的是普遍的自由法则的要求，而不可能是私人性的，自然状态中的私人性权利只是受欲求蒙蔽的暂时性形态。这就意味着人们从自然状态走向社会状态，是纯粹实践理性之绝对命令的自上而下的要求，是每一个人的道德本性的展现。"现在，由自然状态中的私人法权产生出公共法权的公设：你在和所有他人都无法避免的彼此共存的关系中，应从自然状态进入一种法权状态，亦即一种具有分配正义的状态——其理由可以分析性地从在外在关系上与暴力相对立的法权概念出发来阐明。"③在康德看来，就其内容来看，权利在自然状态和政治状态中并没有什么分别，"私人法权的质料在两种状态中是同一种质料"④；区别只是在于形式方面，自然状态之中的权利因容易受到任意的他者的破坏而短暂易逝，而在社会状态中，权利由于公共法律的保护而成为公共权利，从而具有了持久性。

由是观之，康德将社会契约论的基本构件，无论是自然状态的战争，还是从自然状态向社会状态的过渡，都建立在纯粹实践理性公设的绝对命令之上，使之从根本上摆脱了杂多的经验感性因素。这就意味着，社会契约再

---

① ［德］康德.纯粹理性批判［M］.邓晓芒，译.北京：人民出版社，2004：434.
② ［德］康德.康德著作全集：第6卷［M］.李秋零，译.北京：中国人民大学出版社，2007：238.
③ ［德］康德.康德著作全集：第6卷［M］.李秋零，译.北京：中国人民大学出版社，2007：319-320.
④ ［德］康德.康德著作全集：第6卷［M］.李秋零，译.北京：中国人民大学出版社，2007：319.

也不能够被指责成一个经验意义上的历史事件。在康德看来,社会契约绝不需要或者根本不可能被设想为一个真实的历史事件。这一设想不仅有损其实在性,而且还使其陷入怀疑论的诘难。只有建立在纯粹的先天原则之上的社会契约,作为理性理念,它才"具有无可置疑的(实践的)实在性,亦即,约束每个立法者,使他制定的法律仿佛能够从整个民族的联合意志中产生出来,并且将每个臣民(只要他愿意成为公民)都视同仿佛也同意了这样一种意志"①。

在黑格尔看来,传统社会契约论,包括康德的作为理念的社会契约论,都是将政治社会当作保护个人感性利益和理性利益的工具。因此,政治社会以人们的利益为转移,自身不具有内在价值。这就使得政治社会作为一种联合并非出于个体的真实自愿,而是出于外在的强迫。这样的联合是冒充为普遍意志的特殊意志,根本不是那种将全体的自由性与环节的必然性统一起来的"自在自为的普遍意志"。因此,传统社会契约论没能揭示出自然状态向社会状态过渡的必然性,就其实质而言,它是一种统治模式,作为凌驾于个体之上的绝对权威,并没有真实地内化于个体之中。在这个意义上,黑格尔反对康德将社会契约论提升到纯粹实践理性的高度,与康德相反,黑格尔赋予政治社会自身以伦理特质,将之看作具有内在价值的自足的实体性力量,看作绝对理念在客观精神中的最高显现。基于政治社会的伦理特质,黑格尔指出,社会契约中的孤立个人,是对个人存在于其中的伦理关系进行抽象化的结果。而与这种孤立个人相关的自我意识和自然权利,也只有在家庭开始解体为更大伦理实体的时候才出现。因此,在黑格尔那里,个人不是像其在市民社会中所呈现出来的那样是经验意义上的孤立个人,这种经验表象之所以能够成立,就在于个人所承载着的深厚的伦理关系。只有个人逻辑在先

---

① [德]康德.康德著作全集:第8卷[M].李秋零,译.北京:中国人民大学出版社,2010:300-301.

地被承认为是具有更大强度和深度的伦理实体的一个组成部分，个人才有可能获得更为坚实和充分的独立性，以至于当这种独立性朝向其极端发展时，它依然能够将其重新纳入自身中。"现代国家的原则具有这样一种惊人的力量和深度，把主体性的原则推向完成，成为独立的个人特殊性的极端，而同时又使它回复到实体性的统一，于是在它本身中保存这种统一。"①

相对于康德从纯粹实践理性公设的"许可"来界定财产权，黑格尔从个人意志的角度界定财产权，"人格有权把他的意志置于任何事物中，凭此该物是我的，达到其实体的目的，因为物在自己本身之中不具有这样一种目的以及包括我的意志的它的规定和灵魂，——人对一切事物有绝对的据为己有的权利"②。黑格尔的界定更加突出人作为创造性主体的自由本性。因此，财产的真实意义在于，它"是自由最初的定在，是它自为的本质目的"③。只有在财产这一外在对象中，人的意志才能以物化的形态展现出来，人格的纯粹主观性才能得到扬弃，这才是财产合乎理性的原因。而传统社会契约论将财产首先当作满足需要的手段，当作自我利益扩张的工具，黑格尔认为，这是对人类本性与尊严的极端漠视，是对财产自身的自由内涵的抹杀。另一方面，个人的真实本性在于其所承载的伦理关系，那么财产作为意志的外化，同时也就是伦理关系的外化。也就是说，财产本身作为一种关系性的存在，不仅仅体现了自我的意志，还体现了他人的意志，其实质就表现为意志相互之间的承认。而只有在这种相互间的承认中，财产以及财产权才有其真实的存在根基。财产"作为意志的定在，它之作为为他物而存在的东西只不过是为了另一个人的意志而存在。这种意志对意志的关系就是自由赖以获得定

---

① [德]黑格尔.法哲学原理[M].邓安庆，译.北京:商务印书馆,2016:390.
② [德]黑格尔.法哲学原理[M].邓安庆，译.北京:商务印书馆,2016:96.
③ [德]黑格尔.法哲学原理[M].邓安庆，译.北京:商务印书馆,2016:97.

在的本真而真实的基础"①。由此,我们就能从黑格尔的意义上来重新诠释自然状态的纷争。自然状态中对财产和财产权的侵犯和剥夺,不仅仅威胁着个人肉体生命的存续,不仅仅是对纯粹实践理性公设的践踏,在本质上,意味着个人意志自由得不到应有的承认,意味着剥离个人所负载的伦理关系,使之成为赤裸的生命。

正是在揭示出孤立个人及其财产的抽象化取向的基础上,黑格尔指出,将国家建立在契约关系上,把国家当作保护个人利益的工具,其真实本质就在于对国家领域的僭越,"把私有制的各种规定搬到一个在性质上完全不同而更高的领域"②,从根本上颠倒了国家与私有财产的关系。如上所述,唯有在更具深度和厚度的现代性国家的范围内,私有财产以及与之相关的自我意识和自然权利才获致得以滋生的可能空间。这才是国家与市民社会的真实关系。政治国家,尤其是现代国家,就其自身而言具有内在价值,是绝对精神自身的客观显现。"由于在科学概念的进程中国家是作为结果显现出来的,同时它又经证明为真实的基础,所以那种中介和那种假象都被扬弃了,而使自己成为一种非常直接性的东西。因此在现实性上国家总的来说毋宁是最先之物,在国家内部只有家庭发达起来才过渡到市民社会,而且也正是国家的理念本身,把自身划分为这两个环节。"③正是在这个意义上,黑格尔指出,个人自身具有一种从家庭和市民社会走向政治国家的内在需要。这种需要是向自身本质复归的本体性需要,它从根本上表征着个人作为共同体一员的生命自觉。"人类的理性使命就是,生活于国家之中,纵使国家尚未此在,然而建立国家的理性要求却已现成存在。"④

---

① [德]黑格尔.法哲学原理[M].邓安庆,译.北京:商务印书馆,2016:142.

② [德]黑格尔.法哲学原理[M].邓安庆,译.北京:商务印书馆,2016:147-148.

③ [德]黑格尔.法哲学原理[M].邓安庆,译.北京:商务印书馆,2016:382.

④ [德]黑格尔.法哲学原理[M].邓安庆,译.北京:商务印书馆,2016:149.

在卢梭的启发下,经由康德,黑格尔最终实现了对经验主义政治国家的概念式扬弃。在经验主义的观点看来,政治国家的使命在于保护个人的私有财产,仅仅具有工具性的手段价值,自身不具有内在价值,利己主义的个人是政治国家的首要出发点。这种经验主义的观点无疑使整个社会陷入四分五裂的混乱状态。而黑格尔的概念式批判的要旨在于,不仅仅指向其表面上占有性的个人主义倾向,更为本质地指向的是其哲学目的,即个人与社会、市民社会与国家、理性与现实之间的关系。因此,黑格尔的概念式批判表征的是现代性困境,即现代社会的矛盾主要发生在共同体的伦理生活与个体自由之间,即个体自由的私人维度很难与伦理生活的公共维度融合起来。由此,"将最完满的理性的自律性与最伟大的表现的统一性二者予以结合起来的野心,也是黑格尔在哲学上一切努力的重心所在"①。在这个意义上,他将哲学的最高目的确认为"思想和经验的一致,并达到自觉的理性与存在事物中的理性的和解,亦即达到理性与现实的和解"②。

二、"现实主义的乌托邦":完备性道德与权宜性政治之间

通过考察道德与政治关系的历史性演变,我们发现,黑格尔将哲学的最高目的视为理论与实践、理性与现实、道德与政治的和解,并以此来批判以霍布斯和洛克为代表的社会契约论对社会生活之整全性的消解。黑格尔对社会契约论的概念式批判表征的是现代性困境,即现代社会的矛盾主要发生在共同体的伦理生活与个体自由之间,个体自由的私人维度很难与伦理生活的公共维度融合起来。在这个意义上,正如哈贝马斯指出的那样,黑格尔不是第一个现代哲学家,但却是第一个反思现代性的哲学家。自黑格尔之

---

① [加]泰勒.黑格尔与现代社会[M].徐文瑞,译.长春:吉林出版集团有限责任公司,2009:18.
② [德]黑格尔.小逻辑[M].贺麟,译.北京:商务印书馆,1980:43.

后,任何政治哲学理论都必须严肃地直面现代性困境,反思个人与社会、个体理性与公共理性之间的关系。作为当代著名的政治哲学家,同样作为社会契约论的当代复兴者,罗尔斯必须真实回应黑格尔对社会契约论的实质性诘难,必须坦诚直面黑格尔揭示出来的现代性困境,必须认真借鉴黑格尔提出的理性与现实的和解。在理论与实践、理性与现实、道德与政治的关系问题上,罗尔斯既没有坚持古典契约论的原子化路向,也没有全盘接受以康德为代表的道德先验化路径,而是在黑格尔理性与现实之和解这一实体化路径的影响下,在完备性的道德与权宜性的政治之间寻求恰当的平衡点。这一恰当的平衡点被罗尔斯称为"现实主义的乌托邦"。从其称谓上来看,"现实主义的乌托邦"是"现实主义"与"乌托邦"的辩证统一。从一般的观点来看,"现实主义"是一种立足甚至局限于具体的和客观的历史条件的理论态度和实践态度,而"乌托邦"是人类社会理想形态的一种哲学表征,它企图超出客观的历史条件,因而对现实历史中的人具有非常深厚的道德吸引力。正是在这个意义上,"现实主义的乌托邦"这一概念实现了理论与实践、理想与现实、道德与政治的辩证统一。它既具有具体指导社会政治实践的现实性,又具有引人向善的道德感召力,它在追求理想社会形态的同时并没有脱离具体的和客观的历史条件。因此,"现实主义的乌托邦"是一种兼顾理想的"可欲性"和现实的"可行性"的政治筹划。

在《作为公平的正义——正义新论》中,罗尔斯将这种"现实主义的乌托邦"定位为一种政治哲学的作用,实际上就是对自己的政治正义观念之理论特质的哲学自觉。这一理论特质鲜明地标识出罗尔斯政治正义观念所具有的理论渊源和历史背景,它既是对政治哲学史上道德与政治之关系问题的当代回应,又是在现代民主社会之理性多元的历史条件下寻求社会共识的理论探索。"我们把政治哲学视为现实主义的乌托邦:即探索实践上的政治可能性的界限。我们对未来社会所怀抱的希望依赖于这样一种信念,即这个社会至少存在着一种像样的政治秩序,以致一种理性的、正义的(虽然还不完美的)民主政体有可能存在。所以我们追问:在完全有利但具有历史可能性的条件下,而这些条件视为社会的法律和趋势所容许的,一种正义的民主社会是什么样子的? 在我们所知道的民主文化之正义环境下,这样一种社会试图实现的理想和原则是什么? 这些环境包括理性多元论的事实。这个条件是永久性的,它看起来在自由民主制度中将永远存在下去。"①可见,罗尔斯是在道德与政治的关系这一问题谱系中来思考如何重塑社会生活之整全性的。这就意味着,罗尔斯的"现实主义的乌托邦"能够在某种程度上借鉴和吸收既有理论的优势和长处,排除和规避既有理论的缺陷和不足,从而探索适合于当代民主社会之历史条件的新方案。

(一)"道德理想"与"政治方案"的平衡

任何一种理论探索和实践探索始终都无法绕开具体的和客观的社会历史条件,这些社会历史条件实际上构成了理论与实践的根本性限制。正是由于社会历史条件的限制,人们才具有一种超出有限现实性而朝向无限可能性的形而上学冲动;同样也是由于社会历史条件的限制,人们又总是在僵硬的现实性背后亦步亦趋而消解了理想性冲动。这两种简单化的思维模式要么耽于理想,要么陷于实存,实质上处于两极对立之中。这两种思维模式同样体现在重塑社会生活之整全性这一政治哲学议题中。当代政治哲学家约翰·格雷(John Gray)曾指出所谓的自由主义的两副面孔。

第一副面孔是"道德理想",其目的在于塑造一种崇高的生活形式,并将一种作为理想性生活样式的自由主义原则标榜为普世价值。很显然,对于重塑社会生活之整全性而言,第一副面孔"道德理想"的作用可谓是一劳永逸

① [美]罗尔斯.作为公平的正义——正义新论[M].姚大志,译.北京:中国社会科学出版社,2011:11.

的,因为它在其前提中预设了所有社会成员将会接受同样的价值原则,预设了所有社会成员生活于同质性社会,它将所要实现的目标事先置放在了理论前提之中。这种"道德理想"以一种理想性的普世价值来指导人们的生活计划和人生追求,并作为评判实际生活中各种规范和制度的绝对标准。显而易见的是,这种"道德理想"的典型理论形式就是康德的纯粹实践理性的绝对命令。康德洞见了现代社会之分裂的本质,企图以自由平等的理性人和纯粹实践法则来克服。在罗尔斯看来,这种"道德理想"属于"完备性学说",与现代民主社会之理性多元这一基本事实和永久性条件相冲突,因而不可能成为所有社会成员都能够一致接受的价值形式。正如格雷所批评的那样,"许多人面对不同价值观之间的冲突,其中并不存在唯一正确的解决方法"①。

第二副面孔是"政治方案",其目的在于寻求不同生活形式之间得以和谐共处的外部条件。这就意味着,不同于"道德理想",这种"政治方案"并不承认所有社会成员都能够一致接受普世价值,甚至也不将自由主义看作统摄某一特殊社会的价值形式,而是仅仅将自由主义看作一种促使各种理性的"完备性学说"得以共存的外部条件。质言之,"政治方案"仅仅将自由主义当作一种悬搁价值理想的应用手段和政治策略,而不是一种可供尊崇的目的。"任何政权的最主要特征都不是它在多大程度上促进了某种特定的价值,而在于它是否使得各种价值之间的冲突得到了很好的协调。对任何政权来说,检验合法性的标准就是它在调停价值冲突——包括各种对立的正义理想之间的冲突——上所取得的成功。"②

因此,"道德理想"将自由主义价值上升到普世价值的高度,而"政治方案"仅仅把自由主义当作一种实现各种不同价值学说得以和谐共处的手段和策略。与"道德理想"对普世价值的追求相比,"政治方案"认为,重塑社会

---

① [英]约翰·格雷.自由主义的两张面孔[M].顾爱彬,等译.南京:江苏人民出版社,2005:11.
② [英]约翰·格雷.自由主义的两张面孔[M].顾爱彬,等译.南京:江苏人民出版社,2005:17.

生活的整全性,既不需要统合性的道德理想和价值原则作为最高指导,也不需要在政治正义原则上达成的"重叠共识"作为内在支撑。实际上,所谓社会生活的整全性,就是不同价值学说的协调甚至是妥协,最终依赖于一种能够容许各种不同价值学说得以共存的制度设计。约翰·格雷指出,这种制度设计是一种政治实践智慧,尽管它在知识层面上带来诸多混乱。但在实质的意义上,约翰·格雷所强调的这种"政治方案"是一种策略性的"权宜之计",既悬置理想,又排除共识,归根结底是各种价值学说博弈、讨价还价以及妥协退让的结果。因此,与其说各种价值学说实现了和谐共处,倒不如说,它们实现了某种利益分配。

在罗尔斯看来,这种和谐共处是多数支持的价值学说的胜利,它从根本上不合乎现代民主社会的基本精神,即各种理性的价值学说都能够得到平等的发展机会。"当我们认为社会共识只是建立在自我利益或群体利益之基础上的时候,或者,当我们认为它只是建立于政治谈判的结果之上的时候,也会出现类似的背景。这时的社会统一就只是表面性的,一如社会的稳定性只是偶然的,有赖于那种不去推翻侥幸的利益集中的条件环境。"①因此,这种"政治方案"作为一种"权宜之计",其所实现的社会统一是表面上的,其所获得的稳定性仅仅是偶然的,其所达成的社会团结仅仅是暂时的,随时面临着被瓦解的危险。由此可见,面对现代民主社会的理性多元这一基本事实,由"道德理想"所塑造的社会统一虽然具有"可欲性",但却仅仅是抽象的乌托邦愿景,难以付诸现实;而由"政治方案"所设计的社会统一虽然具有"可行性",但却因其建立于讨价还价的力量博弈之上,难以保障社会的长治久安。因此,自由主义的"两副面孔",一个耽于理想,一个局限于现实,处于相互对立的两极。

---

① [美]罗尔斯.政治自由主义[M].万俊人,译.南京:译林出版社,2011:136.

不同于"道德理想"和"政治方案",罗尔斯的"现实主义的乌托邦"实现了理论与实践、理想与现实、道德与政治的统一。与"道德理想"相比,"现实主义的乌托邦"更具现实性,始终立足于具体的和客观的社会历史条件,它对政治理想的追求始终以政治社会现实为基本依据。在后期政治哲学著作中,罗尔斯立足理性多元这一基本事实,依托民主社会的"公共政治文化",不断反思"正义论"时期的康德主义倾向,拒绝将社会统一建立在康德式的人性预设之上,进而将社会统一建立在以社会基本结构为基本主题的政治正义原则之上。唯有聚焦于政治正义原则,所有社会成员才能达成理性的共识。与"政治方案"相比,"现实主义的乌托邦"更具理想性。尽管"现实主义的乌托邦"将政治正义原则运用于社会基本结构之上,并将之作为"重叠共识"的焦点,但是这一共识的达成,并不是像"政治方案"所预想的那样是出于各种各样的利益考量,而是出于各种各样的道德理由。换句话说,各种理性的价值学说都能够出于自身的道德理由去认可这一共识。正是由于道德理由而非利益考量,"现实主义的乌托邦"才具有内在的稳定性和实现的必然性。由此来看,"现实主义的乌托邦"实现了从两极到中介的范式转换,既吸收了"道德理想"的道德性,使共识的达成出于道德理由,又吸收了"政治方案"的政治性,使共识聚焦于社会基本结构,从而实现了对"政治方案"和"道德理想"的某种综合。这种综合为求解社会统一问题,进而重塑社会生活的整全性提供了全新的思路和方向。

很明显的是,罗尔斯的"现实主义的乌托邦"在很大程度上是对黑格尔道德与政治之和解的"模仿",因而其内部具有浓厚的"黑格尔因素"。第一,在理论资源上来看,黑格尔的和解理论正是对社会契约论和康德道德哲学实现双重扬弃的结果,而罗尔斯的"现实主义的乌托邦"则是对"政治方案"和"道德理想"的某种综合。第二,从现实背景来看,黑格尔将现代性诊断为个体理性与伦理生活的分裂,而罗尔斯将理性多元当作民主社会的一个永久性事实。因此,黑格尔和罗尔斯对现代社会的诊断具有家族相似性,正如伯库森所指出的那样,"罗尔斯自觉地与克服现代社会原则主义特征的黑格尔式的谋划保持一致。而且,像黑格尔那样,罗尔斯将深层的多元论视作稳定统一的先决条件而非障碍"①。第三,在政治哲学的任务方面,罗尔斯明显地存在着"从康德式的建构主义转向黑格尔式的和解"②的迹象。在《正义论》中,罗尔斯致力于建构调整社会基本结构的能够为所有社会成员接受的正义原则,而在后期,罗尔斯则致力于调和理性与合理性、自由和平等的冲突。而黑格尔曾指出,哲学的最高目的在于以理性来重新建立个人与社会、个体理性与普遍理性的反思性和谐。第四,在自律的表现形式方面,黑格尔和罗尔斯所强调的都是政治自律,而非抽象形式化的道德自律。这种政治自律立足民主社会的"公共政治文化",强调的是"法律的独立性,有保证的公民之政治正直,以及他们与其它公民在行使政治权力时所共享的政治正直"③,实现于现实世界中的制度框架。

但是不容我们忽视的是,罗尔斯的"现实主义的乌托邦"与黑格尔的和解论还是有着本质性的差异的,尽管罗尔斯对黑格尔的和解论有着诸多的借鉴和吸收。这些根本性差异集中体现为,罗尔斯拒绝黑格尔的实体化路径,对黑格尔"把国家看作是必须得到作为这样的实体的国家承认的一个精神实体的观念"④保持中立态度,既不支持,也不反对。罗尔斯悬搁"真理",将之看作完备性学说的对象,而黑格尔却将国家看作绝对精神的显现。其一,罗尔斯的"个人"是政治的个人,是社会合作事业的参与者,拥有两种最为基

---

① Jeffrey Neil Bercuson.Reconsidering Rawls:The Rousseauian and Hehelian Heritage of Justice as Fairness[M].Doctoral thesis of University of Toronto,2013:64.

② Jeffrey Neil Bercuson.Reconsidering Rawls:The Rousseauian and Hehelian Heritage of Justice as Fairness[M].Doctoral thesis of University of Toronto,2013:35.

③ [美]罗尔斯.政治自由主义[M].万俊人,译.南京:译林出版社,2011:28.

④ [美]罗尔斯.政治哲学史讲义[M].杨通进,等译.北京:中国社会科学出版社,2011:314.

本的道德人格能力;黑格尔的"个人"不仅存在于国家领域,也存在于家庭、市民社会和同业公会中,是具有丰富完整规定性的个人。其二,罗尔斯的政治社会是封闭且独立的,其政治价值独立于各种非政治价值,既不需要从后者中推出,也不需要后者来证明;黑格尔的政治社会并不是独立的,它与家庭和市民社会一道属于绝对精神的内在环节,其价值也是由绝对精神赋予的。其三,罗尔斯通过"原初状态"这一代表设置描述了民主社会的"公共政治文化"以及政治正义原则的选择过程,这一代表设置本身模仿了公平推理的条件;而黑格尔对国家领域的描绘遵循的则是历史与逻辑相一致的方法论原则。我们可以看到的是,罗尔斯的"现实主义的乌托邦"在努力寻求"道德理想"和"政治方案"最佳平衡点的同时,又竭力避免再度落入以"真理"为研究对象的"完备性学说"之中。

(二)"现实主义的乌托邦"的具体表现

如上所述,我们将"现实主义的乌托邦"界定为罗尔斯政治正义原则的理论特质,它标志着罗尔斯不仅在"道德理想"与"政治方案"之间寻求到了一个最佳的平衡点,而且还避免再度陷入以"真理"为研究对象的"完备性学说"之中。作为一种理论特质,"现实主义的乌托邦"可以说体现于罗尔斯政治正义原则的方方面面,它作为一根红线贯穿罗尔斯政治自由主义思想的全部。就本文的理论旨趣而言,我们关注的是罗尔斯如何通过"现实主义的乌托邦"来将政治正义原则的"可欲性"与"可行性"联结起来。具体而言,这种"可欲性"与"可行性"的相互联结体现在以下三个方面。其一,通过实现理论与实践的联结来界定政治哲学的作用。可以说,这是"现实主义的乌托邦"最为基本的含义所在,罗尔斯在《作为公平的正义——正义新论》的第一节《政治哲学的四种作用》中做过比较明确的阐述。其二,通过实现理想与现实的联结来阐明重塑社会生活之整全性这一政治哲学议程的渐进性和过程性。社会生活之整全性的重塑,并不像"道德理想"所预设的那样一劳永逸,也不像"政治方案"所设想的那样随时变更,前者的一劳永逸难以实现,后者的随时变更徒增混乱,唯有通过一个渐进的历史性过程才能稳步实现社会生活的统一。其三,通过实现道德与政治的联结来为世俗政治奠定道德基础。世俗政治在道德上的合法性,自近代以来,便成为政治哲学和道德哲学研究的核心议题。在这一议题上,罗尔斯立足民主社会的"公共政治文化",将政治的目的规定为实现人之最为基本的两种道德人格能力的充分发展和灵活运用,从而为政治的道德性奠基。由此可见,通过这三个方面的联结,政治正义原则的理论特质"现实主义的乌托邦"即"可欲性"和"可行性"的统一便被系统地揭示出来。

罗尔斯通过政治哲学的四种作用将理论与实践联结了起来,确立了理论的实践关怀。在罗尔斯看来,政治哲学作为一种理论具有极其强烈的实践指向,它并不沉溺于形而上学理论体系的构建,而是致力于社会政治问题的解决。第一,政治哲学具有"实践作用,这种实践作用既产生于分裂性的政治冲突,也产生于解决秩序问题的需要"①,其目的在于"扩大共识""缩小分歧",维持基于公民之间相互尊重的社会合作。第二,政治哲学具有"定向作用"。这种作用产生于现代民主社会中个人社会角色的多重性,个人不仅是家庭成员,还是共同体成员,更是政治社会中社会合作的参加者,其目的在于使人们区分不同目标的性质,"把自己理解成为具有某种政治地位的成员——在一个民主社会中就是平等的公民身份的政治地位——以及了解这种政治地位如何影响他们与其社会之间的关系"②。第三,政治哲学具有"和解作用"。这种作用产生于政治社会中存在的难以接受的两个事实:一个民

---

① [美]罗尔斯.作为公平的正义——正义新论[M].姚大志,译.北京:中国社会科学出版社,2011:8.

② [美]罗尔斯.作为公平的正义——正义新论[M].姚大志,译.北京:中国社会科学出版社,2011:9.

主社会既不是一个同质性的共同体,也不是一个可以随便进出的团体,其目的在于"安抚我们的挫折感和平复我们对社会及其历史的愤怒"①,通过向人们证明这两个事实是合理的而说服人们对其进行"接受和认可",而不是仅仅"听命"其摆布。第四,罗尔斯将政治哲学的这种"调和作用"归结为"现实主义的乌托邦",在多元理性的前提下探讨实践上的政治可能性的界限,在不可避免的社会历史条件下使政治社会具有最大限度的可欲性,它是介于"完备性理论"与"权宜之计"的中间状态。

可以说,罗尔斯所界定的政治哲学的四种作用具有共同性,它是古往今来的政治哲学理论所共同分享的,意味着政治哲学的终极目标在于通过建构良善制度和培育高尚德性来塑造可能的理想生活。正是在这个意义上,政治哲学被誉为"第一哲学",它直面人生在世的生存处境,试图以理论的方式关照并照亮现实。在这里,需要我们补充的是,作为生活于发达民主社会的当代政治哲学家,罗尔斯的政治哲学又具有着相当特殊的实践关切以及问题意识。这表征着罗尔斯政治哲学的个性所在。这种特殊的实践关切和问题意识主要体现在,考虑到现代民主社会之多元理性这一永久性事实,罗尔斯的理论意图不在于为持不同"完备性学说"的人们追求人生理想和实现人生幸福提供全面而终极的指南,也不在于局限于某一时期的利益分布而去外在地设计使理性各方相互妥协的"权宜之计",而是旨在为已然深刻分化的社会成员提供公平的社会合作条款,进而使之形成一个正义、稳定且合法的政治社会。正如罗尔斯曾经指出的那样,现代民主社会的中心议题在于:"一个由自由而平等的公民——他们因各种合乎理性的宗教学说、哲学学说和道德学说而产生了深刻的分化——所组成的稳定而公正的社会之长治久安

---

①　[美]罗尔斯.作为公平的正义——正义新论[M].姚大志,译.北京:中国社会科学出版社,2011:9.

如何可能？"①这就要求政治哲学悬置"真理"，对之既不支持，也不反对，致力于构建应用于社会基本结构的政治正义原则。

这种历史过程的渐进性，在罗尔斯的政治正义原则的范围内，体现在三个方面。

其一，在理想社会图景方面，"良序社会"呈现出一个由现实性向理想性不断超越的过程。在罗尔斯那里，"良序社会"分为低级（弱）版本和高级（强）版本，随着从低级（弱）到高级（强）的渐进，"良序社会"的现实性的成分愈益减少，而理想性的成分愈益增多。在低级（弱）版本的"良序社会"中，罗尔斯并不要求人们的"正义感"在任何时间和地点都能够发挥作用，只是要求在通常情况下能够发挥作用；并不要求所有公民都承认一种政治正义观念。在高级（强）版本的"良序社会"中，罗尔斯则要求人们的"正义感"在任何时间和地点都能发挥作用，强调所有人都能够承认其提出的政治正义观念——"作为公平的正义"。质言之，在罗尔斯看来，以其政治正义观念为共识焦点的"良序社会"才是最为理想化的。

其二，规范社会基本结构的政治正义观念呈现出一个由现实性向理想性不断超越的过程。如上所述，"良序社会"的理想成分的多少，实际上取决于规范社会基本结构的政治正义观念的理想性。一般性的政治正义观念所包含的内容无外乎涉及以下三项：确定基本权利和自由，赋予基本权利和自由以优先性，保证基本权利和自由得以充分实现和灵活运用的物质手段。然而自由与平等的冲突一直贯穿于民主社会的历史进程。相对于其他的政治正义观念，罗尔斯的"作为公平的正义"以两个正义原则为基本内容，实现了自由与平等的相互协调。它的分配正义主张包括平等的基本自由，公平的机会平等以及差别原则，三者处于一个"词典式优先"的序列中。

---

① ［美］罗尔斯.政治自由主义［M］.万俊人，译.南京：译林出版社，2011：11–12.

其三，社会成员就政治正义观念所达成的共识呈现出一个由现实性向理想性不断超越的过程。重塑社会生活的整全性，在某种意义上，就是使所有社会成员就政治正义观念达成共识，在此共识基础上展开社会合作。在罗尔斯看来，所谓共识也经历了一个理想性和稳定性逐步增强的过程。共识的初级形态是体现为"政治方案"的"权宜之计"。如上述，这种"权宜之计"着眼于眼前的力量对比和利益分配，形成于各方的妥协退让。这种"权宜之计"并未得到人们出于自身道德理由的认同，因而是暂时的、偶然的以及不稳定的。共识的较为高级的形态是"宪法共识"，它并不着眼于利益分配，而是着眼于公共正义标准和民主政府的政治程序，其缺陷与不足主要表现为此种共识太过宏观，太具普遍性，忽视了具体的和客观的社会历史条件。罗尔斯所提出的"重叠共识"立足现代民主社会的理性多元这一永久性事实，以社会基本结构为焦点，为政治正义原则提供公共证成。

罗尔斯通过实现道德与政治的联结来为世俗政治奠定道德基础。近代以来，政治的"去道德化"逐步深入，而政治在道德上的合法性便成为政治哲学和道德哲学研究的核心议题。在这一议题上，罗尔斯立足民主社会的"公共政治文化"，将世俗政治的目的规定为实现人之最为基本的两种道德人格能力的充分发展和灵活运用，从而为政治的道德性奠基。在罗尔斯的政治哲学中，"道德"这一概念具有复杂而深刻的含义。在笔者看来，罗尔斯主要是从两个方面来阐释"道德"这一概念。其一，"真理"层面上的"道德"从属于"完备性学说"。这个层面上的"道德"以探求"真理"为志业，企图为人们的人生理想的实现和人生价值的获得提供全方位的指导，主要以康德的道德哲学为代表。在罗尔斯看来，政治正义观念应该悬置"真理"，对"真理"层面上的"道德"既不支持，也不反对。其二，"能力"层面上的"道德"从属于"公共政治文化"。这个层面上的"道德"是从民主社会的"公共政治文化"中提炼出来的，主要表现为两种最低限度的道德人格能力——"正义感能力"和"善观念能力"。这两种最低限度的道德人格能力表征着所有社会合作参与者都具有平等的内在价值，每个人都拥有平等的机会来实现这两种道德人格能力的充分发展和灵活运用。由此来看,政治正义观念真正要与之联结的"道德"是"能力"层面上的"道德",其道德基础或者合法性只能来自两种最低限度的道德人格能力。所有社会成员都平等地拥有两种最低限度的道德人格能力。这既保证了每个人都能平等地终生从事社会合作事业，也要求人们把自己和对方当作目的。

　　贯穿政治正义观念的核心理念是"相互性",但这种"相互性"表现的并不是"互利",而是"互惠"。"基本的观念是一种相互观念,一种以善报善的倾向。这种倾向是一个深刻的心理学事实。……以善报善而形成的一种正义感能力,似乎是人的交往的一个条件。"[1]两个正义原则对社会基本善的分配正是以这种表现为"互惠"的"相互性"为中心,其所要实现的目的并不像福利国家那样仅仅保障公民基本生活需求，而在于维护社会成员自尊的社会基础,发展"公共政治文化",培育公民德性,确保每个人都拥有平等的机会来实现这两种道德人格能力的充分发展和灵活运用。正是由于政治正义观念以这两种道德人格能力为道德基础,以相互性("互惠性")为基本理念,它才能得到人们出于自身道德理由的一致同意，其道德上的合法性也就显而易见了。

（三）"现实主义的乌托邦"的价值追求

　　通过以上论述，我们基本上可以认为,罗尔斯的"现实主义的乌托邦"正是以政治哲学史中的道德与政治的关系问题为背景,在"道德理想"与"政治方案"之间寻求恰当的平衡点,来实现其政治正义观念之"可欲性"和"可行

---

① ［美］罗尔斯.正义论［M］.何怀宏,等译.北京:中国社会科学出版社,1999:391.

性"的内在联结。这只是从理论逻辑上阐述罗尔斯政治正义观念的出场背景,这一背景表明,罗尔斯的政治正义观念具有深厚的历史内涵,是对经典问题的当代回应。实际上,在深层次的意义上,"现实主义的乌托邦"表征着罗尔斯对人之存在价值的追求。换句话说,罗尔斯通过探求政治正义观念,为社会合作体系寻求公平的合作条款,真实目的在于对人之存在价值的追求。"本世纪的多场战争以其极端的残暴和不断增长的破坏性……以一种尖锐的方式提出了这样一个问题:政治关系是否注定只受权力和强制的支配?如果说,一种使权力服从于正义目的的合乎理性的正义社会不可能出现,而人民普遍无道德……那么,人们可能会以康德的口吻发问:人类生活在这个地球上是否还有价值?"①可见,罗尔斯探索正义,为的就是确证、实现并维护人之存在的价值。正如其最为著名的学生涛慕斯·博格所指出的那样:"罗尔斯将毕生的精力倾注于两个对他而言意义最为重大的问题之上:一种正义的制度安排何以可能?一种值得度过的人生何以可能?"②这两个重大问题,在罗尔斯那里,是相辅相成的。一方面,正义的制度安排从根本上将人当作目的而不是手段,致力于最低限度的道德人格能力("正义感能力"和"善观念能力")的充分发展和灵活运用。另一方面,唯有生活在正义的制度安排之中,社会成员才能真正作为自由平等的社会合作参与者。从这个意义上,我们就从罗尔斯政治哲学的表象深入其内在的人类性诉求,抵达罗尔斯政治哲学的根本性旨趣。

罗尔斯将求解人之存在价值的致思旨趣对象化在政治哲学的研究中,具体化为政治正义观念的建构,实现为社会合作体系的公平合作条款,体现为理论与实践、理想与现实、道德与政治、"可欲性"与"可行性"的内在统一。

---

① [美]罗尔斯.政治自由主义[M].万俊人,译.南京:译林出版社,2011:45.

② [美]涛慕斯·博格.罗尔斯:生平与正义理论[M].顾肃,等译.北京:中国人民大学出版社,2010:2.

"现实主义的乌托邦"这一概念看似矛盾,实质上表征着罗尔斯对人之存在价值的坚持不懈的顽强追问。在罗尔斯看来,"现实主义的乌托邦"能够作为政治社会的最终的道德目标,为政治社会提供一个道德合法性的辩护,从而使人们在既定的社会历史条件下鼓起追求美好生活的勇气,消除对政治社会之异化现实认命接受的被动状态,在根本上促进两种最低限度的道德人格能力的提升。罗尔斯曾经指出:"通过塑造一个现实的乌托邦来作为人类集体生活的最终道德目标,政治哲学可以让我们士气大振,免于放任自流和愤世嫉俗,提升我们当前生活的价值。"①正是在这样的理论抱负的指引下,罗尔斯致力于建构一个合理的正义的政治社会。"合乎理性的政治正义社会是可能的;惟其可能,所有人类必定具有一种道德本性,这当然不是一种完美无缺的本性,然而却是一种可以理解、可以依其行动并足以受一种合乎理性的正当和正义的政治观念驱动的道德本性,以支持由其理想和原则所指导的社会。"②

---

① [美]涛慕斯·博格.罗尔斯:生平与正义理论[M].顾肃,等译.北京:中国人民大学出版社,2010:28.

② [美]罗尔斯.政治自由主义[M].万俊人,译.南京:译林出版社,2011:45.

第四章 "良序社会"的"超越正义"之维

在前述的各个章节中，我们主要是立足罗尔斯政治哲学的概念体系和逻辑框架来阐述"良序社会"的"正义"之维。概括地说，罗尔斯"良序社会"的"政治正义"之维主要体现在以下三个方面。首先，贯穿罗尔斯"良序社会"始终的核心概念是"合理性"。在罗尔斯看来，"合理性"作为正确性标准代替了"真理"，作为实践理性原则框定了理性，作为道德人格能力表征了社会成员互惠合作的意愿。其次，"良序社会"的论证基础是"政治建构主义"。罗尔斯的"政治建构主义"是相对于理性直觉主义和道德建构主义来讲的，其实质性内涵就在于在相互冲突且理性的"完备性学说"之间就社会合作的公平条款达成共识，而对各种"完备性学说"，既不支持，也不反对。最后，"良序社会"的论证理路所体现的三重政治价值——正义性、稳定性和合法性。

但是，如果我们跳出罗尔斯政治哲学的概念体系和逻辑框架，在不同的学术谱系和思想资源的光谱折射下，我们便会发现，"良序社会"并不是如其所述的那样"良序"。其一，通过罗尔斯与其他哲学家(哈贝马斯、桑德尔和马克思)的思想对话，可以发现，罗尔斯的"良序社会"在理论逻辑上并不是"良序"的，它为了谋求政治生活的稳定性而悬搁了其他与人的生存密切相关的价值,在某种程度上,其政治正义原则摇摆于"完备性学说"和"权宜之计"之间。其二,通过对现时代文明形态尤其是资本主义文明形态的反思与表征,我们认为,罗尔斯的"良序社会"在事实逻辑上也不是"良序"的,它无法回应"市场社会""劳动力成为商品"以及资本所带来的伦理困境,而这些伦理困境正是被其无知之幕所遮蔽的特殊性的社会历史信息。其三,罗尔斯的"良序社会"在意义逻辑上也不是"良序"的,它撇开了人对于超越性价值的形上追求,仅仅将分配活动看作权利与义务、利益和职责的简单派送。

因此,我们必须在借鉴其他思想资源的基础上,来揭示罗尔斯的"良序社会"的局限性,进而赋予其应有的"超越正义"的维度。这样的话,我们就能够面向"良序社会"这一事情本身,真实地认识何谓"良序社会",以及我们真实地需要什么样的"良序社会"。

一、各方代表与罗尔斯的理论对话

从 1971 年《正义论》的发表开始,直到 1993 年的《政治自由主义》,罗尔斯始终是西方政治哲学争论的焦点。罗尔斯的政治哲学是人们进行政治哲学研究和展开政治哲学讨论难以绕开的理论高峰。正如美国政治哲学家,同样也是罗尔斯的哲学论敌诺奇克所指出的那样,"现在,政治哲学家或者必须在罗尔斯的理论框架内工作,或者必须解释不这样的理由"[1]。由此,一时间,罗尔斯的政治哲学理论成为众矢之的,也许,唯有与罗尔斯的政治哲学展开论辩与对话,才能彰显某种政治哲学理论的学术价值与学术品位。在与罗尔斯进行理论论辩的哲学家中,最为引人注目的就是哈贝马斯和桑德尔。哈贝马斯与罗尔斯的争论,可以说是自由主义的"家族内部之争",他们二者

---

① [美]诺奇克.无政府、国家和乌托邦[M].姚大志,译.北京:中国社会科学出版社,2008:218.

分享着众多的理论前提,他们都以某种"准先验主义"的路径来重塑社会公共生活之整全性,避免整个社会生活陷入四分五裂的混乱局面,而二者争论的焦点在于正义的属性、共识如何达成以及"真理"与正义的关系问题。与哈贝马斯不同,桑德尔与罗尔斯的争论从属于不同的学术谱系,是社群主义(共同体主义)与自由主义之争,二者分歧的关键点在于追求何种理想社会图景。可以说,罗尔斯对哈贝马斯和桑德尔批评的回应是富有成效的,在相互辩论的过程中,各方的观点都得到澄清与巩固。但是最为重要的是,罗尔斯的政治哲学乃至整个自由主义的政治哲学始终面临着一位不在场的论敌,那就是马克思。实际上,罗尔斯一开始就将马克思当作潜在的理论对手,其政治正义原则的展开过程也就是他回应马克思自由主义批判的过程。因此,罗尔斯对马克思自由主义批判的回应是否有效,还需要我们立足马克思的历史唯物主义来对罗尔斯的此种回应作一审视。如果说,哈贝马斯和桑德尔对罗尔斯的批评偏重于"良序社会"的隐性层面,即作为其论证基础的政治正义观念的诸构成要素,那么马克思对罗尔斯的可能批评还包含着"良序社会"的显性层面,即具体的制度建构,尤其是财产权制度。

在我们看来,对于"良序社会"之隐性层面的批评,最容易脱离现实社会生活而陷入概念的思辨迷雾之中,在众多概念之间作莫衷一是的抽象思辨。而对其显性层面的批评,则最容易揭示其根本症结之所在。因此,本节的主要内容就在于简要阐释哈贝马斯、桑德尔以及马克思对罗尔斯的(可能)批评。在梳理这些批评的过程中,我们就能够进一步明确罗尔斯"良序社会"及其制度建构的局限性。

(一)哈贝马斯与罗尔斯的"家族内部之争"

哈贝马斯和罗尔斯作为当代成就卓越的政治哲学大家,他们都以某种"准先验主义"的理路共同关注着如何重塑社会公共生活之规范性基础这一问题。因此,他们之间存在着诸多同质性。首先,他们都将这一规范性基础建立在理性的地基上,企图在社会成员之间构建一种公共理性的理想。其次,他们都正视现代民主社会之理性多元这一基本事实,进而寻求在多元理性之间达成某种共识。最后,最为重要的是,他们都放弃了康德哲学的先验化路径,代之以"准先验主义",通过"理想的话语环境"和无知之幕来构建起多元理性之间的共识。但是他们对于正义的属性、如何达成共识以及"真理"与正义的关系这些关键性问题,始终难以达成一致。

哈贝马斯和罗尔斯争论的第一方面就是正义的属性问题。可以说,正义的属性关系着整个正义理论的性质和走向。在政治自由主义阶段,罗尔斯放弃了正义论阶段的"程序正义"观点,转而接受一种"实质正义"的观点。"任何一种自由主义都必须是实质性的,而只有成为实质性的才是正确的。"①在这个意义上,罗尔斯实际上把"程序正义"和"实质正义"区分为"一种程序的正义"和"该程序之结果的正义"。"程序的正义与结果的正义这两类,分别是某些价值的例证化。而在下述意义上,这两类价值又是相互融合在一起的,这就是,一种程序正义总是依赖(除赌博这种特殊情况之外)于其可能性结果的正义,或依赖于实质性正义。因此,程序正义与实质正义是相互联系而非相互分离的。这使公平的程序仍然具有其内在价值。比如说,一种具有公道价值的程序可以给所有的人表现他们的机会。"②实际上,在政治自由主义阶段,罗尔斯已经离开了康德式的人性论地基,转而立足民主社会的"公共政治文化",认为每个社会合作者都平等地具有两种最低限度但有效的道德人格能力("正义感能力"和"善观念能力"),而政治正义原则的根本旨趣在于促进它们的充分发展和灵活运用,进而发展"公共政治文化"和培育公民德性。可见,在罗尔斯看来,唯有一种程序能够导向一种正义的结果,该种程

---

①② [美]罗尔斯.政治自由主义[M].万俊人,译.南京:译林出版社,2011:390.

序才可以被称为"正义"的。因此,罗尔斯的正义原则有着深刻的道德基础,并不是那种纯粹的程序性装置。正是基于此,哈贝马斯批评罗尔斯的正义是实质性的正义,而不是真正的程序性的正义。在哈贝马斯看来,正义原则不能建立在实质性的道德理论基础上,其并不是来自某种事先预设的目的,而是依赖于所有相关者的沟通与对话,来自"理想的话语情境"。"'什么是正义的'不是先定的,而是通过公民之间的对话、交流、讨论、写上之后所达成的共识决定的,或者是由'多数决定'的民主原则决定的。"①

对于哈贝马斯的批评,罗尔斯指出:"鉴于所有人类政治程序的不完善性,不可能存在任何相对于政治正义的纯程序,也没有任何程序能够决定其实质性的内容。因而,我们永远都依赖于我们对正义的实质性正义判断。"②不仅如此,罗尔斯还进一步指出,就连哈贝马斯所强调的"理想的话语情境"也并不是一种纯粹的程序正义。因为,一方面,在罗尔斯看来,理想的话语情境所富含的程序价值(如公正、平等、公开、非强制和一致性)的最终意义无非是促成人们对公共利益的讨论能够达成共识,这种共识其实也就是"理想的话语情境"所追求的实质性目的。另一方面,罗尔斯指出,当哈贝马斯认为唯有公共理性通过民主程序进行对话,其结果才是合理的时,他就不自觉地预设了一种评价对话结果的合理的价值观念和实质性目的。由此,罗尔斯总结道:"我相信,哈贝马斯的学说在我所描述的那种意义上也是实质性的,而且他的确无法否认这一点。因此,其学说之为程序的乃是他在一个不同的方面说的。"③

哈贝马斯和罗尔斯争论的第二方面就是共识是如何达成的。如果说,罗尔斯的共识是"重叠共识",那么哈贝马斯的共识就可以称之为"商谈共识"。在共识如何达成这一问题上, 罗尔斯与哈贝马斯的争论主要体现在以下三

---

① 姚大志.何谓正义:罗尔斯与哈贝马斯[J].浙江学刊,2001(4).
② [美]罗尔斯.政治自由主义[M].万俊人,译.南京:译林出版社,2011:397-398.
③ [美]罗尔斯.政治自由主义[M].万俊人,译.南京:译林出版社,2011:400.

个方面。其一,共识的道德基础是程序性的,还是实质性的? 在罗尔斯看来,"重叠共识"以实质性的道德目的为基础,其目的在于确立社会合作的公平条款,公平分配社会基本善,促进公民的两种最低限度但有效的道德人格能力的充分发展和灵活运用,进而发展"公共政治文化"和培育公民德性。在哈贝马斯看来,"商谈共识"不具有实质性的道德目的,商谈过程本身既不需要遵循先在意义上的实质性规范,也不需要实现预设的实质性目的。其二,共识对社会成员的认知限制不同。在罗尔斯看来,"重叠共识"的实现必须以无知之幕为前提,人们对关于自己的特殊性信息一无所知,进而保障人们具有充分的自律性。在哈贝马斯看来,"商谈共识"允许商谈者将一切关于个人的特殊性信息("偏见""认识"等)带入具体的商谈过程,并就这些特殊性信息展开辩论,进而寻求水平更高的共识。其三,共识的性质不同。在罗尔斯看来,"重叠共识"的目的在于寻求各种相互冲突且理性的"完备性学说"的和谐一致,进而维持民主社会的长治久安,是一种策略性的考量和功能性的手段,因此其自身不具有内在价值。在哈贝马斯看来,"商谈共识"本身是一种交往行为。这种交往行为以语言或者符号为中介,以各方的相互理解为指向,以具有规范性和终极性的"真理"为判断依据,因而其所达成的共识具有实质性的认识判断意义,用以作为各种行为规范是否具有"真理性"的最终的标准和尺度。

哈贝马斯和罗尔斯争论的第三方面就是"真理"与正义的关系。在政治自由主义阶段,罗尔斯并不认为政治正义原则是一种关于"真理"的"完备性学说",而是认为政治正义原则与"真理"无关,政治正义原则悬置"真理",对之既不支持,也不反对。唯其如此,政治正义原则才能够得到相互冲突但理性的"完备性学说"出于自身道德理由的认同,进而成为"重叠共识"的焦点。"社会团结的最深厚的基础不在于某种真理达成的共识,而在于社会中所有合乎理性的完备性学说都以某种方式来支持正义的政治观念。换言之,公民通过各自信奉的完备性学说认同这一共享的政治观念,这种理性的共识,是理性多元的民主社会最深也最合乎理性的社会统一基础。"①哈贝马斯与罗尔斯相反,在哈贝马斯看来,对正义的讨论离不开对"真理"的认识,唯有在认识"真理"的前提下才能对正义有所言说。哈贝马斯指出,如果说"作为公平的正义"以"合理性"为基础,那么所有公民必须对什么是"合理性"具有一个同一性的认识。因此,对哈贝马斯来说,正义是以认识论为基础。"政治自由主义从来就不以任何方式否认或质问这些学说,只要它们在政治上合乎理性。在这一基本观点上,哈贝马斯本人却采取了一种不同的立场,而这正是他完备性学说的一部分。"②

通过以上对比,我们基本上可以对哈贝马斯和罗尔斯的 "家族内部之争"所涉及的主要议题有一个宽泛性的了解。哈贝马斯和罗尔斯都致力于在"准先验主义"的立场上重新塑造多元理性之间的社会共识,以此来作为实现社会统一的规范性基础。但是他们在对于正义的属性(实质性的还是程序性的)、共识的达成(功能性的还是认知性)以及"真理"与正义的关系(二者是可分的还是不可分的)都存在着明显的分歧。在我们看来,他们相互之间在概念建构的层面上可以获得较为清楚细致的区分,但是在实际的社会生活情境中,他们之间的这些区分会变得很是模糊。比如在正义的属性问题上,罗尔斯的意见很有力度,即任何程序的正义性只能表现在其导致的结果之上,单纯的程序本身无所谓正义与不正义。而在共识的达成问题上,哈贝马斯的见解显得很有意义,即共识本身不是无关乎认知判断的功能性的手段和策略性的考量,否则就会落入纯粹程序的形式主义之中,无视重大的社会历史问题,滑入"权宜之计"的窠臼。而就哈贝马斯看来,一方面他主张正义本身的纯粹程序性,另一方面他又主张"何谓正义"这一问题是建立在"何

---

① 龚群.罗尔斯政治哲学[M].北京:商务印书馆,2006:279-280.
② [美]罗尔斯.政治自由主义[M].万俊人,译.南京:译林出版社,2011:400.

谓真理"的基础上,他对正义的属性的看法与对"真理"和正义关系的看法显得不一致。

因此,哈贝马斯与罗尔斯的"家族内部之争"的意义在于,对于社会公共生活之规范性共识的重塑,"准先验主义"是一种简化的立场,它对社会生活纷繁复杂的异质性因素采取的是一种悬搁的态度。但是作为理论建构者的哲学家本人却始终生活在具体的社会环境之中,难以避免地将既有的特殊性认识作先验化处理而带入理论建构之中。这就启示我们,"准先验主义"仅仅是一个理论性的工具和辅助性的手段,它与社会生活的真实情境之间还是存在着诸多差距的,因此它会使对社会公共生活之规范性共识的重塑陷入概念的抽象思辨之中。

(二)桑德尔与罗尔斯的理想社会图景之争

如果说,哈贝马斯和罗尔斯的争论属于"家族内部之争",那么桑德尔和罗尔斯的争论属于不同学术谱系之间的理想社会图景之争,是共同体主义和自由主义之争。可以说,桑德尔是罗尔斯正义理论的最为持久和活跃的批评者,从"正义论"时期一直延续到"政治自由主义"时期,从作为"完备性学说"的正义原则到作为政治正义观念的正义原则。桑德尔指出:"《政治自由主义》想从各种有关自我本性的争论中,拯救权利的优先性主张,但它不过是以使自己的其它根据更容易受到攻击为代价来实现这一目的的。"①正是基于此,桑德尔在其政治哲学名著《自由主义与正义的局限》(第二版)以及《民主的不满——美国在寻求一种公共哲学》中,对罗尔斯的政治自由主义理论的各个关键性环节展开了较为全面系统的批评。如上所述,这些批评的核心点在于,不同理论谱系中的理想社会图景。

---

① [美]桑德尔.自由主义与正义的局限[M].万俊人,译.南京:译林出版社,2001:239.

在《自由主义与正义的局限》一书中，桑德尔对于罗尔斯的批评直接指向了罗尔斯整个政治自由主义理论的前提，即理性多元论。在罗尔斯看来，理性多元论是现代民主社会的一个永久性的基本事实，在对于什么是一种最值得过的良善生活问题上，人们之间难以达成一致。正是基于理性多元论，罗尔斯提出了"正义优先于善"，认为人们能够就政治正义观念达成一致。但在桑德尔看来，不仅仅在"善观念"的意义上，甚至就连在"正义"问题上，人们的认识和看法也是相互异质的，处于冲突之中。在自由的条件下，人们为什么更容易在"正义"问题上达成共识，罗尔斯提出过两点原因。其一，正义原则是应用于社会基本结构的，而社会基本结构对于个人而言是一种"生而入其内，死而出其外"的封闭性空间，它分配着权利与义务以及社会合作所产生的利益与负担。因此，正义原则规范着社会合作的公平条款，对于人们实现自己的"善观念"是至关重要的。其二，正义原则的内容植根于民主社会之中，是从民主社会的"公共政治文化"之中提炼出来的，而"公共政治文化"是社会全体成员集体实践的结晶，因此正义原则自身具有天然的公共性。与之相反，"善观念"属于更高层面的道德理想，植根于市民社会的私人文化，以其为焦点的共识不是难以达成的，就是易于破碎的，使社会生活再度陷入分裂之中。

与对罗尔斯"正义优先于善"的批评相关联，桑德尔将批评的矛头对准了罗尔斯的"公共理性"。在桑德尔看来，"公共理性"对公共政治辩论的限制过于严格，在没有真实思考各种道德理想的"真理性"的前提下，就将之排除在关于宪法实质和政治正义问题的讨论之外。在道德理想缺席的情况下，人们关于宪法实质和政治正义问题的讨论将会显得贫乏枯竭，使之缺乏可资引用的必要的道德资源，使之难以积极地介入关于重大道德问题的讨论。实际上，罗尔斯的"公共理性"还是对道德理想做出一些让步的。罗尔斯根据"良序社会"的不同发展阶段区分了两种版本的"公共理性"。在初级阶段的

"良序社会"中,罗尔斯主张薄版本的"公共理性",它允许将道德理想引入公共讨论之中;而在高级阶段的"良序社会"中,人们对政治正义观点达成了高度一致的共识,这时,厚版本的"公共理性"则不允许将道德理想引入公共讨论中。可见,采取何种版本的"公共理性",能否将道德理想引入公共谈论中,并不是随心所欲的,而要以"良序社会"之具体的发展阶段为转移,以是否能够促进政治正义观念的实现和"公共理性"的培育为参考。

无论是针对理性多元论的批评,还是针对"公共理性"的批评,桑德尔对罗尔斯的诘难可以归结为一点,那就是反对罗尔斯悬搁"真理"。在前述的章节中,我们已经了解到,罗尔斯为了实现政治社会的长治久安,以"合理性"代替"真理"来作为正确性标准,悬搁各种相互冲突的"真理",对之既不支持,也不反对,以期构建起政治自由的"中立性"框架。但在桑德尔看来,面对各种道德"真理"的争论,政治自由主义无法做到真正的"中立";而离开了道德"真理",政治自由主义的"中立"是很难被提供的。因此,政治自由主义必须介入各种道德"真理"的讨论中来。实际上,罗尔斯对其政治自由主义的理论定位就意味着政治自由主义要以悬搁"真理"为前提。

首先,在罗尔斯看来,人的理性是有限的,而"真理"却是一个宏大主题,即使穷尽个人的一生精力,也很难对"真理"有一个模糊的认识,而对"真理"的片面认识,正是各种无止境争论的根源,使社会陷入无意义的内耗之中。因此,悬搁"真理"是政治自由主义的理论前提,表明其审慎的致思态度。其次,政治自由主义的旨趣在于提供"最低纲领的自由主义",为民主社会的长治久安提供最低限度的底线伦理。因此,政治自由主义所要解决的是那些民主社会中与人们的生存生活最密切相关的、最急迫和最首要的基础性问题,其所达成的共识也是那些最容易实现的共识。而对于那些充满分歧的关于"真理"的认识,政治自由主义则将之留给私人领域来加以探讨。实际上,桑德尔和罗尔斯之间的分歧进一步反映在他们各自的理想社会图景之中。在此,我们不能细致地探讨他们各自的理想社会图景,只能通过阐释各自理想社会图景的根本性原则的方式来呈现这种分歧。

第一重根本性原则涉及"正义"与"善"的关系。罗尔斯的理想社会图景主张"正义优先于善"。在罗尔斯看来,民主社会中人们所秉持的"善观念"是相互冲突的且是合理的。因此,人们很难就什么是值得过的良善生活达成共识。而"正义"则与"善"不同。一方面,正义原则应用于社会基本结构,后者是人们"生而入其内,死而出其外"的封闭组织,其合作条款分配着权利与义务以及社会合作所产生的利益与负担;另一方面,正义原则产生于民主社会的"公共政治文化",后者是人们集体实践的产物,具有公共性。因此,相比于"善",人们更容易就"正义"达成共识。而在桑德尔看来,"善优先于正义"。当然,桑德尔所主张的"善"并不是狭隘的物质利益和个人偏好,而是一种"共同善"。这种"共同善"实际上是一种植根于某一种共同体之上的强烈的集体认同感,"这些共同体把人安置在世界上,提供认同和归属的来源"①。与罗尔斯的政治正义观念相比,桑德尔的"共同善"具有更为深厚的道德色彩,"这种认同(指政治正义观念——笔者注)可能因为过于脆弱而无法维持互为责任的道德规范——后者正是自由平等主义的前提"②。

第二重根本性原则涉及"自由"与"自治"的关系。罗尔斯的理想社会图景主张"自由"优先于"自治",是"自治"的约束。"自由"并不是必然地与"自治"发生关系。"我之所以是自由的,是因为我是权利的承受者,这些权利保障我免受某些多数人决定的强制。"③而桑德尔的理想社会图景则主张,"自

---

① [美]桑德尔.民主的不满——美国在寻求一种公共哲学[M].曾纪茂,译.南京:江苏人民出版社,2008:343.

② [美]桑德尔.民主的不满——美国在寻求一种公共哲学[M].曾纪茂,译.南京:江苏人民出版社,2008:428.

③ [美]桑德尔.民主的不满——美国在寻求一种公共哲学[M].曾纪茂,译.南京:江苏人民出版社,2008:29.

治"优先于"自由","自由"是"自治"的结果。唯有在"自治"的公共生活范围内,"自由"才是可能的。"我之所以是自由的,是因为我是一个掌握自己命运的共同体的成员,并且参与了支配其事务的决策。"①在这里,无论是承受权利的"自由",还是公共生活的"自治",二者都依赖于公民德性的培育。对于培育何种性质的德性,二者依然是存在差异的。罗尔斯通过"财产所有的民主制"所培育的公民德性具有公共性与政治性,从根本上是与政治正义原则相一致的,具体表现为公民两种道德人格能力的充分发展与灵活运用。而桑德尔所要培育的公民德性更多地与某种实质性的"善观念"相关,是某种良善生活的标准,比如节制、勇气、爱国等。

通过对比罗尔斯与桑德尔关于理想社会图景的根本性原则,我们不难发现的是,作为共同体主义的代表,桑德尔所期待的理想社会图景是亚里士多德主义的,而罗尔斯很明显地反对亚里士多德主义。亚里士多德主义赋予政治参与以压倒性的优势,将之当作一种本质性价值和终极性的目的。而在罗尔斯看来,政治参与仅仅是诸种自由中的一种,仅仅是一种工具性的手段,用来帮助社会成员寻求符合政治正义原则的"善观念"。而在桑德尔看来,这种将政治参与当作实现私人目的之工具性手段的做法不可能是稳定可靠的,"除非公民有理由相信自治在本质上就是重要的,否则他们牺牲个人利益以维持'共同善'的意愿就可能受到政治参与成本和收益之工具性计算的侵蚀"②。纵观桑德尔对罗尔斯政治正义理论的批评,我们不难发现的是,桑德尔和罗尔斯的致思取向具有异质性:前者是理想性的,后者是现实性的;前者是超越性的,后者是底线性的;前者是完备性的,后者是政治性的。与其说桑德尔是一个政治哲学家,倒不如说他是一个道德哲学家。他对

---

① [美]桑德尔.民主的不满——美国在寻求一种公共哲学[M].曾纪茂,译.南京:江苏人民出版社,2008:29.

② [美]桑德尔.民主的不满——美国在寻求一种公共哲学[M].曾纪茂,译.南京:江苏人民出版社,2008:422-423.

人性抱有崇高的希望,以一种理想主义的眼光来审视现代民主社会,企图在各种冲突的道德理想中辨析出哪些是最为真实可信的,哪些是不足为信的,从而为人们对良善生活的选择提供全方位的指导和根据, 赋予民主社会的政治活动以更为纯粹的道德意义和理想价值。与桑德尔相反,罗尔斯淡化了政治正义观念所能援引的道德资源和哲学资源,削弱了政治正义观念的道德基础和哲学基础。一切以民主社会的稳定性为转移的理论旨趣,使得罗尔斯显得更像是一位政治家,而不是一位政治哲学家。"他的目标不是指导我们迈向真理和有价值的理想,而失去实现特定的政治实践的目标:通过为特定的宪政原则谋求共识而确认从一代到下一代的稳定, 即追求稳定性和社会统一。"①

（三）马克思与罗尔斯的"社会解放"与"政治解放"之争

罗尔斯与马克思的争论并不是直接发生的,而是间接发生的。罗尔斯在讲授政治哲学史的过程中不得不对马克思的政治哲学理论做出介绍和评论,但这仅仅是一个发生学上的机缘。更为本质的是,马克思在资产阶级政治解放之初, 就对其所鼓吹的自由主义的抽象性和虚幻性进行了彻底的否定,对资本主义政治经济生活的异化本质进行了无情的批判,并在唯物史观的规律性层面上对之做出了必然崩溃的科学预测。很显然,马克思对自由主义的批判在自由主义者内部所产生的效应绝不亚于罗尔斯的正义理论在当代英美政治哲学中的影响。套用诺奇克的说法,在马克思之后,任何以自由主义者自居的理论家要么对马克思的自由主义批判做出回应, 要么解释不这么做的理由。当然,罗尔斯也不例外。事实上,在其进行政治哲学创作之

---

① Joseph Raz. "Facing Diversity：The Case of Epistemic Abstinence". in Chandran Kukathas（ed.）. John Rawls：Critical Assessments of Learning Political Philosophers[M].Volume IV：Political Liberalism and The Law of Peoples,Routledge,2003：400.

初,罗尔斯就在努力使自己的理论能够对马克思的批评有所回应。在我们看来,尽管罗尔斯在吸收马克思自由主义批评的基础上对古典自由主义做出了诸多修正,尤其利己主义人性设定以及作为基本权利的私有财产权,但是在历史唯物主义的视野中,罗尔斯依然没有完全弥补自由主义的内在缺陷。换句话说,马克思曾经对自由主义的批判在某种程度上依然适用于罗尔斯的政治自由主义。

罗尔斯曾经在《政治哲学史讲义》以及《作为公平的正义——正义新论》中多次归纳了马克思对自由主义批判的要点。接下来,我们将以罗尔斯的"盖棺定论"之作《作为公平的正义——正义新论》为基础,来对罗尔斯自己所认为的马克思对自由主义的批评及其对此种批评的回应做一番检视,进而明确罗尔斯对古典自由主义的修正及其限度。在《作为公平的正义——正义新论》中,罗尔斯主要从三个方面来总结马克思对自由主义的批评:批评自由主义的利己主义;批评自由主义的政治平等的形式化和虚伪性;共产主义社会比资本主义社会更具可欲性。①针对这三个方面的批评,罗尔斯在政治自由主义的立场上依次对之做出了回应。

罗尔斯站在马克思的立场上指出,"在资本主义世界的市民社会中,某些基本权利和自由,同人权相关的权利和自由(以及我们称为现代人的自由的东西),所表达和保护的是公民的相互自私自利"②。综观罗尔斯的政治自由主义思想,我们可以从两个方面来阐释罗尔斯对马克思利己主义人性设定批评的回应。首先,罗尔斯的政治正义原则的核心内容"两个正义原则"对利己主义人性进行了限制。简言之,(1)平等的基本自由;(2)公平的机会平等;(3)差别原则,它们处于"词典式序列"之中。罗尔斯主张对于基本自由,

---

①② [美]罗尔斯.作为公平的正义——正义新论[M].姚大志,译.北京:中国社会科学出版社,2011:213.

要给予宪法层面的保护。但这里的基本自由并不仅仅是一种形式意义上的，它必须考虑到自然的和社会的偶然性因素。公平的机会平等原则的目的就在于"纠正在所谓的自然自由体系中形式的机会平等——职业对有才能的人开放——的缺点"①，作为其补充的是，差别原则"实际上代表这样一种同意：即把天赋的分布看作是在某种意义上的一种共同资产，可以共享这种由天赋分布的互补性带来的较大社会与经济利益"②。其次，罗尔斯立足民主社会的"公共政治文化"，赋予社会合作者以两种道德人格能力（"正义感能力"和"善观念能力"），认为社会合作者是合理的、理性的和自由平等的。正是在此基础上，罗尔斯对原初状态进行了设置，如无知之幕的信息限制、相互冷淡的人际关系等。这些都旨在避免人们在选择正义原则时表现为利己主义的他律。

在这里，需要我们追问的是，罗尔斯所转述的马克思对利己主义的批评是否表达了马克思的本意？实际上，马克思不仅对利己主义进行了批评，而且还对利他主义进行了批评，他指出，实践的唯物主义者即"共产主义者根本不进行道德说教"，也"不向人们提出道德要求"③，因为利己主义和自我牺牲都是植根于一定的物质生活条件中，都是在一定的物质生活条件下个人实现自我的特定方式。可见，马克思并不是就利己主义或利他主义的字面意思展开批评的，而是将这种批评置入一定的社会历史情境之中，揭示出其非历史性。这正是带有历史唯物主义高度的批判。换句话说，利己主义或利他主义人性设定的症结不在于欲求利益在量上的多寡，而在于它们都将利益欲求从具体的社会关系中抽象出来，当作人之存在和社会历史的根本目的，

---

① ［美］罗尔斯.作为公平的正义——正义新论［M］.姚大志，译.北京：中国社会科学出版社，2011：57.

② ［美］罗尔斯.正义论［M］.何怀宏，等译.北京：中国社会科学出版社，2009：78.

③ 马克思恩格斯全集：第3卷［M］.北京：人民出版社，1960：275.

从根本上否认了"现实的人及其历史发展"。可见,罗尔斯仅就这一批评的字面意思进行了回应。事实上,罗尔斯的回应更加远离了历史地基。通过原初状态和无知之幕对现实的个人与其特定的社会关系进行剥离,无疑进一步加深了其非历史性的本质。正如桑德尔所指出的那样,"这种道义论的图景无论就其内部而言,还是更一般地作为一种有关我们道德经验的解释,都是有缺陷的。道义论的自我由于被剥夺了一切构成性的依附关系,更像是被解除行动权力的自我,而非自由解放的自我"①。"被剥夺了一切构成性的依附关系"的"自我"虽然保证了契约各方的公平,但其根本上是对偶然因素的默许,将它们当作不证自明的前提强加给走出无知之幕的各方。

马克思认为,立足私有财产权的政治平等最终会陷于形式化和抽象化的窠臼,其结果在于大部分社会成员的政治权利得不到应有的实现。罗尔斯对于马克思的此种批评深以为然。在后期的政治自由主义阶段,罗尔斯为其政治自由主义所确立的一项任务就在于培育公民德性,促进公民的两种道德人格能力的充分发展和灵活运用。在这个意义上,为了使形式化的政治平等获得实质性意义,罗尔斯必须对私有财产权做出一定的限制。"在设计良好的财产所有的民主制度中,得到正确规定的这些权利和自由所表达和保护的是自由平等公民的高阶利益。虽然生产资料方面的财产权是得到允许的,但这种权利不是一种基本权利,而且这种权利在现存条件下必须服从于这种需要,即它应该以最有效的方式满足正义原则。"②由此来看,罗尔斯所采取的方法就是,将"生产资料方面的财产权"移出"基本权利"的清单。在第一章中,我们对财产所有的民主制进行了简要的探讨。这种制度的核心点在于削弱古典自由主义所坚持的经济自由,将生产性资本(如生产资料)的私

---

① [美]桑德尔.自由主义与正义的局限[M].万俊人,译.上海:译林出版社,2001:83.

② [美]罗尔斯.作为公平的正义——正义新论[M].姚大志,译.北京:中国社会科学出版社,2011:213.

有权排除出基本经济自由之外,不对之进行宪法层面上的保护。不仅如此,罗尔斯反对福利资本主义制度仅仅关注社会成员的体面的物质生活,而对公民德性的培育漠不关心,为此,罗尔斯主张广泛分布生产性资本,让每一个社会合作者都能够平等地和持久地参与社会合作,以此为途径来培育公民的责任感,发展公民的道德人格能力。可见,罗尔斯的财产所有的民主制表现出他对古典自由主义的根本性颠覆,将正义的主题由私有产权的保护转变成社会合作的公平条款,因为古典自由主义的特质就在于坚持把生产资料方面的私有权当作基本权利而给予宪法层面的保护。

但是财产所有的民主制真的就能够实现政治权利的实质性平等吗?很显然,就连罗尔斯本人对此也是持某种怀疑态度的。在他看来,"即使接受财产所有的民主之理想,但这一种政体所产生的政治经济力量也会使它完全背离它的理想制度描述;他可能会说,任何在生产工具方面容许私有财产的整体都不能满足两个正义原则,甚至也不能做很多事情以实现由作为公平的正义所表达的关于公民和社会的理想"①。事实上,罗尔斯认为,既然财产所有的民主制难以完全实现"两个正义原则",那么自由的社会主义的政体也未必做得会更好。换句话说,罗尔斯的真实想法在于,我们不能因为私有财产的某些缺陷而将之废除,而是要将私有财产框进正义原则的"牢笼"之中,以政治正义原则来限制和规束经济上的不平等。很显然,罗尔斯以政治来限制经济的做法带有明显的黑格尔主义色彩,即"国家决定市民社会",企图以一种更具深度和厚度的政治关系来包容和扬弃经济上的不平等。这是一种自柏拉图以来的政治哲学传统,人天然的是政治动物,政治性的存在是人的第一存在。很显然,马克思对此种诉诸彻底的和完全的"政治解放"的套路是非常厌倦的,"从政治上宣布私有财产无效不仅没有废除私有财产,反

---

① [美]罗尔斯.作为公平的正义——正义新论[M].姚大志,译.北京:中国社会科学出版社,2011:214.

而以私有财产为前提"①。对此,政治哲学家阿瑟·奥肯(Arthur M. Okun)关于民主与资本主义关系的说法是相当中肯的,"民主的资本主义社会,将继续寻求在权利领域和金钱领域之间划出界线的更好办法。它能够取得一些进展。自然,它决不会解决这个问题,因为平等和经济效率之间的冲突是不可避免的。在这种意义上说,资本主义和民主确实是一种最不可能有的混合物"②。如果我们从马克思和奥肯的意义上来看,罗尔斯财产所有的民主制正好陷入了其所极力避免的"权宜之计"的俗套中。

马克思认为,共产主义社会比资本主义社会更具可欲性。对此,罗尔斯提出了不同的意见。在他看来,完全的共产主义社会是不值得欲求的。我们可以从两个方面来对罗尔斯的这一观点做出解释。其一,罗尔斯的由政治正义原则所支配的"良序社会"基本上已经避开了马克思对资本主义社会的指责,即使在某些方面如私有产权方面做得还差强人意,但自由的社会主义政体未必做得更好。在罗尔斯看来,他的政治自由主义立足民主社会的"公共政治文化",社会合作的参与者平等地具有两种道德人格能力,生产性资本的私有权已被移出基本自由的清单。这些都使得马克思的自由主义批评对罗尔斯的"良序社会"不再奏效。其二,在罗尔斯看来,马克思所主张的完全的共产主义社会不具有可欲性,因为它消除了正义的环境,取消了社会合作得以产生的物质条件,使得和谐有益的劳动分工不再可能,人们的"正义感"无从培养。罗尔斯指出:"一个良序社会与最普遍意义上的劳动分工并非没有关系。"③"劳动分工被克服了,不是通过每个人自己变得全面,而是通过在一个公正的社会联合中的自愿而有意义的工作,这个社会联合,所有人都能

---

① 马克思恩格斯文集:第一卷[M].北京:人民出版社,2009:29.
② [美]阿瑟·奥肯.平等与效率——重大的权衡[M].王奔洲,译.成都:四川人民出版社,1988:156.
③ [美]罗尔斯.正义论[M].何怀宏,等译.北京:中国社会科学出版社,2009:418.

够自由地参与,因为他们如此地向往它。"①在罗尔斯看来,正义的存在并不必然地依赖于利己主义、阶级对抗等尖锐的社会问题的存在;只要存在着社会合作和劳动分工,就需要分配基本权利与义务以及划分社会合作产生的利益与负担的公平合作条款。与马克思的完全的共产主义社会相比,罗尔斯的"良序社会"更具审慎性,更加关注社会分化,更加致力于社会统一性的实现。马克思的完全的共产主义社会关注的是"各尽所能、按需分配",更加致力于实现人的自由而全面的发展,而不仅仅像罗尔斯那样只注重两种道德人格能力的充分发展和灵活运用。因此,马克思的完全的共产主义社会更具理想性和可欲性,而罗尔斯的"良序社会"则偏重于现实性和可行性。

可见,罗尔斯对马克思自由主义批评的回应基本上是不彻底的。其一,马克思对利己主义的批评不是就其表象而言,而是就其非历史性而言的,而罗尔斯仅仅从表象上来理解此种批评,因而其回应也就使其非历史性更加深化了。其二,马克思对私有财产权的批评并不是处于理论层面上,而是植根于资本主义社会的异化现实,属于一种物质力量的批判,而罗尔斯将私有财产权移出基本权利的清单,将之纳入政治正义原则的"牢笼"之中,实际上企图以平等的政治关系来扬弃不平等的经济关系,从而陷入黑格尔所谓的"国家决定市民社会"的窠臼之中。其三,马克思的完全的共产主义社会主张"各尽所能、按需分配",致力于实现人的自由而全面的发展,罗尔斯的"良序社会"仅仅注重两种道德人格能力的充分发展和灵活运用。对比之下,前者更具有理想性和可欲性,后者更具有现实性和可行性。

通过上述的三重思想对话,我们发现,如果跳出罗尔斯自身的概念框架和逻辑思路,罗尔斯的"良序社会"在理论逻辑的层面上并不如其所是般的"良序",它为了谋求政治生活的稳定性而悬搁了其他与人的生存密切相关

---

① [美]罗尔斯.正义论[M].何怀宏,等译.北京:中国社会科学出版社,2009:419.

的价值,在某种程度上,其政治正义原则也摇摆于"完备性学说"和"权宜之计"之间。正如桑德尔所指出的那样,"《政治自由主义》想从各种有关自我本性的争论中,拯救权利的优先性主张,但它不过是以使自己的其它根据更容易受到攻击为代价来实现这一目的的"①。他不仅受到来自家族内部的诘难,而且还无法彻底回应来自论敌的持久而深刻的批评。面对哈贝马斯的批评,罗尔斯的回应有陷入抽象概念思辨的嫌疑,比如在程序正义与实质正义、工具性意义和目的性意义等方面。面对桑德尔的批评,罗尔斯的回应带有"完备性学说"的色彩,即以悬搁"完备性学说"的形式变成了一种"完备性学说"。面对马克思的自由主义批评,罗尔斯的政治正义原则及其支配的"良序社会"似乎变成了一种他所批判的"权宜之计",尤其是在对待私有财产的态度上。这就要求我们必须仔细地考量"良序社会"在理论逻辑层面上的局限性,以此来寻求弥补这一局限性的方法。

二、"超越正义"的现实要求

在第一节,通过哈贝马斯、桑德尔、马克思与罗尔斯的思想对话,我们不难发现,罗尔斯的"良序社会"在理论逻辑的意义上并不是"良序"的,与其他学术谱系的思想资源之间还是存在着诸多的对话空间。当他赋予政治社会的稳定性以压倒性的优先地位的时候,他就在思维方式的层面上重新堕入其反对的思想倾向之中。与桑德尔的理想社会图景相比,罗尔斯的政治正义原则具有"完备性学说"的性质,与马克思的完全的共产主义相比,罗尔斯的"良序社会"则具有"权宜之计"的性质。更进一步来看,在事实逻辑的层面上,罗尔斯的"良序社会"也不是"良序"的,它至少不能对无知之幕所屏蔽的

---

① [美]桑德尔.自由主义与正义的局限[M].万俊人,译.上海:译林出版社,2001:239.

特殊性的社会历史因素有所言说,更不能对其进行基本的解释。因此,本节的理论任务就在于反思那些处于罗尔斯政治哲学视野之外的特殊的社会历史因素,将无知之幕所屏蔽掉的特殊性信息重新纳入考量之中。在我们看来,在被无知之幕所屏蔽的特殊性社会历史信息中,最具实质性意义的包括以下三个方面。其一,"市场社会",即市场从社会生活的整体性中"脱嵌"出来,整个社会生活被市场交换原则所支配。其二,"劳动力成为商品",即劳动力变成可以买卖的商品,人与人之间的支配性关系形成。其三,"财产共和国"表征着资本成为资本主义社会中统治一切的经济权力。在反思上述社会历史因素的基础上,我们发现,罗尔斯"正义"的"良序社会"无法应对"市场社会""劳动力成为商品"以及"财产共和国"所带来的伦理困境。在这个意义上,"超越正义"并不仅仅是理论逻辑上的理想性诉求,更本质地是事实逻辑上的现实性要求,是现实的社会历史情势的内在要求。

(一)"市场社会":"公平市场"的外在边界

"市场社会"这一概念首先出现在波兰尼的《大转型》之中,后来成为人文社科领域的一个通用概念。在波兰尼的语境之中,"市场社会"意味着市场脱嵌于社会有机体而成为自律性的自我实现的乌托邦,商品交换原则成为统摄整个社会生活的支配性原则。"市场社会"的支持者们普遍认为,市场主体的自律性交易行为能够实现社会整体福利的推进,"自律性意味着所有的产品都是在市场上售卖的,而且所有的所得都是从这些售卖中得到的"①。不仅仅包括劳动力、土地、货币在内的所有生产要素,而且与人之生命健康息息相关的必需品全都被商品化了,全都变成了可以在市场中进行交换的商

---

① [英]波兰尼.巨变——当代政治与经济的起源[M].黄树民,译.北京:社会科学文献出版社,2013:146.

品。在波兰尼看来,市场的自律性运作有着摧毁社会的危险。这种危险实质上是一种文化虚无主义,具体表现为"文化退化""文化灾变"甚至是"文化真空",它将人性的需要置于一个非人性的市场机制中。

首先,劳动力的商品化剥夺了劳动者的存在感和确定性,侵蚀了劳动者的自尊和品格,将之从原有的伦理关系中蒸发出来,"使之受市场法则的支配,实际上就是摧毁所有生命之有机形式"①。在波兰尼看来,这是对个人与公众之幸福的最大伤害。

其次,土地商品化的危害显而易见。人们安居乐业的源泉被斩断,诗情画意的田园风光成为记忆中的乡愁,掠夺性开发透支着土地的生产能力。

再次,货币的商品化必然会出现周期性的资金短缺和过剩,对人类生产组织造成毁灭性打击,作为人与自然之互动过程的生产将被迫中断。

最后,与人类的生命健康息息相关的必需品的市场化,比如教育资源、医疗资源,则将会逐渐扩大人与人之间的不平等,加剧社会生活的分裂,威胁社会秩序的长治久安。"如果富足的唯一优势就是有能力购买游艇、跑车和欢度梦幻假期,那么收入和财富的不平等也就并非很重要了。但是,随着金钱最终可以买到的东西越来越多(政治影响力、良好的医疗保健、在一个安全的邻里环境中而非犯罪猖獗的地区安家、进入精英学校而非三流学校读书),收入和财富分配的重要性也就越发凸显出来。"②正是基于此,波兰尼才坚信,"人类社会的普遍特征是""法律、道德和经济从来都是一体的,也就是说,将它们区分开来是违背自然规律的"。③

---

① [英]波兰尼.巨变——当代政治与经济的起源[M].黄树民,译.北京:社会科学文献出版社,2013:287.

② [美]桑德尔.金钱不能买什么:金钱与公正的正面交锋[M].邓正来,译.北京:中信出版社,2012:XVI.

③ [英]加雷斯·戴尔.卡尔·波兰尼:市场的限度[M].焦兵,译.北京:中国社会科学出版社,2016:62.

由此可见，通过波兰尼对"市场社会"及其危害性的论述，我们发现，如果所有的资源都是通过市场调节来实现分配的，如果所有的资源都成为可以在市场上交换的商品，那么人类社会的基本价值以及人本身的基本权利将会遭到漠视和亵渎，人类社会的基本公共善将得不到最为基本的保障，人类社会的健康和协调的可持续发展将会受到威胁。"如果生活中的一些物品被转化为商品的话，那么它们就会被腐蚀或贬低。"①这种腐蚀或贬低不是显而易见的，而是以一种较低的评价方式来评价人类社会的基本价值以及人本身的基本权利、人类社会的基本公共善以及人类社会的可持续发展。"我们时常把腐败与非法所得联系起来。然而，腐败远不只是指贿赂和非法支付。腐蚀一件物品或者一种社会惯例也是在贬低它，也就是以一种较低的评价方式而不是适合它的评价方式来对待它。"②由是观之，自律性市场预设了一个根本前提，即必须"放弃社会之人性的本质及自然的本质"③，或者说，"社会之人性的本质及自然的本质"必须以一种"较低的评价方式"来评价，即被置于市场交换的环境之中待价而沽。很显然，自律性市场本身就是"一个全然空想的社会体制"，它要求所有物品都必须作为商品来交换，从根本上违背了人类社会的基本运行规律，破坏了社会整体的生存环境。更进一步地，市场本身的自律性实际上表现为一种自发性，这种自发性并不能促进社会整体利益的增加，相反，它会激化社会矛盾，破坏社会安宁。

可以说，"市场社会"这一概念表征了所有物品变成商品的这一基本事实。而在19世纪以前的前资本主义时期，经济关系完全嵌入各种各样的社

---

① [美]桑德尔.金钱不能买什么：金钱与公正的正面交锋[M].邓正来，译.北京：中信出版社，2012：XVIII.

② [美]桑德尔.金钱不能买什么：金钱与公正的正面交锋[M].邓正来，译.北京：中信出版社，2012：23.

③ [英]波兰尼.巨变——当代政治与经济的起源[M].黄树民，译.北京：社会科学文献出版社，2013：52.

会有机体和伦理规范之中。所有的经济活动以"互惠、再分配和家计"为根本性原则,"经济"一词的原始含义并不包含发财致富的意思,而是一种家务管理。其一,互惠原则意味着人们之间的交换仅仅是为了满足对方的实际需要,是不能斤斤计较和讨价还价的。其二,再分配原则使得部落成员免于饥饿,有效防止其成员迫于饥饿而从事经济活动,除非整个部落陷于饥荒。其三,人们以家庭为单位从事生产的目的也不是为了获取经济利益的最大化,而只是为了实际用途,充其量也是为了通过保护整个社会有机体成员免于饥饿而巩固自己的社会地位。

因此,在资本主义社会和前资本主义社会中,"市场"的角色和职能在性质上是完全不同的:一个是市场支配社会,一个是市场服务社会。可见,这一重大的性质转变是不能被所有以"市场"为研究对象的政治哲学理论所忽视和无视的。如果缺失了这一历史性维度,那么任何纠正"市场"之自发性弊端的理论努力及其实践效果势必要大打折扣,甚至会因此而付诸东流。

在第一章的"财产所有的民主制"中,我们讨论了罗尔斯所设计的"公平市场"。在罗尔斯看来,"作为前途向才能开放的平等"①最终导致一种"自然的自由体系"。"前途向才能开放"无可厚非,它表现的是一种"机会平等"的自由市场原则。但在罗尔斯看来,这种"机会平等"极有可能变成形式化的抽象平等。"才能"的培养和获得在很大程度上取决于自然的和社会的偶然性因素,如天赋、出身、运气等。这就意味着,"才能"本身在很大程度上就是偶然性的结果,个人对此是无法做出理性选择的。因此,个人对于该"才能"所带来的好处和劣势在严格的意义上都不是应得的,与之相关的"前途"也是不应得的。这样的话,"前途向才能开放"遵循的是一种丛林法则,市场竞争变成了一个优胜劣汰的自然选择过程,其结果只能是一个"自然的自由体

---

① [美]罗尔斯.正义论[M].何怀宏,等译.北京:中国社会科学出版社,2009:51.

系"。如此一来,对"前途向才能开放"这一形式化的"机会平等"原则加以一定的公平性限制,以使其变得具有真实的意义和实质性的内容,就成为罗尔斯"公平市场"观念的核心目标。罗尔斯指出,为了将"机会平等"变成"公平的机会平等",必须最大限度地抑制直至消除自然的和社会的偶然性因素,如出身、天赋、运气等对个人的消极影响,事先缩小直至消除市场主体间的外在偶然性差异,进而确保他们参与市场竞争时的原初地位是平等的。这样的话,在平等的原初地位这一前提下,自发生成的市场所导致的任何结果才是公平的。在"公平的"这一限制条件下,"前途向才能开放"才能构成一个纯粹程序正义。

通过对罗尔斯"公平市场"的回顾,我们不难发现的是,罗尔斯的"公平市场"是在市场竞争原则的前提下提出的,其侧重于市场主体之间的平等关系是否具有实质性意义,而"市场"的角色和职能及其性质的历史性转变却并未被纳入罗尔斯的反思视野之中,反而被罗尔斯当作特殊性的社会历史信息被遮盖在无知之幕之后了。正是这一反思维度的缺乏,罗尔斯似乎陷入了逻辑悖谬之中,一方面,他认为社会历史中的特殊性因素会导致人们选择正义原则时遵循他律的原则,另一方面,社会历史的特殊性因素在事实上又构成着应用正义原则的外在环境。唯一的解释只能是,罗尔斯认为选择正义原则比应用正义原则更为重要,一旦正确的正义原则被选择,那么一切社会问题都是可以解决的,正如他认为在理论上将私有财产权关进"牢笼"里,事实上的私有财产权就会被规训一样。但是罗尔斯设想的过于乐观了。当社会合作的参与者走出无知之幕,进入当代资本主义社会中,面对着"市场社会"的汹涌大潮,他们所珍视的政治价值难以得到保全,公民德性以及"公共政治文化"难以得到培育和发展。如上述,在"市场社会"中,人类社会的基本价值、人类社会的基本公共善以及人类社会的可持续发展都被当作商品待价而沽,身体器官、政治选票、教学席位、公共安全等都可以被换算成一定数量的金钱。在真实的社会状况中,市场的竞争性原则已然侵蚀到人类社会的生存根基。这不仅仅是一个保障竞争的公平性的手段性问题,而是一个涉及人类社会生死存亡的根本性问题。这样的话,罗尔斯主张通过"公平的机会平等原则"保障市场主体原初地位的平等,使之避免自然与社会的偶然性因素的消极影响,但是我们可以发问,"医疗市场""教育市场""选票市场"以及"器官市场"中竞争主体之原初地位的平等也要被纳入保障范围吗?

由此可见,罗尔斯所谓"公平市场"与真实社会中的"市场社会"是不相容的,"市场社会"构成了"公平市场"的外在边界,即"公平市场"只能在"正义"的"市场"中发挥作用,而那些"不正义"的"市场"无公平性可言。"公平市场"与"市场社会"关乎的是两个性质完全不同的问题:前者是一个"正义"的问题,后者则是一个直面人的最现实的存在方式的"超越正义"的问题,不是任何一种"正义"的政治原则所能消解掉的。实质上,"公平市场"的实现,归根结底,也必须诉诸对"市场社会"的翻转,即必须再度将市场嵌入社会生活的有机整体之中,使之真正发挥服务社会的作用。只有在对"市场"的角色和职能及其性质的历史性转变作一正本清源的认识,只有在事实层面上将"市场"关进社会生活的"牢笼"之中,罗尔斯的"公平市场"才能如其所是地发挥作用——确保市场主体之原初地位的平等。在这个意义上,罗尔斯的正义原则所起到的作用只能是一种理论上的澄清和思想上的再启蒙,"公平市场"所面临的外在边界并不能被"正义"原则逾越,因为它一开始就没有被"正义"原则纳入思想视野。这种外在边界只能通过某种革命性的物质力量才能被打破,由此,市场才能真正被再度嵌入社会生活之中。

(二)"劳动力成为商品":互惠合作的另类样态

在罗尔斯政治哲学的理论预设之中,社会成员都平等地具有两重最低限度但有效的道德人格能力("正义感能力"和"善观念能力"),这种能力保证着他们能够终生地参与社会合作事业。在罗尔斯看来,在社会合作事业中,社会合作的参与者之间具有一种平等互惠的关系,即每个人都有互惠合作的意愿,甚至就连雇佣劳动关系也具有互惠合作的性质。换句话说,雇佣劳动,个人受雇于他人而进行的劳动,在罗尔斯看来,对于人的两种道德人格能力的充分发展和灵活运用是必需的。由此来看,罗尔斯并不反对雇佣劳动制度,反而将雇佣劳动制度作为一种"良序社会"中财产所有的民主制的一个补充形式。在罗尔斯看来,财产所有的民主制旨在广泛分散生产性资本,使社会成员都能够平等地参与社会合作事业。但是这种广泛分散并不意味着每个人都拥有一定量的生产性资本,也不意味着每个人都能始终保有这一所有权,因为财产所有的民主制并不是一种计划经济的形式,而是要有市场调节参与其中。

在《政治哲学史讲义》中,罗尔斯指出:"所有人都拥有使用或获得自然提供的巨大的公共财富的自由权——这样,作为其诚实劳动的回报,每一个人都能挣得生存所需的基本资料。这是合理机会原则。"[①]这一"合理机会原则"被罗尔斯进一步概括为,"那些没有财产的人必须拥有合理的被雇用的机会:即拥有通过诚实劳动获取生存资料并得以成长的机会"[②]。可见,雇佣劳动制度是财产所有的民主制的补充形式和应急策略,它防止人们陷入极端的贫困之中,保障人们实现两种道德人格能力的充分发展和灵活应用。

实际上,罗尔斯之所以认为雇佣劳动制度具有互惠合作的性质,是因为一方面,他事先预设了社会合作者具有两种最低限度的道德人格能力,每个社会成员都具有互惠合作的意愿;另一方面,财产所有的民主制致力于广泛分散生产性资本,以防生产性资本过分集中而使得政治自由变成抽象形式。很显然,罗尔斯眼中的雇佣劳动制度仅仅是具有一种物质手段的工具性意

---

① [美]罗尔斯.政治哲学史讲义[M].杨通进,等译.北京:中国社会科学出版社,2011:147.

② [美]罗尔斯.政治哲学史讲义[M].杨通进,等译.北京:中国社会科学出版社,2011:148.

义,其职能就在于获得发展和应用个人道德人格能力的一定的物质手段,即"通过诚实劳动获取生存资料并得以成长的机会"。受雇者和雇主之间的关系是不同类型产品的交换关系,即受雇者提供劳动产品,雇主提供一定量的可以在市场上进行交换的货币。二者之间是一种等价交换的平等关系,一定量的劳动换取一定量的工资。这就是我们在通常意义上所理解的作为一种物质手段的雇佣劳动,其实也就是资产阶级政治经济学所理解的雇佣劳动。在资产阶级政治经济学看来,雇佣劳动制度的前提是人身依附性的解体,是个体自由的实现,因此雇佣劳动是一种自由劳动,体现的是"天赋人权",表征的是资产阶级政治解放的进步性和正义性。但是,这里存在着三个值得我们进一步展开追问的难题。其一,雇佣劳动在现代资本主义社会中仅仅是一种获取一定量的物质手段的工具吗?其二,这种存在于人性预设中的互惠合作的意愿能否保证雇佣劳动双方具有真实平等的社会地位吗?雇佣劳动能够促进罗尔斯所强调的两种道德人格能力的充分发展和灵活运用吗?其三,既然生产性资本已经被广泛分布于社会成员之间,雇佣劳动制度得以存在的社会前提在哪里呢?接下来,我们就依次来对这些问题进行必要的讨论和扼要的解答。

在历史唯物主义的视野中,雇佣劳动是人与人之间社会关系的"物象化",其所表征的是"一种以物为中介的人和人之间的社会关系"①。正如日本学者广松涉(ひろまつわたる)所指出的那样,"马克思的所谓物象化,是人与人之间的主体际关系被错误地理解为'物的性质'(例如,货币所具有的购买力这样的'性质'),以及人与人之间的主体际社会关系被错误地理解为'物与物之间的关系'这类现象"②。在马克思看来,这种"物象化"的社会关系集中地表现为工人与资本家、活劳动与资本之间的雇佣关系——"劳动力成

① 马克思恩格斯文集:第五卷[M].北京:人民出版社,2009:877-878.
② [日]广松涉.物象化论的构图[M].彭曦,等译.南京:南京大学出版社,2002:70.

为商品"。这就意味着,雇佣劳动的实质是劳动力成为商品——这是马克思政治经济学批判的独特贡献和逻辑起点。"要从商品的消费中取得价值,我们的货币占有者就必须幸运地在流通领域内即在市场上发现这样一种商品,它的使用价值本身具有成为价值源泉的独特属性,因此,它的实际消费本身就是劳动的对象化,从而是价值的创造。货币占有者在市场上找到了这样一种独特的商品,这就是劳动能力或劳动力。"①一旦劳动力成为商品,货币就转化成资本,雇佣劳动就从一种工具性手段变成了支配整个社会生活的根本性原则。而这是由劳动力商品的特殊性质所决定的。

首先,一旦劳动力成为商品,资本主义的带有奴役性和支配性的生产关系就形成了。在雇佣劳动制度中,劳动者与生产资料相分离,劳动力成为商品。只有通过资本的购买和使用,劳动力才能与生产资料再度结合起来。由于劳动力的使用不能与其物质载体相分离,资本家对劳动力商品的消费必须以对工人的人身支配为前提。因此,工人所出售的实际上是一种与自然生命直接相关的特殊财产权,是在一段时间内使用其劳动能力的权力。资本便对劳动者具有了一定的支配权。由此来看,雇佣劳动制度实际上是一种经济关系的无声强制,是一种资本主义性质的专制,是一种间接性的强制劳动制度,是资本主义文明掩盖下的暴行。在这种专制关系中,资本家与工人的身份地位以及前途命运日趋两极分化。"一个笑容满面,雄心勃勃;一个战战兢兢,畏缩不前,像在市场上出卖了自己的皮一样,只有一个前途——让人家来鞣。"②这无疑成为资产阶级政治解放的一大反讽:虽然前资本主义时期的显性人身依附关系被废除了,但它又通过经济关系在工人的主体性之中被积极地塑造起来。

其次,一旦劳动力成为商品,货币就会转化为资本,成为资本主义社会

① 马克思恩格斯文集:第五卷[M].北京:人民出版社,2009:194-195.

② 马克思恩格斯文集:第五卷[M].北京:人民出版社,2009:105.

的一般财富代表,成为人们竞相膜拜的"神"。由此,货币拜物教就产生了。在前资本主义的生产方式之中,劳动者与生产资料是直接同一的,个人并不仅仅把自己当作劳动者,而是把自己当作所有者和进行劳动的共同体的成员。因此,个人从事劳动的目的不是为了创造剩余价值,即使是偶然出现的剩余产品的交换,也只是为了维持个人以及共同体的生存。由此可见,在前资本主义社会,交换价值服从于直接的使用价值。而在资本主义社会中,由于货币能够与劳动力商品相交换,作为一般等价物的货币就具有了一种支配和奴役他人的统治性力量。而一旦真实地与劳动力商品交换,货币就转化为资本,其所包含的这种统治力量就会不断地增殖和膨胀,延伸到社会生活的全部领域,成为整个社会生活的基本建制原则。货币作为社会权力的化身成为人们竞相膜拜的对象。由此,一切社会关系都被沉浸在利己主义的冰水之中,一切素被尊崇的绝对观念都被亵渎和瓦解了,一切社会生活形式都处于永不停息的变幻之中。人们从"神圣形象"之本质主义的肆虐中逃脱后,旋即又被置入"非神圣形象"的统治之下。

最后,一旦劳动力成为商品,贫富差距就会愈益呈现出两极分化的趋势,绝大部分的社会财富就会被垄断在少数资产者手里,社会日益被撕裂成两大对抗的阶级——资产阶级和无产阶级。马克思指出,资本唯一的"生活本能"就是不断地自我增殖,要么超出身体界限和道德界限地延长工作日长度以获取绝对剩余价值,要么提高劳动生产力降低必要劳动时间来获取相对剩余价值。劳动者创造的社会财富越多,资本家窃取的剩余价值就越多,而劳动者得到的回报就越少。在当代资本主义社会中,非物质劳动使得劳动者的劳动时间与非劳动时间、工作场所和非工作场所日益变得模糊难辨。劳动者的所有时间似乎都已经成为资本家获取剩余劳动时间的源泉,甚至在吃饭和洗澡的过程中都在为雇主的广告策划和营销手段耗费脑力。因此,与其说非物质劳动表征着劳动生产力的巨大进步,倒不如说,表征着资本权力弥漫在从身体到灵魂、从摇篮到坟墓的每一个生命细节。

通过上述对"劳动力成为商品"的后果的逐步深入的分析,我们不难看出的是,这些令人局促不安的后果显然没有被罗尔斯纳入自己的反思视野,而是被罗尔斯当作特殊性的社会历史信息屏蔽在无知之幕背后。由于劳动力商品的特殊性质,雇佣劳动制度实际是一种文明的暴行和无声的强制。雇主与受雇者之间是一种支配与被支配的关系,前者在这种关系中获得的是自我肯定、踌躇满志,后者则日益变得粗鄙庸俗、麻木不仁。由于货币转化为资本,其所包含的统治性力量延伸到整个社会生活领域,雇佣劳动制度就不再是一种中性的获取物质资料的手段和工具,而是跃迁至社会生活基本建制的高度,成为整个社会生活的支配性原则。由于资本增值的"生活本能",社会财富的绝大部分掌握在少数资产者手里,生产资料的所有权日益变得集中,在这样的条件下,财产所有的民主制势必会沦为"一纸空文",而这正是雇佣劳动得以维持和发展的深层动力。由此可见,罗尔斯的"合理的雇用机会"并不是"合理的",其"合理性"仅仅来自概念上的抽象规定,是一种逻辑上的理论预设。一旦劳动力成为商品,货币就会转化为资本,整个社会生活在事实层面上就会被资本逻辑所支配,而政治正义原则仅仅是停留于概念层面的理论想象。

(三)"财产共和国":"公共政治文化"的另一重面相

无论是"市场社会",还是"劳动力成为商品",这两个资本主义社会的基本事实都被罗尔斯当作特殊性的社会历史信息而被排除在原初各方的认知之外,被遮蔽在无知之幕的背后。通过以上论述,我们不难看出的是,罗尔斯的"良序社会"及其制度建构是难以破解"市场社会"和"劳动力成为商品"所带来的伦理困境的。我们知道,罗尔斯始终强调其政治自由主义观点的根本立足点在于现代民主社会的"公共政治文化",而作为其政治建构原材料的

"人观念"和"社会观念"都是从这一文化中提炼出来的。接下来,我们将着重指出的是,现代民主社会的"公共政治文化"不是只有这一个面相,其实它还有另外一个面相,这一面相不具有温情脉脉的玫瑰色彩,它是引起社会不稳定的根源,是滋生社会力量对抗的温床。质言之,这一面相揭示出现代民主社会的轴心是"财产的概念以及对财产的保护"。正如当代自治主义马克思主义者安东尼奥·奈格里(Antonio Negri)所言:"财产的概念以及对财产的保护,依然是所有现代政治构造的基础。从这个意义来说,从伟大的资产阶级革命直到今天,共和国一直是财产的共和国。"①

从近代以来的洛克开始,政治社会的首要任务就被规定为保障财产权。洛克将财产权视作人的自然权利,因为财产是人的身体的产物,而人对自己的身体是具有所有权的。"虽然自然的东西是人共有的,然而人既是自己的主人,又是自身和自身行动或劳动的所有者,本身就还具有财产的基本基础。当发明和技能改善了生活的种种便利条件的时候,他用来维持自己的生存或享受的大部分东西完全是他自己的,并不与他人共有。"②在洛克看来,尽管自然状态是一个和谐互助的状态,但是由于缺乏公正的裁判者,人们经常陷入财产纠纷之中。因此,"公民社会的目的原是为了避免并补救自然状态的种种不合适的地方,而这些不合适的地方是由于人人是自己案件的裁判者而必然产生的,于是设置一个明确的权威,当这社会的每一成员受到任何损害或发生任何争执的时候,可以向它申诉,而这社会的每一成员也必须对它服从"③。这样来看,公民社会的目的在于设立一个公正的裁判者和明确的权威来解决人们之间的财产纠纷,保护人们的财产不受非法侵犯。在奈格里看来,不仅现代国家的定义是如此,甚至现代国家的历史也是如此。"现代共

---

① [意]奈格里,等.大同世界[M].王行坤,译.北京:中国人民大学出版社,2016:9.

② [英]洛克.政府论:下篇[M].叶启芳,等译.北京:商务印书馆,1964:28.

③ [英]洛克.政府论:下篇[M].叶启芳,等译.北京:商务印书馆,1964:54.

和主义的具体定义脱颖而出：这种共和主义是奠基于财治和私有产权神圣不可侵犯原则之上的,这就排除或者支配了那些没有财产的人。""三场伟大的资产阶级革命——英国的、美国的以及法国的——在各自的进程中都展示了财产共和国的出现和强化。"①奈格里进一步指出："政治不是一个自主性的领域,而是完全浸没在经济和法律结构中。"②由此来看,任何对政治问题的求索,都不能仅仅局限于政治领域,在抽象概念的层面构建出一些自身具有逻辑一贯性的正义原则或制度,而是必须首先回到作为其世俗基础的财产。

正是在将现代政治国家确认为"财产共和国"的基础上,奈格里对哈贝马斯、罗尔斯以及吉登斯、贝克这些社会民主理论家的政治筹划展开了批评,指出他们"从未彻底质疑财产共和国,要么对其视而不见,要么幼稚地以为可以对其进行改良,从而创造出民主和平等的社会"③。具体到本书的主题,奈格里指出,罗尔斯的前期理论"立志于社会转变","坚持'差异原则'",力图让最不利阶层也能获益;但是罗尔斯后期的政治自由主义则"意指不断调和社会现实的过程,因此,是对现存社会秩序的被动接受,甚至是强化"④。可以说,奈格里对罗尔斯的评论是中肯的。在罗尔斯看来,民主社会的"公共政治文化"仅仅包括对其构建政治正义原则有所帮助的一般性理念,而那些不利于维持社会稳定的理念则被其当作偶然的和暂时的,进而被遮蔽在无知之幕的背后。实际上,如果我们走出罗尔斯的概念体系和逻辑框架,直面"公共政治文化"的另一个面相,我们将会发现,整个现代政治生活都是被资本所殖民的。资本是整个现代社会生活的"普照光",不仅仅是"市场"中的购买力,而且还是"工厂"中的支配力,更为本质地是政治生活中的规训力。通

---

① ［意］奈格里,等.大同世界［M］.王行坤,译.北京:中国人民大学出版社,2016:5.

② ［意］奈格里,等.大同世界［M］.王行坤,译.北京:中国人民大学出版社,2016:3.

③④ ［意］奈格里,等.大同世界［M］.王行坤,译.北京:中国人民大学出版社,2016:11.

过向政治生活中的渗透和延伸,资本实现了对整个社会生活的合法操控。在奈格里看来,资本作为一种超越性力量,"不是通过主权的命令,甚至也不是通过强力来制造服从,而是通过对社会生活的可能前提进行结构化来显现"①。正是这种结构化,使得资产阶级的对抗性和压迫性的政治统治变得不再那么面目可憎,反而成为一种使社会生活得以可能的自然而然且不可或缺的先验的普遍形式。接下来,我们就从资本的独立性、社会性和阶级性来剖析资本对社会生活的结构化是如何使其成为"资产阶级社会的支配一切的经济权力"②。

首先,资本具有独立性和个性,结构化了劳动力的买卖过程。在"流通领域或商品交换领域的界限以内","劳动力成为商品"彰显着资产阶级的普遍人权,"那里占统治地位的只是自由、平等、所有权和边沁"③。劳动力的买卖过程体现的是货币所有者和劳动力所有者的独立性和个性,在其中不存在任何外在的支配性因素,好像双方具有相同的权利和对等的地位。这正是资产阶级学者最为自鸣得意的地方。但是马克思针锋相对地指出:"在资产阶级社会里,资本具有独立性和个性,而活动着的个人却没有独立性和个性。"④劳动力买卖的和谐表象掩盖着的正是资本对劳动力的奴役。所谓"自由",不过是工人选择被哪一个资本家支配的自由;所谓"平等",不过是资本家对所有工人毫无差别的剥削;所谓"所有权",不过是所有权的转移,是资本主义的占有。正是由于资本对劳动力买卖过程的结构化,工人和资本家才丧失自己的独立性和个性——工人成为资本增殖的工具,资本家成为资本的人格化。因此,工人的工资以及资本家的利润,显然都不是二者所应得的,是资本

---

① [意]奈格里,等.大同世界[M].王行坤,译.北京:中国人民大学出版社,2016:4.

② 马克思恩格斯全集:第30卷[M].北京:人民出版社,1995:48-49.

③ 马克思恩格斯文集:第五卷[M].北京:人民出版社,2009:204.

④ 马克思恩格斯文集:第二卷[M].北京:人民出版社,2009:46.

这一结构化力量所分配的。

其次,资本具有社会性,结构化了劳动产品的分配过程。"劳动力成为商品"不仅意味着资本对劳动力的支配,在其本质上,意味着资本对无酬劳动的支配权。"资本不仅像亚·斯密所说的那样,是对劳动的支配权。按其本质来说,它是对无酬劳动的支配权。"①所谓的"无酬劳动",无非是那些不被作为生活资料而消费掉的社会剩余劳动,是扩大再生产和人类财富积累的源泉,是人类高级生命活动赖以进行的物质保障。资本的逐利本性,一方面促进了数量庞大的剩余劳动的快速积累,一方面又将剩余劳动"公平地"分配给那些掌握社会稀缺资源(如生产资料、天赋)的资本家。"所有权对于资本家来说,表现为占有他人无酬劳动或它的产品的权利,而对于工人来说,则表现为不能占有自己的产品。"②这样的话,资本就不再仅仅是一种独立性和个性化的力量,而是已经上升为谋划社会建制的社会性权力,它把整个社会生产日益分裂成相互对抗的两大阵营:一部分是出卖劳动力,直接从事繁重劳动,靠合理化工资维持生存的工人;一部分是掌控社会稀缺资源,从事高级生命活动,蚕食无酬劳动的资产者。

最后,资本具有阶级性,结构化了资产阶级的自由民主制,炮制出一种阿甘本式的政治结构——"法律空间+法律例外空间"。那些掌握社会稀缺资源和剩余劳动的资产者必然要求自己的个人意志影响、转化乃至控制国家意志,通过充任国家权力机构的核心职位来使国家意志变成个人谋取私利的工具。马克思早就指出:"一个阶级是社会上占统治地位的物质力量,同时也是社会上占统治地位的精神力量。"③这就使得资产阶级的普遍人权陷于抽象定义,而绝大多数的以出卖劳动力为生的劳动人口被"纳入性排除"在

---

① 马克思恩格斯文集:第五卷[M].北京:人民出版社,2009:611.

② 马克思恩格斯文集:第五卷[M].北京:人民出版社,2009:674.

③ 马克思恩格斯文集:第一卷[M].北京:人民出版社,2009:550.

政治权利之外,处于一种事实上的无权状态。马克思笔下的无产阶级,就是这样"一个并非市民社会阶级的市民社会阶级"①,他们被排除在"公共政治文化"之外,仅仅是法律所规制的对象。作为人的属性完全丧失,他们唯一拥有的就是生物学意义上的自然属性,除此之外,别无任何社会政治属性,因而是资产阶级国家中被抛弃的"例外"和"剩余",是资本主义社会的"裂缝"和"豁口"。

通过对"财产共和国"的逐步深入分析,我们发现,在资本主义社会,政治并不是一个独立自主的领域,而是一个被资本逻辑所殖民的领域。政治活动的根本性支配原则乃在于资本的自我增殖。这就有力地揭示了民主社会之"公共政治文化"的另外一重面相。与罗尔斯将这一"公共政治文化"的核心理念界定为"合理的"不同,在资本逻辑的支配下,这一"公共政治文化"的本质特征就体现为"财产的概念以及对财产的保护",政治文化的轴心是"财产共和国"。在这个意义上,罗尔斯的公平的社会合作以及具有互惠意愿的参与者只是资本逻辑的"现象界",只是资本逻辑得以展开的外部环境和运作载体。在这个意义上,我们就要追问,罗尔斯的政治正义原则能否克服资本逻辑对政治生活的侵蚀和僭越。事实上,罗尔斯的政治正义原则正是在将资本逻辑遮蔽在无知之幕背后所得出的。因而,对于资本逻辑,政治正义原则并没有实质性的应对策略,它唯一能解决的是平等互惠的社会合作中权利与义务的分配以及利益与负担的划分,因为社会合作的前提是社会成员之间的利益一致,而不是利益对抗。因此,要想瓦解资本逻辑,我们必须得超越政治正义原则,不能仅仅借助于抽象"正义"来应对它从未直面的社会问题。

---

① 马克思恩格斯文集:第一卷[M].北京:人民出版社,2009:16-17.

三、"超越正义"的分配正义

本章的前两节分别从理论逻辑与事实逻辑的层面上指出,罗尔斯的"良序社会"因其仅仅局限于政治正义层面而并不是"良序"的,从而阐明"超越正义"是社会历史情势的现实要求。在罗尔斯的政治哲学中,政治正义原则应用于社会基本结构,规范着社会合作的公平条款,分配着社会合作所产生的利益与负担。因此,罗尔斯政治正义原则的落脚点和归宿是一种分配正义原则。在罗尔斯看来,唯有按照"两个正义原则"对社会合作所产生的利益与负担进行一种正义的分配,民主社会的长治久安才是可以期许的。但是从"超越正义"的意义上来看,社会分配并不是仅仅涉及显性的利益与负担的简单派送,也不应该在"分配问题上兜圈子",而是应该与人的存在方式产生内在的本质性关联,"分配是人享有人类文明与社会进步成果的基本方式,既为个体提供生存与发展的物质条件和精神产品,又为整个人类社会进步奠定基础"①。因此,在"超越正义"的意义上,分配正义所欲实现的目标,不仅仅在于人的两种最低限度但有效的道德人格能力的充分发展和灵活运用,而在于人的自由个性的全面发展。这是一种在生存论意义上直面人的存在方式的分配正义。这种"超越正义"的分配正义既具有理想性的诉求,又具有现实性的关照。

在生存论的意义上,马克思将劳动当作彰显和塑造人的自由个性的生命活动。因此,分配的最终追求是解放劳动,使劳动成为"生活的第一需要"。确切地说,劳动的解放就是要实现双重扬弃:不仅仅要扬弃其异化本质进而实现无产阶级的政治解放,更彻底地要扬弃其抽象的物化形式进而实现惠

---

① 涂良川,胡海波.论马克思的分配正义思想[J].现代哲学,2009(2).

及全人类的社会革命。马克思的分配正义正是在此意义上开启了双重视野：劳动和需要。为了能够清晰地阐明马克思分配正义之"超越正义"的理论特质，本节从以下三个方面来展开论述马克思分配正义的双重视野——劳动与需要。第一个方面是"生产劳动对分配问题的感性还原"，以此阐述马克思将分配问题奠基于人类社会的生产劳动之中，由此，马克思才能构建具体的批判资本主义社会分配现实的话语体系。第二个方面是"'劳动权利'对雇佣劳动的现实批判"，以此阐述马克思对资本主义社会分配现实的具体批判。对于这一批判，我们不能仅仅从外在意义上来理解，我们应该将其当作马克思对现代性的重构以及对人类解放事业的探索。第三个方面是"'劳动需要'对需要体系的价值规范"，以此阐述马克思分配正义的终极诉求，使劳动成为"生活的第一需要"，而不仅仅是"生存的第一需要"。

（一）生产劳动对分配问题的感性还原

对于分配，马克思不是从市民权利抽象进入，而是从人的现实活动感性进入。生产劳动是创造分配对象的现实的感性实践，是市民分配权利的现实根基，因而也是对分配本质的直接呈现和感性还原。在这个意义上，分配不像罗尔斯所认为的那样是利益与负担的简单派送，而是人真正享有自己的感性创造物的原则与方式。因此，生产劳动既是社会分配制度设计的感性参照，也是分配正义实现的现实评判。现实的历史的人的感性活动，是马克思批判资本主义制度和建构正义秩序的生存论根基。"一切社会变迁和政治变革的终极原因，不应当到人们的头脑中，到人们对永恒的真理和正义的日益增进的认识中去寻找，而应当到生产方式和交换方式的变更中去寻找。"[①]因此，生产及其成果是个人获得、占有和享受社会产品的分配正义必须根植的

---

① 马克思恩格斯选集：第三卷[M].北京：人民出版社，1995：741.

历史前提。而且,人最基本的"生产"以两种形式——人的体力和智力及其基础上所形成的社会分工——规范了建基于其上的人的"需要"之内容及其满足的方式与程度。

作为直接的感性存在,人的体力与智力以及欲望和需要首先构成个人"为了在对自身生活有用的形式上占有自然物质"的基础。而在人与自然界进行物质变换的过程中,"由于天赋(例如体力)、需要、偶然性等等才自发地或'自然地'形成"的分工形成了"社会劳动的自然力"。分工使得相对不发展的劳动生产率创造了有限的剩余产品和剩余时间。这既使自由变得可能,更使其奴役现实。"只要实际劳动的居民必须占用很多时间来从事自己的必要劳动,因而没有多余的时间来从事社会的公共事务——劳动管理、国家事务、法律事务、艺术、科学等等,总是必然有一个脱离实际劳动的特殊阶级来从事这些事务;而且这个阶级为了它自己的利益,从来不会错过机会来把越来越沉重的劳动负担加到劳动群众的肩上。"①由此,"精神活动和物质活动、享受和劳动、生产和消费由不同的个人来分担"②,而"人本身的活动对人来说就成为一种异己的、同他对立的力量,这种力量压迫着人,而不是人驾驭着这种力量"③。其后果是,在市民社会的商品交换中,劳动"出离"自身。劳动及其对象作为商品,作为谋生和牟利的手段,作为无生命的抽象物与人的本质需要对立。商品所有者的权利,使自由变得可能和现实,也使奴役变得合理与隐蔽。

生产力的相对落后使剩余产品和剩余时间相对不足。这就必然导致一部分社会成员的生命活动完全被束缚在繁重的物质生产中,把生命活动当作一种谋生手段。而凭借偶然性占有剩余产品和剩余时间的社会成员则在

---

① 马克思恩格斯选集:第三卷[M].北京:人民出版社,1995:525.
② 马克思恩格斯文集:第一卷[M].北京:人民出版社,2009:535.
③ 马克思恩格斯文集:第一卷[M].北京:人民出版社,2009:537.

物质生产以外的领域从事高级活动，以至于自觉或不自觉地侵占他人的生产劳动及其成果。所以，"只有通过大工业所达到的生产力的大大提高，才有可能把劳动无例外地分配于一切社会成员，从而把每个人的劳动时间大大缩短，使一切人都有足够的自由时间来参加社会的理论的和实际的公共事务。因此，只是在现在，任何统治阶级和剥削阶级才成为多余的，而且成为社会发展的障碍"①。充分而彻底地消灭资本主义物化劳动及其政治统治，只有在生产力获得持久而高速发展的基础上才成为可能。否则，"只会有贫穷、极端贫困的普遍化；而在极端贫困的情况下，必须重新开始争取必需品的斗争，全部陈腐污浊的东西又要死灰复燃"②。

马克思认为，"生产方式和交换方式"的自然必然性以生产劳动的方式内化为现实的人的感性活动的历史必然性。一方面，劳动在历史现实的层面上是人的本质力量的自我展开和自我确证；另一方面，劳动在观念层面上使扬弃私有财产及其享受的直接性、片面性和单纯的奴役成为可能。因此，表现生产劳动生存论意义的分配自然就具有了双重意义。其一，以获得的方式扬弃占有的支配性本质，"对私有财产的扬弃，是人的一切感觉和特性的彻底解放"③。其二，以占有的方式获得生产劳动的感性直接性与形上价值。

首先，生产劳动是人类历史的终极的无可辩驳的自我确证，是"整个文化和文明的世界"诞生的秘密。马克思指出："整个所谓世界历史不外是人通过人的劳动而诞生的过程，是自然界对人来说的生成过程，所以关于他通过自身而诞生、关于他的形成过程，他有直观的、无可辩驳的证明。"④这就将传统哲学的本体论追问从天国拉回到尘世，将"思想客观性"的居所从先验或

---

① 马克思恩格斯选集:第三卷[M].北京:人民出版社,1995:525.

② 马克思恩格斯文集:第一卷[M].北京:人民出版社,2009:538.

③ 马克思恩格斯文集:第一卷[M].北京:人民出版社,2009:190.

④ 马克思恩格斯文集:第一卷[M].北京:人民出版社,2009:196.

超验的"我思"拉回到现实实践中来。这是第一次将历史领域中的抽象唯心主义去除殆尽,将其从神秘主义中拯救出来,使其唯物地呈现自身得以可能。不仅如此,就连始终被抽象"静观"所统治的自然科学也在"人的活动"①中找到了"抛弃它的抽象物质的方向,或者更确切地说,是抛弃唯心主义方向"②的现实根基。

其次,生产劳动是"个体是社会存在物"的终极的无可辩驳的自我确证——这是批判一切物化原则的根本立足点。物化原则总是将人与社会的外在分裂当作自然前提,企图通过物体系来弥合个人与社会之间的外在分裂,其结果正相反,这种物体系反而遮蔽了个人与社会相分裂的事实。马克思指出:"首先应当避免重新把'社会'当做抽象的东西同个体对立起来。"③人只有在由生产劳动所结成的现实的生活关系之中才能超越动物般的生存模式,才能将对人的本质的理解提升到"单个人所固有的抽象物"之上,进而在活生生的现实生活之中领会到人的本质是"一切社会关系的总和"④。因而,人的"关系"是真实的物质生活关系,人的"关系"是"为我"的,不是为超验的神秘物而存在。

(二)"劳动权利"对雇佣劳动的现实批判

雇佣劳动制度下的分配使人最现实的权利与责任——劳动权利成为虚幻。如何破解基于私有制的雇佣劳动分配体制,一直是马克思分配正义要解决的核心问题。为此,马克思将分配正义的研究触角伸向了最为现实的经济生活领域及其基础上的国民经济学,并将劳动权利的获得与享有作为问题的核心。

---

① 马克思恩格斯文集:第九卷[M].北京:人民出版社,2009:482.
② 马克思恩格斯文集:第一卷[M].北京:人民出版社,2009:193.
③ 马克思恩格斯文集:第一卷[M].北京:人民出版社,2009:188.
④ 马克思恩格斯文集:第一卷[M].北京:人民出版社,2009:505.

　　国民经济学的直观扼杀了其本应具有的批判本性，也就不可能在本质意义上理解分配问题。国民经济学关注着劳动者的悲惨境遇，但其市民社会和商品交换的立足点使其沦为抽象的和非现实的虚假观念。它从"外在的有用性"的意义上将生产劳动作为科学的研究对象，通过幸福与功利的叠加来解决分配问题。但是"由于政治经济学同爱国主义混合在一起，所以，一般幸福口号往往暗含着国家利益的主张；由于理论是在划分阶级的社会里建立起来的，所以，口号表示了对一特定阶级的同情，并在增进国家财富的掩护下鼓吹有利于那个阶级的政策。"①斯密认为："由于人类的这些劳动，地球已经不得不加倍提高她的自然生产力，并且维持为数更多的居民。"②而面对社会个体的惨淡境遇时，斯密便劝慰人们要秉持"不动心"，去寻求"真正的人生幸福所赖以构成的那些要素"即"身体的自在与心情的平静"。③非批判的国民经济学的分配正义理想在现实中被摔得粉碎，其结果是"物的世界的增殖同人的世界的贬值成正比"。这一悖论源于国民经济学对资本主义权利悖反逻辑的直接肯认。洛克的"劳动增益"确立了早期资产阶级财产所有权，而亚当·斯密则提出："每个人自己拥有的劳动财产权是一切其它财产权的主要基础，所以，这种财产权是最神圣不可侵犯的。一个穷人所有的世袭财产，就是他的体力和技巧。"④但是这些都只是对分配根基的直观，实质上"消费资料的任何一种分配，都不过是生产条件本身分配的结果"⑤。国民经济学没有深入生产资料所有制的历史与现实，进而它就不理解资本生产中的所有权转移，"把资本生成的条件说成是资本现在实现的条件"⑥。

---

①　[英]琼·罗宾逊，等.现代经济学导论[M].陈彪如，译.北京：商务印书馆，1982：6.

②　[英]亚当·斯密.道德情操论[M].谢宗林，译.北京：中央编译出版社，2011：226.

③　[英]亚当·斯密.道德情操论[M].谢宗林，译.北京：中央编译出版社，2011：227.

④　李惠斌.劳动产权概念：历史溯源及其现实意义[J].马克思主义与现实，2004(5).

⑤　马克思恩格斯选集：第三卷[M].北京：人民出版社，1995：306.

⑥　马克思恩格斯文集：第八卷[M].北京：人民出版社，2009：109.

拨开常识的直观,我们发现基于雇佣劳动、最能体现自由个性与市民权利的平等分配实质上是"科学""合理"地剥夺劳动权利的分配,是资本主义私有制的奴役与剥削本性的正义伪装。"现代的资产阶级私有制是建立在阶级对立上面、建立在一些人对另一些人的剥削上面的产品生产和占有的最后而又最完备的表现。"①这既是资本主义私有财产不断涌流的基础,又是资本主义奴役和剥削的根基。而且,市民权利的自由性使劳资双方以商品所有者的身份在市场上"等价"交换,这进一步使得雇佣劳动分配的不公平具有自然性、合理性。因而,资产阶级权利的本质是利用物质生产条件来无偿占有他人劳动的权利,其实现方式是雇佣劳动。通过雇佣劳动这一生产关系,劳动仅仅作为商品而得到它的交换价值,而其作为本质力量确证的具体活动却被资产者当作使用价值占为己有———这正是商品交换的"等价"原则。"生产的物质条件以资本和地产的形式掌握在非劳动者手中,而人民大众所有的只是生产的人身条件,即劳动力。既然生产的要素是这样分配的,那么自然就产生现在这样的消费资料的分配。"②

如果马克思的生产劳动在生存论的根基上扬弃了私有财产及其享受的直接性、片面性以及占有性,从而在世界观层面实现了劳动对人的本质力量的确证;那么"劳动权利"必须现实地消除资产阶级权利的奴役性和支配性。这既预示着马克思分配正义的实现,也预示马克思政治理想的实现。因此,在马克思分配正义的视阈中,以劳动为尺度的权利是一种"不平等权利"。马克思直接宣布:"权利就不应该是平等的,而应当是不平等的。"③就个人而言,这或许在某种程度上具有了"按需分配"的迹象。因此,这一理念只有在现实地消除雇佣劳动的前提下才成为真实的,按劳分配便集中地表达了这一哲学理念。按劳分配的实质在于,通过无产阶级的政治解放,实现生产资

---

① 马克思恩格斯文集:第二卷[M].北京:人民出版社,2009:45.

②③ 马克思恩格斯选集:第三卷[M].北京:人民出版社,1995:306.

料的共同占有,进而废除雇佣劳动,将所有社会成员都提升为劳动者,使劳动成为"生存的第一需要",进而为范围更深更广的社会革命创造物质条件和精神力量。具体而言,"在一个集体的、以生产资料公有为基础的社会中,生产者不交换自己的产品;用在产品上的劳动,在这里也不表现为这些产品的价值,不表现为这些产品所具有的某种物的属性,因为这时和资本主义社会相反,个人的劳动不再经过迂回曲折的道路,而是直接作为总劳动的组成部分存在着"①。由此,按劳分配扬弃了资本主义的商品交换,即劳动"出离"自身的异化。劳动的牟利性质从根本上被消解了。虽然劳动的谋生功能依然存在,但"它不承认任何阶级差别,因为每个人都像其它人一样只是劳动者"②。这就将劳动权利归还给了人本身。

因此,个人占有社会产品的分配尺度,不再是其在共有土地上单纯依靠个人自然力的"劳动增益",而是"劳动贡献"——"每一个生产者,在作了各项扣除以后,正好是他给予社会的。他给予社会的,就是他个人的劳动量"③。当然,基于劳动权利的"劳动贡献"必然会面临着贫富差距,但这并不必然会产生控制与支配的奴役后果。马克思在原则上强调,"共产主义并不剥夺任何人占有社会产品的权力,它只剥夺利用这种占有去奴役他人劳动的权力"④。共产主义初级阶段下的按劳分配必然应秉承这一原则的现实品格。这一共产主义原则的实践规范就在于:"除了自己的劳动,谁都不能提供其它任何东西,另一方面,除了个人的消费资料,没有任何东西可以转为个人的财产。"⑤这一实践规范在以下三个方面表明共产主义分配原则完全规避了控制与支配的奴役后果:第一,历史唯物主义世界观已经无可辩驳地证明了劳动是人类历史和"个人是社会存在物"的本质确证;第二,因为财产来源的稳固而可

①② 马克思恩格斯选集:第三卷[M].北京:人民出版社,1995:306.
③⑤ 马克思恩格斯选集:第三卷[M].北京:人民出版社,1995:304.
④ 马克思恩格斯文集:第二卷[M].北京:人民出版社,2009:47.

靠的保障即资产阶级私有制和雇佣劳动已经被消除，个人财产积累完全是偶然结果；第三，按劳分配将社会成员还原成劳动者，而劳动能力和生存境遇完全是偶然所得，这就使得所有社会成员都默认了一个"帕累托最优"协议。

（三）"劳动需要"对需要体系的价值规范

马克思的分配正义对分配问题的"感性还原"，以"不平等权利"刻画了分配的现实，这是从根底处重新界定了分配正义的人类性视阈。"不平等权利"既是马克思分配正义的政治哲学前提，又是马克思对自由主义"平等权利"的根本批判，是基于自然差异的社会平等。自由主义的"平等权利"是对社会历史的抽象，是基于自然的抽象平等。平等只是实体权利的平等，而非自由个性发展和实现的平等。马克思的"不平等权利"关照的是自由个性的充分实现。因此，马克思基于"不平等权利"的分配就是以现实占有与享有的感性方式实现需要的满足、本质的获得和本性的生成。分配的尺度既是分配活动的评判原则，也是分配活动人类性意蕴的体现。劳动与需要必然成为分配的双重规范与价值导引。

马克思肯定生产劳动对分配的感性还原，这就意味着他是从双重意义上来看待现代分配的。其一，肯定了资本主义的生产劳动对传统分配原则的变革，分配的根据是生产劳动、人的活动及其成果而非个体的族群，这构造了现代解放的前提。其二，批判了资本主义雇佣劳动的分配异化，它剥夺了人的最基本的劳动权利。基于劳动和需要的分配正义，是对资产阶级平等权利的现实扬弃，是无产阶级政治解放和社会解放的哲学表达。分配正义的实现，就是要将劳动和需要这两条原则具体贯彻到社会之中。因此，无产阶级的解放、社会革命的实现是分配正义真正得以实现的历史的与现实的前提。当然，将劳动和需要真正内化为分配的尺度与原则需要一个长期的历史过程。正如列宁所言:"一旦社会全体成员在占有生产资料方面的平等即劳动平等、工资平等实现以后,在人类面前不可避免地立即就会产生一个问题:要更进一步,从形式上的平等进到事实上的平等,即实现'各尽所能,按需分配'的原则。"①按劳分配将社会成员全部提升为劳动者,就此而言,劳动虽然是"生存的第一需要",但还不是"生活的第一需要"。虽然按劳分配中包含着按需分配的迹象,但"劳动权利"的实现在更深更广的范围内仍然带有自然必然性的外在限制,尤其是在个人能力与需要互不对称的情形下。这就制约着自由个性的实现。正因此,"劳动权利"只不过是一种以劳动能力和劳动贡献为媒介的政治统治的基础。因此,马克思要彻底地实现"不平等权利",将劳动实现为"生活的第一需要"。因此,社会革命所要实现的平等是扬弃了政治统治的无条件的平等。

如果劳动成为"生活的第一需要",人在分配中就必然会超越对需要的一般性的直接理解,进而将其作为与自由的实现必然相关的前提。我们知道,马克思的"按需分配"是对人的自由状态的一种理论表达。而需要是历史的人性内涵与人性的历史本质的现实承载,因此,不存在超越历史的需要,更不存在远离需要的历史。人通过自己的劳动在历史中创造需要的物质前提,表达其对自身自由个性的历史把握。所以,劳动作为需要,实质上是塑造自由个性的本质性需要。"我们必须从我,从经验的、有血有肉的个人出发,不是为了像施蒂纳那样陷在里面,而是为了从那里上升到'人'。"②由此,分配如何保障与促进劳动成为"生活的第一需要",就是衡量其正义与否的根本原则。

首先,劳动作为"生活的第一需要"说明了自由的普遍实现。虽然必然王

---

① 列宁专题文集:论社会主义[M].北京:人民出版社,2009:39.
② 马克思恩格斯文集:第十卷[M].北京:人民出版社,2009:25.

国是"人和自然之间的物质变换的一般条件"①,但我们还是能够扬弃必然王国的单纯抽象的物化形式,使其成为自由个性的基础,"个性的劳动也不再表现为劳动,而表现为活动本身的充分发展,而在这种发展状况下,直接形式的自然必然性消失了。这是因为一种历史地形成的需要代替了自然的需要"②。

其次,劳动成为"生活的第一需要"是以自由主体是否生成为判断原则的。马克思指出,贫困社会的财富尺度是劳动时间,而在共产主义社会,"财富的尺度决不再是劳动时间,而是可以自由支配的时间"③。这种自由时间不仅仅是人的感性生命的内在尺度,更为个人的全面发展延展了范围更深更广的社会空间,因而"整个人类的发展,就其超出人的自然存在所直接需要的发展来说,无非是对这种自由时间的运用,并且整个人类发展的前提就是把这种自由时间作为必要的基础"④。这样来看,"自由时间——不论是闲暇时间还是从事较高级活动的时间——自然要把占有它的人变成另一主体"⑤,其所从事的高级活动必然是"一个主体的人的紧张活动,这个主体不是以单纯自然的,自然形成的形式出现在生产过程中,而是作为支配一切自然力的活动出现在生产过程中"⑥。

由上可知,马克思的分配正义将劳动与需要作为核心,确证了资本主义基于雇佣劳动的分配正义的内在悖反,重新建构了刻画人的自由个性的现代权利及其分配原则。这既在理论与实践上回应了现代分配正义的主题转换,也彰显了"不平等权利"的权利观念和"各尽所能,按需分配"的真实内

---

① 马克思恩格斯选集:第三卷[M].北京:人民出版社,1995:181.
② 马克思恩格斯文集:第八卷[M].北京:人民出版社,2009:69-70.
③ 马克思恩格斯文集:第八卷[M].北京:人民出版社,2009:200.
④ 马克思恩格斯全集:第32卷[M].北京:人民出版社,1998:21.
⑤ 马克思恩格斯文集:第八卷[M].北京:人民出版社,2009:204.
⑥ 马克思恩格斯文集:第八卷[M].北京:人民出版社,2009:174.

涵。在劳动与需要的意义上,分配正义便与现实的人的存在方式发生了本质性的内在关联。分配正义所欲实现的目标是自由个性,将劳动变成"生活的第一需要"。在"超越正义"的意义上,分配并不仅仅在于利益与负担的简单派送,而是从根本上关乎着个体享有人类文明与社会进步成果的基本方式,关乎着个人"安身立命"的生活根基,关乎着个体对生存论层面上的本真意义的寻求。

第五章 "超越正义"的理论与实践探索

在第四章中,我们分别从理论逻辑、事实逻辑以及意义逻辑三个层面探讨了罗尔斯"良序社会"并不如其所述的那样"良序"。其一,在理论逻辑上,为了谋求政治生活的稳定性,罗尔斯悬搁了其他与人的生存密切相关的价值,在某种程度上,其政治正义原则摇摆于"完备性学说"和"权宜之计"之间。其二,在事实逻辑上,罗尔斯的"良序社会"无法回应"市场社会""劳动力成为商品"以及资本逻辑所带来的伦理困境,而这些伦理困境正是被其无知之幕所遮蔽的特殊性的社会历史信息。其三,在意义逻辑上,罗尔斯的"良序社会"仅仅将分配活动看作权利与义务、利益和职责的简单派送,忽视了分配活动与人的存在方式之间的本质性关联。这就要求我们超越罗尔斯政治正义的狭隘眼界,去寻求"良序社会"所应具有的"超越正义"的人类性意义。这一"超越正义"的人类性意义将直面被罗尔斯的无知之幕所掩盖的特殊的社会历史事实,尤其是资本主义社会的政治经济现实,力图对之做出反思和表征,进而寻求破解谜题的钥匙。在这里,所谓"超越正义",并不意味着放弃"正义",也不意味着否定"正义",而是从生存论的意义上为政治"正义"补上其理论和实践上的缺环。在这个意义上,"超越正义"就是要超越对"正义"的通常理解,在对"正义"的理解上展开一场"术语的革命"。人们通常像罗尔斯那样把"正义"限制在政治层面,把"正义"理解为一种政治正义。但是这种理解悬设了一个不证自明的前提,即人是政治的动物,政治性存在是人的第一存在。实际上,政治本身并不是一个自足的领域,它深深地受制于具体历史环境中人的存在方式。

因此,"超越正义"的要求就是将"正义"所适用的对象从政治领域扩展到人的存在方式。就人的存在方式而言,所谓"正义",其表征的意义就在于,"现实的历史的人""自己构成自己"的内涵逻辑。在这个意义上,"超越正义"的理论探索就是要阐述"现实的历史的人""自己构成自己"的内涵逻辑,并以此内涵逻辑为基础,一方面揭露出资本主义社会中被物与物之间的平等关系所掩盖的人与人之间的支配关系,另一方面科学地指出人类解放的现实道路,即共产主义。而"超越正义"的实践探索,就是要直面当代资本主义社会的新发展,在社会关系和个体两个层面上具体地展开一场"哥白尼式革命"。一方面,要在新的历史条件下深化马克思的政治经济学批判,在宏观层面驯服资本逻辑,使资本成为人的工具;另一方面,要借鉴当代生命政治学批判的有益成果,在微观层面上对革命主体进行再启蒙,使其再度获得无产阶级的阶级意识。

一、作为历史的内涵逻辑的历史唯物主义

就人的存在方式而言,"正义"所表征的是"现实的历史的人""自己构成自己"的内涵逻辑。这一内涵逻辑首先以思想自我运动的方式被黑格尔所把握到。在黑格尔看来,哲学是"思想中所把握到的时代"。唯有在思想的自我运动的过程中,时代生活才能展开并获得意义,也唯有在思想的自我否定的过程中,时代生活的困境才能够被扬弃。在这个意义上,尽管黑格尔洞见到

了市民社会中个人与共同体的分裂，但是他企图将这种分裂包容和扬弃在国家伦理之中。在马克思看来，黑格尔的这种"国家决定市民社会"的超越之路是一种"非批判的实证主义"，"他只是为历史的运动找到抽象的、逻辑的、思辨的表达，这种历史还不是作为既定的主体的人的现实历史，而只是人的产生的活动、人的形成的历史"①。与黑格尔不同，在马克思看来，哲学是"时代精神的精华"和"文明的活的灵魂"。马克思赋予这一内涵逻辑的实在主体以现实性内涵，使之从思想变成了"现实的历史的人"。因此，黑格尔哲学建构的是一种概念的内涵逻辑，而马克思主义哲学建构的是一种历史的内涵逻辑。马克思将被异化为概念的能动性还给"现实的历史的人"，将"现实的历史的人"看作人类历史的真实创造者。由此，作为历史的内涵逻辑的马克思主义哲学，不仅是密涅瓦的猫头鹰，反思与表征时代精神，揭露时代生活的困境及其根本症结，而且是高卢的雄鸡，塑造和引导新的时代精神，为人类走出时代困境并最终实现自我解放寻求现实道路。

（一）概念的内涵逻辑与资本主义文明的哲学表征

列宁曾经在"伯尔尼笔记"中站在黑格尔逻辑学的高度来重新理解了马克思主义哲学，尤其是其代表性著作《资本论》。列宁指出："虽说马克思没有遗留下'逻辑'（大写字母的），但他遗留下《资本论》的逻辑，应当充分地利用这种逻辑来解决这一问题。在《资本论》中，唯物主义的逻辑、辩证法和认识论不必要三个词：它们是同一个东西都应用于一门科学，这种唯物主义从黑格尔那里吸取了全部有价值的东西并发展了这些有价值的东西。"②从这段论述中，我们可以获得以下四个重要信息。其一，马克思《资本论》的逻辑可以解决马克思没有遗留下"大写字母"的逻辑这一问题，换句话说，在某种程

---

① 马克思恩格斯文集：第一卷[M].北京：人民出版社，2009：210.

② 列宁专题文集：论辩证唯物主义和历史唯物主义[M].北京：人民出版社，2009：145.

度上,《资本论》的逻辑就是马克思的"大写字母"的逻辑。其二,马克思的《资本论》的逻辑体现为唯物主义的逻辑、辩证法和认识论的"三者一致"。其三,逻辑、辩证法和认识论的"三者一致"是黑格尔哲学中"全部有价值的东西"。其四,列宁认为,在哲学史上有人留下"大写字母"的逻辑,那就是黑格尔哲学所实现的逻辑、辩证法和认识论的"三者一致"。因此,要想理解马克思的"大写字母"的逻辑,首要任务就在于理解黑格尔哲学"全部有价值的东西",即逻辑、辩证法与认识论的"三者一致"。唯有在这个"三者一致"的基础上,我们才能廓清马克思的《资本论》逻辑的思想前提,才能拨开黑格尔哲学思辨唯心主义的重重迷雾,洞见到马克思主义哲学意义上的"大写字母"的逻辑。这种借由黑格尔哲学来通达马克思的做法从根本上是符合马克思的本意的,因为马克思在《资本论》第二版跋中明确承认自己是黑格尔这位辩证法大师的学生,其目的在于拯救在黑格尔手里被神秘化了的辩证法,使之真正变成对现存一切进行无情的批判和彻底的否定的"投枪"和"匕首"。

那么,如何理解黑格尔哲学中"全部有价值的东西"呢?我们不得不从列宁的经典论述尤其是其关于黑格尔逻辑学的《哲学笔记》出发来具体地理解。列宁曾经精辟地概括出:"黑格尔逻辑学的总结和概要、最高成就和实质,就是辩证的方法,——这就绝妙的。还有一点:在黑格尔这部最唯心的著作中,唯心主义最少,唯物主义最多。'矛盾',然而是事实!"①在这里,列宁认为,黑格尔的逻辑学的"内核"是辩证法,这使其逻辑学变得唯物起来,更接近于"聪明的唯物主义"。"在《哲学笔记》中,'辩证法也就是认识论'同'辩证法也就是逻辑学',并不是相互独立的两个论断,而是从两个不同的角度所形成的关于'问题的本质'的具有共同的思想内涵的同一个判断。"②首先,什么是"辩证法也就是逻辑学"? 在列宁看来,概念范畴是人类认识之网上的

① 列宁全集:第55卷[M].北京:人民出版社,2017:202-203.
② 孙正聿.马克思主义辩证法研究[M].北京:北京师范大学出版社,2017:112.

"网上纽结",它们不是抽象空洞的形式,而是包含着特殊性东西的具体普遍。因此,范畴之间的产生、消灭和相互过渡,并不是抽象形式之间的无原则的相互转换(这种无原则的范畴转化实际上是脱离具体内容的可以在任何场合套用的形式思维,是一种"诡辩论"),实际上指向或"反映"人类认识和改造对象世界的历史性发展过程。其次,什么是"辩证法也就是认识论"? 近代哲学的主题是探讨"认识何以可能"的认识论,它首次自觉到了作为哲学基本问题的"思维和存在的关系问题"并将之摆在了基础性地位。那么,"辩证法也就是认识论",意指要在哲学基本问题即"思维与存在的关系问题"的框架内来阐释辩证法。在列宁看来,这是"问题的实质",而不是"问题的一个'方面'"。①

由上可知,"辩证法就是逻辑学"强调的是形式与内容的统一,"辩证法就是认识论"强调的是思维与存在的关系。二者表明,逻辑、辩证法和认识论的"三者一致"要求从主体与客体相统一的意义上去理解逻辑学。只有在主体与客体相统一的意义上,逻辑学才是"大写字母"的内涵逻辑,而不是某一种技术性的或工具性的思维逻辑:既不是沉入杂多材料中的内容逻辑,也不是以脱离内容为骄傲的形式逻辑。这种"大写字母"的内涵逻辑表征的是一种"自己构成自己的道路"。在我们看来,黑格尔的"大写字母"的内涵逻辑是概念或思想的内涵逻辑,是思想"自己构成自己"的逻辑。如果站在人类文明进程的高度来看,黑格尔局限于思想内部的"大写字母"的内涵逻辑是个体理性趋向于普遍理性的逻辑,是个体自我在"非神圣形象"中自我异化的逻辑,是个人受"抽象"统治的逻辑,实际上是对资本主义文明的哲学表征。接下来,我们就从思想的内涵逻辑和文明的哲学表征这两个方面来阐释黑格尔"大写字母"逻辑的创造性与局限性。

---

① 列宁全集:第 55 卷[M].北京:人民出版社,2017:308.

　　黑格尔"大写字母"的内涵逻辑是思想"自己构成自己"的内涵逻辑。在黑格尔看来,辩证法的运动过程实际上就是概念的运动过程。概念是形式与内容的统一,是思维与存在的统一。作为形式,概念"包含一切充实的内容在自身内,并同时又不为内容所限制或束缚",也就是说,概念既不是"过渡到他物",也不是"映现于他物",而是表现为"一种发展",是"思想自己构成自己"的内涵逻辑。黑格尔指出,作为一种自我发展的内涵逻辑,概念本身内在地包含普遍性、特殊性和个体性这三个环节,"每一个环节只有直接地自它的对方而来并和它的对方一起,才可以得到理解"。概念是一个有生命的整体,而不是逻辑的枯骨,在这一整体中,全体的自由性与环节的必然性才实现统一。而这就是"哲学体系"的实质。"哲学若没有体系,就不能成为科学。没有体系的哲学理论,只能表示个人主观的特殊心情,它的内容必定是带偶然性的。哲学的内容,只有作为全体的有机环节,才能得到正确的证明,否则便只能是无根据的假设或个人主观的确信而已。"①只有在"哲学体系"中,概念范畴才能够实现时代性与人类性、历时态与共时态、历史与逻辑的相互统一。但是,辩证法在黑格尔的手中"神秘化了",成了"无人身的理性"的自我运动。黑格尔将"能思者"变成了"能思者的思维","黑格尔陷入幻觉,把实在理解为自我综合、自我深化和自我运动的思维的结果"。②这样的话,作为辩证法的核心和灵魂的"否定"就仅仅发生在思维领域,发生在思想内部,与现实活生生的社会历史相隔绝,"全部外化历史和外化的全部消除,不过是抽象的、绝对的思维的生产史,即逻辑的思辨的思维的生产史"③。因此,尽管黑格尔致力于实现形式与内容、思维与存在的统一,但是这种统一在抽象的思维领域却变成了"和解","否定"的革命性内涵被阉割,只具有否定性的外

---

① 　[德]黑格尔.小逻辑[M].贺麟,译.北京:商务印书馆,1980:56.
② 　马克思恩格斯文集:第八卷[M].北京:人民出版社,2009:25.
③ 　马克思恩格斯文集:第一卷[M].北京:人民出版社,2009:203.

观。正如阿多诺所指出的那样,"在黑格尔那里,在辩证法的最核心之处,一种反辩证法的原则占了优势"①。

黑格尔"大写字母"的内涵逻辑是对资本主义文明的哲学表征。黑格尔思想的内涵逻辑主张在思维领域和思想内部实现形式与内容、思维与存在的统一,实际上是通过人受"抽象"概念的统治来表征人在"非神圣形象"中的自我异化。这种"非神圣形象",一方面是以黑格尔的"绝对精神"为代表的普遍理性,另一方面是指资本主义社会的普照光即"资本"。前者使后者具有"光彩",后者使前者更为坚固。这种"非神圣形象"的终极形态是内在形而上学与资本逻辑的"共谋",共同表征着资本主义的社会现实。"现实的人及其历史发展"不是活生生的"自己构成自己"的过程,而是变成了内在形而上学和资本逻辑的"注脚"和工具。正如马克思所言:"辩证法,在其神秘形式上,成了德国的时髦东西,因为它似乎使现存事物显得光彩。辩证法,在其合理形态上,引起资产阶级及其空论主义的代言人的恼怒和恐怖,因为辩证法在对现存事物的肯定的理解中同时包含对现存事物的否定的理解,即对现存事物的必然灭亡的理解。"②

《法哲学批判》集中体现着黑格尔对市民社会的思考。黑格尔洞见到了市民社会中的个人与共同体、特殊性与普遍性的分裂,但他不像康德那样忧心忡忡地为其寻求道德上的补救措施。黑格尔乐观地将特殊性看作伦理精神发展的一个内在环节。在黑格尔看来,"特殊性本身是没有节制的,没有尺度的,而这种无节制所采取的诸形式本身也是没有尺度的"③。这种特殊性对于古代狭隘脆弱的城邦政治而言,无疑具有巨大的冲击力,被其看作"伤风败俗,以及它们衰亡的最终原因"④。与之形成对照的是,正是现代社会生活

① [德]阿多诺.否定的辩证法[M].张峰,译.重庆:重庆出版社,1993:156-157.
② 马克思恩格斯文集:第五卷[M].北京:人民出版社,2009:22.
③ [德]黑格尔.法哲学原理[M].邓安庆,译.北京:商务印书馆,2016:332.
④ [德]黑格尔.法哲学原理[M].邓安庆,译.北京:商务印书馆,2016:331.

在深度和强度上的巨大拓展,特殊性原则才能获得长足发展的可能性空间,而这种长足发展并不会从根本上破坏社会生活的统一性。"现代国家的原则具有这样一种惊人的力量和深度,把主体性的原则推向完成,成为独立的个人特殊性的极端,而同时又使它回复到实体性的统一,于是在它本身中保存这种统一。"①在黑格尔看来,这才是国家与市民社会的真实关系。政治国家,尤其是现代国家,就其自身而言具有内在价值,是绝对精神自身的客观显现。"由于在科学概念的进程中国家是作为结果显现出来的,同时它又经证明为真实的基础,所以那种中介和那种假象都被扬弃了,而使自己成为一种非常直接性的东西。因此在现实性上国家总的来说毋宁是最先之物,在国家内部只有家庭发达起来才过渡到市民社会,而且也正是国家的理念本身,把自身划分为这两个环节。"②正是在这个意义上,黑格尔指出,个人具有一种从市民社会走向政治国家的内在需要。这种需要是向自身本质复归的本体性需要,它从根本上表征着个人作为共同体一员的生命自觉。"人类的理性使命就是,生活于国家之中,纵使国家尚未此在,然而建立国家的理性要求却已现成存在。"③

由此可见,黑格尔的神秘形式的辩证法(思想的内涵逻辑),一方面揭示出了"大写字母"的逻辑的实质性内容,即"思想自己构成自己"的内涵逻辑;另一方面也表征了资本主义文明的异化本质,即人在"非神圣形象"中的自我异化。在"从黑格尔那里吸取了全部有价值的东西并发展了这些有价值的东西"④的基础上,马克思拯救了被黑格尔神秘化了的辩证法,恢复其"合理形态",进而揭露并扬弃人在"非神圣形象"中的自我异化,将"大写字母"的

---

① [德]黑格尔.法哲学原理[M].邓安庆,译.北京:商务印书馆,2016:390.

② [德]黑格尔.法哲学原理[M].邓安庆,译.北京:商务印书馆,2016:382.

③ [德]黑格尔.法哲学原理[M].邓安庆,译.北京:商务印书馆,2016:149.

④ 列宁全集:第55卷[M].北京:人民出版社,2017:290.

逻辑从思想的内涵逻辑转变为历史的内涵逻辑,将"真理何以可能"的问题转变为"解放何以可能"的问题,最终将"为历史服务的哲学的任务"规定为"确立此岸世界的真理"。

(二)历史的内涵逻辑与"天才世界观"

黑格尔思想的内涵逻辑已经表明,"大写字母"的逻辑不是某一种技术性或工具性的思维逻辑,而是一种实在主体"自己构成自己"的运动。在黑格尔那里,实在主体是"思想",而在马克思这里,实在主体只能是"现实的历史的人"。以"现实的历史的人"为实在主体的内涵逻辑是历史的内涵逻辑,是"现实的历史的人""自己构成自己"的运动逻辑。在马克思看来,历史不过是"现实的历史的人"追求自己目的的自我活动而已,不过是"现实的人及其历史发展"。因此,理解马克思的历史的内涵逻辑的两个关键性的概念是"现实的历史的人"及其"感性活动",可以说,"现实的历史的人""自己构成自己"的活动就是"感性活动"。因此,只有在这两个概念所展开的视阈中,我们才能够真实地把握马克思主义哲学"大写字母"的逻辑,以及这种历史的内涵逻辑所蕴含着的"天才世界观"。

对于费尔巴哈,马克思的理论态度经历了前后两个阶段。在《1844年经济学哲学手稿》之前的著作中,马克思基本上是一个费尔巴哈主义者,他用费尔巴哈式的主谓颠倒逻辑来批判黑格尔的法哲学。而在《1844年经济学哲学手稿》中,马克思对费尔巴哈的态度发生了微妙的变化,一方面马克思总结了费尔巴哈的"伟大功绩",另一方面就黑格尔辩证法问题对费尔巴哈进行了指责。最终,在《德意志意识形态》中,马克思创立了唯物史观,开始对费尔巴哈哲学进行清理,在原则性的高度上指出,"费尔巴哈设定的是'人',而不是'现实的历史的人'"①。可以说,"现实的历史的人"是马克思批判以费尔巴哈为代表的旧哲学并寻求哲学新出路的根本性的突破口,是对传统形而上学之理论困境的根本性的诊断与超越,从而为防止现代哲学再度堕入抽象形而上学的窠臼指明了致思方向。在我们看来,这一突破和超越的实质性意义表现为,"马克思用'人是感性的活动'这一现象学表达式褫夺了费尔巴哈的人本学关于人是'感性对象'这一存在者的规定"②。马克思的"现象学"如何褫夺了费尔巴哈的"人本学"? 换句话说,马克思的关于人的"现象学"相对于费尔巴哈的关于人的"人本学"的"真理性"何在呢?

应该予以承认的是,费尔巴哈的"一般人"(或者"人本学")不是特殊地批判黑格尔的思想"自己构成自己"的逻辑学,而是一般地批判以黑格尔为代表的整个近代形而上学的"意识内在性"的基本建制及其柏拉图主义传统,"袭击的目标不是这种或那种哲学,不是此一形而上学或彼一形而上学,而是一般哲学——形而上学,是它的整个柏拉图主义传统,是它所建立起来并立足于其中的虚妄的'超感性世界'"③。可以说,这是费尔巴哈在整个哲学史上的开创性贡献,他是将哲学从天国拉回人间,进而重新确立起唯物主义王位的开拓者之一。

在费尔巴哈看来,传统形而上学"把人的力量、属性、本质规定从人里面抽出来,将它们神化为独立的本质"④。与传统形而上学相反,他把"现实的或者毋宁说是最现实的本质,真正最实在的存在:人,即最积极的现实原则当作自己的原则"⑤。这样一来,费尔巴哈不仅宣告了以往理性形而上学的宗教

---

① 马克思恩格斯文集:第一卷[M].北京:人民出版社,2009:528.

② 吴晓明,王德峰.马克思的哲学革命及其当代意义[M].北京:人民出版社,2005:330.

③ 吴晓明.形而上学的没落[M].北京:人民出版社,2006:296.

④ [德]费尔巴哈.费尔巴哈哲学著作选集:下卷[M].荣震华,王太庆,刘磊,译.北京:商务印书馆,1984:29.

⑤ [德]费尔巴哈.费尔巴哈哲学著作选集:下卷[M].荣震华,王太庆,刘磊,译.北京:商务印书馆,1984:13-14.

特质和神学内涵,而且对"人"的理解也实现了一次根本性的翻转:从谓词变成了主词,从概念(神)的注脚变成了概念(神)的原本,从超感性的存在变成了感性对象性的存在。但是,正如马克思所批评的那样,费尔巴哈是一个"半截子"的唯物主义者,即他在自然观上是唯物主义的,而在社会历史观上却是唯心主义的。致使费尔巴哈不能将唯物主义原则贯彻到底的根本症结在于他对"一般人"的理解。"一般人"作为感性对象性的存在,在批评传统形而上学的过程中并没有汲取其"唯心地发展"了的能动性原则。在费尔巴哈看来,这种作为感性对象性存在的"一般人"具有"二重性的直观"——"普通的直观"和"高级的哲学直观"。顾名思义,"普通的直观"只能直观到事物的感性确定性,而"高级的哲学直观"能从感性事物中抽取"类性"本质。可见,费尔巴哈的"一般人"包含二元分裂的因素。费尔巴哈只不过将传统形而上学的二元分裂转移到了"一般人"身上,将超感性简单地化约为感性,进而确立起感性的统治地位。正因此,在实质意义上,费尔巴哈的"一般人"仅仅是感性对象性的,是"现实的、单个的、肉体的人"。与传统形而上学将超感性事物当作本体一样,费尔巴哈将感性事物当作本体,将生活世界中的感性事物当作从来就是如此这般的"事实",当作与自然界一样受制于因果规律的支配,因而是天经地义的和不容否认的,更不需要对之加以反思和超越。这样的话,费尔巴哈就彻底摒弃了黑格尔"自己构成自己"的辩证法。

在马克思看来,"从前的一切唯物主义(包括费尔巴哈的唯物主义)的主要缺点是:对对象、现实、感性,只是从客体的或者直观的形式去理解,而不是把它们当做感性的人的活动,当做实践去理解"[①]。马克思对以往唯物主义的革命性改造主要体现为,在承认外部物质世界先在性的前提下,将一向被唯心主义抽象地发展了的能动性和主体性原则纳入唯物主义中,将概念所具有的能动性和主体性还给人本身。因此,马克思对费尔巴哈的决定性的超

[①] 马克思恩格斯文集:第一卷[M].北京:人民出版社,2009:499.

越在于,在黑格尔"大写字母"的内涵逻辑的意义上,将人自身理解为"感性活动"的产物,理解为"现实的历史的人",进而将历史理解为"现实的历史的人""自己构成自己"的发展过程。在"大写字母"内涵逻辑的意义上,马克思的"感性活动"将黑格尔思想的内涵逻辑从天国拉回了人间,创建了以"现实的人及其历史发展"为核心内容的历史的内涵逻辑。在我们看来,在"大写字母"内涵逻辑的意义上,马克思的"感性活动"具有如下三重含义。其一,"感性活动"是改造无机世界、创造对象世界的"对象性活动"。其二,"感性活动"是构建社会关系、确证"个人是社会存在物"的"社会性活动"。其三,"感性活动"是创造历史、发展历史的"生成性活动"。接下来,我们就从这三个方面出发进一步地详细阐述"感性活动"所表征的"大写字母"的内涵逻辑。

首先,"感性活动"是改造无机世界、创造对象世界的"对象性活动"。对于人来说,第一个对象性的存在只能是外部的自然界,因为与外部自然界进行的物质交换活动,是人自身得以存在的首要前提,是人类社会延续几千年并将继续延续下去的一个最为紧要的同时也是最为重大的"基本事实"。但是,人与外部自然界的物质交换活动是"对象性"的,这是人的生活活动与动物性的生存活动的最为实质性的区别。动物直接地构成了无机自然界的一个环节,其生存活动直接地就是自然界因果性链条的一个载体,是自然界物质演变过程的一个缩影。因此,在《1844年经济学哲学手稿》中,马克思指出,"动物和自己的生命活动是直接同一的。动物不把自己同自己的生命活动区别开来。它就是自己的生命活动。人则使自己的生命活动本身变成自己意志的和意识的对象"。与动物的生存活动相反,人的生活活动是对象性的,其前提就在于人将自己与无机自然界相区分,进而将无机自然界当作自己身体的延伸。"通过实践创造对象世界,改造无机界,人证明自己是有意识的类存在物。"①

---

① 马克思恩格斯文集:第一卷[M].北京:人民出版社,2009:162.

这种"意识"就是人的目的性诉求,它使人不仅按照自己的尺度,而且按照其他一切物种的尺度来进行生活活动,使人"按照美的规律"来生产自身。正是这种目的性诉求,不仅使自然界变成了人化自然,成为人的"作品",甚至创造出了"人的感觉、感觉的人性"。这样的话,不管是自然界中的"自然",还是以其为摹本的"第二自然",都褪去了传统形而上学所赋予其的神秘主义色彩,在人的对象性的"感性活动"中,变成了人的目的性诉求的外在制约性因素,成为人的目的性诉求所要超越的外部限制。

其次,"感性活动"是构建社会关系、确证"个人是社会存在物"的"社会性活动"。在马克思看来,人的本质"在其现实性上,它是一切社会关系的总和"①。传统形而上学局限于意识内在性建制和主客二元对立的思维方式,将个人与社会抽象地隔离起来,或者将个人当作整个社会的目的,将整个社会当作保护个人私人利益的手段,或者将整个社会当作个人的目的,当作个人所趋附的抽象实体。其后果就是,个人要么丧失自我,要么迷失自我,始终难以获得自我。在马克思看来,只有在由"感性活动"所构建的社会关系内,个人才能够真实地获得自我意识,个人与社会才能处于一种辩证统一的关系之中。通过"感性活动",个人在与他人相区别的意义上获得独立性与自为性,而又在与他人的相互交往过程中将这种独立性和自为性内化于一定的社会关系之中,从而在独立性与社会性之间保持了必要的张力和恰当的平衡。这与动物的族群性是有着本质性区别的。动物是没有个体意识的,它们始终是作为某一族群的附属物而存在。"凡是有某种关系存在的地方,这种关系都是为我而存在的;动物不对什么东西发生'关系'。"②更具实质意义的是,正是通过"感性活动",人们才逐渐走出狭小的范围和孤立的地点,摆脱粗陋的需要和片面的能力,进而形成普遍的社会物质变换、全面的关系、多

---

① 马克思恩格斯文集:第一卷[M].北京:人民出版社,2009:501.
② 马克思恩格斯文集:第一卷[M].北京:人民出版社,2009:533.

方面的需要以及全面的能力体系，正如马克思所指出的那样，"全部社会生活在本质上是实践的"①。

最后，"感性活动"是创造历史、发展历史的"生成性活动"。不管是人对自然的改造活动，还是社会关系的构建活动，都是人们追逐并实现目的的历史活动，进而构成着历史的实质性内容。在马克思之前，历史总是思辨唯心主义的世袭领地，历史总是被观念来解释，比如在黑格尔那里，历史被看作绝对精神在世俗生活中的演进，人的历史行动被看作绝对精神实现其最高目的的"理性的狡计"。但是，马克思的"感性活动"第一次使历史奠基于唯物主义的地平之上。其一，"感性活动"既是历史得以可能的前提，又是历史得以发展的动力。历史，总是意味着文明的进步和文化的发展，是一个"使人作为人而成为人"的过程。因此，历史活动是一个超出动物性生存的高阶活动。正是通过"感性活动"，人们改造自然和改造社会关系的实践在深度和广度上日益强化，物质财富逐渐累积，这使人们不必终日困扰于基本需要的满足，从而给人们创造历史的活动留出足够的余地。其二，"感性活动"的展开表现为历史向世界历史的转变。"历史向世界历史的转变，不是'自我意识'、世界精神或者某个形而上学幽灵的某种纯粹的抽象行动，而是完全物质的、可以通过经验证明的行动，每一个过着实际生活的、需要吃、喝、穿的个人都可以证明这种行动。"②历史向世界历史的转化并不是绝对精神的自我否定运动，而是"感性活动"逐步展开的结果。正是由于"感性活动"的逐步展开，社会生产力向智能化飞跃，生产关系日益革新，人们的思想观念日益解放，整个世界越来越呈现出一体化的趋势。尽管当今的世界历史是由西方资本主义文明主导的，是东方从属于西方的历史，但是随着世界历史进程的日益推进，资本主义文明势必会被更高的文明形态所替代。这一更高的文明形态

---

① 马克思恩格斯文集：第一卷[M].北京：人民出版社，2009：501.
② 马克思恩格斯文集：第一卷[M].北京：人民出版社，2009：541.

仍然是"感性活动"的产物。"整个所谓世界历史不外是人通过人的劳动而诞生的过程,是自然界对人来说的生成过程。"①

在我们看来,"感性活动"是"现实的历史的人""自己构成自己"的活动,是马克思的"大写字母"的内涵逻辑。他将黑格尔思想的内涵逻辑转变为历史的内涵逻辑,瓦解了传统形而上学意识内在性这一基本建制。马克思从人的存在方式出发,在《政治经济学批判大纲》中对这一历史的内涵逻辑作出了精辟的概括,"人的依赖关系(起初完全是自然发生的),是最初的社会形式,在这种形式下,人的生产能力只是在狭小的范围内和孤立的地点上发展着。以物的依赖性为基础的人的独立性,是第二大形式,在这种形式下,才形成普遍的社会物质变换、全面的关系、多方面的需要以及全面的能力的体系。建立在个人全面发展和他们共同的、社会的生产能力成为从属于他们的社会财富这一基础上的自由个性,是第三个阶段"②。由此来看,这一历史的内涵逻辑最终指向的是通过"现实的历史的人"的"感性活动"去"改变世界",实现"自由个性",而不是局限于思想意识内部去"解释世界"。正是基于这一"改变世界"的"天才世界观",马克思才能在《资本论》及其手稿中对资本主义社会及其文明形态展开实质性的批判。

(三)《资本论》的"大写字母"的逻辑

黑格尔思想的内涵逻辑以"抽象"的形式表征了人们受"抽象"统治这一社会现实,但遗憾的是,黑格尔却没有自觉地将这种抽象的统治力量看作"那些统治个人的物质关系的理论表现"。与之相反,马克思从历史的内涵逻辑出发,有意识地对资本主义社会的进步性与局限性进行了科学的思考,从而为人类解放指明了现实道路。马克思"感性活动"的内涵逻辑是对人类社

---

① 马克思恩格斯文集:第一卷[M].北京:人民出版社,2009:196.
② 马克思恩格斯文集:第八卷[M].北京:人民出版社,2009:52.

会一般发展逻辑的概括,是从生存论的层面上揭示出的人的存在方式。这一历史的内涵逻辑必须结合具体的社会历史条件方能显示出其所具有的真实意义。正如马克思在《德意志意识形态》中所指出的那样,"对现实的描述会使独立的哲学失去生存环境,能够取而代之的充其量不过是从对人类历史发展的考察中抽象出来的最一般的结果的概括。这些抽象本身离开了现实的历史就没有任何价值"①。可见,这种历史的内涵逻辑必须与"现实的历史"相结合。在马克思的时代,最为"现实的历史"无非是资本主义社会,而将这种历史的内涵逻辑与资本主义社会相结合的结果就是《资本论》。在《资本论》中,马克思不仅"发现了现代资本主义生产方式和它所产生的资产阶级社会的特殊的运动规律"②,而且科学解剖了资本主义文明形态,从而引领人类文明新形态的建构。

首先,在马克思的"大写字母"的内涵逻辑中,"现实的人"的存在具有二重性,是自然属性和社会属性的统一,既要通过与自然的物质交换满足自身的生存性需要,又要在与他人的社会交往中满足自己的发展性需要,前者为后者奠定基础,后者是前者的动力。在资本主义社会中,这种"现实的历史的人"的二重性表现为商品的二重性。马克思指出:"资本主义生产方式占统治地位的社会的财富,表现为'庞大的商品堆积',单个的商品表现为这种财富的元素形式。因此,我们的研究就从分析商品开始。"③我们不难发现的是,在资本主义社会中,商品不仅仅表现为"财富的元素形式",而且在本质的意义上,表征着人的存在方式。商品自身的二重性与人的存在的二重性具有某种同构性。在马克思看来,商品是用于交换的劳动产品,商品具有使用价值和交换价值双重属性。一方面,就其本来的意义来看,商品首先具有一定的有

---

① 马克思恩格斯文集:第一卷[M].北京:人民出版社,2009:526.
② 马克思恩格斯文集:第三卷[M].北京:人民出版社,2009:601.
③ 马克思恩格斯文集:第五卷[M].北京:人民出版社,2009:47.

用性,它具有能够满足人的一定需要的使用价值,这是商品的自然属性,体现为商品的质的方面。另一方面,商品还具有一定的交换价值,是一种使用价值同另一种使用价值相交换的量的关系,这是商品的社会属性,体现为商品的量的方面。因此,商品的交换过程实际上就是使用价值与交换价值相互统一的过程。在马克思看来,商品自身的二重性实际上来源于劳动的二重性。与使用价值对应的是具体劳动,与交换价值对应的是抽象劳动。商品之间的交换关系实际上是人们之间的劳动交换关系,人们之间的劳动交换表现为商品交换。具体劳动体现的是人与自然界进行物质交换的过程,进而满足人们一定的物质需要;而抽象劳动体现的则是人与人之间社会关系的建构,确证的是"个人是社会存在物"这一基本事实。由此可见,在资本主义社会中,商品作为社会财富的"元素形式"不仅最为充分地表征了"现实的历史的人"的二重性,也最为充分地表征了"现实的历史的人""自己构成自己"的生成逻辑。

然而如马克思所言:"自我异化的扬弃同自我异化走的是同一条道路。"①在资本主义社会表现为财富"元素形式"的商品也走向了自我的反面,取得了统治社会生活的支配性地位。这就意味着,商品不再是人们满足物质需要的手段和工具,而一跃成为人们所欲趋附的目的。在扬弃"神圣形象"中的自我异化之后,人们又陷入商品这一"非神圣形象"的自我异化之中,陷入"商品拜物教"之中。商品的使用价值不再是第一位的,相反,交换价值才是决定性的,人们不是为买而卖,而是为卖而买。如此一来,人的存在的二重性被异化为商品的二重性,商品的二重性以最为现实的方式不是表征而是掩盖了劳动二重性,人与人之间的关系仅仅是赤裸裸的商品交换关系。这正是日本学者广松涉"物象化"这一概念所表达的意义,"马克思的所谓物象化,是人

---

① 马克思恩格斯文集:第一卷[M].北京:人民出版社,2009:182.

与人之间的主体际关系被错误地理解为'物的性质'(例如,货币所具有的购买力这样的'性质'),以及人与人之间的主体际社会关系被错误地理解为'物与物之间的关系'这类现象"①。在这个意义上,古典经济学家便有理由将整个人类历史歪曲为商品交换的历史,歪曲为商品"自己构成自己"的历史,进而将鼓吹自由贸易的资本主义社会"神化"为永恒真理和天然正义的王国。在李嘉图那里,历史只是商品"自己构成自己"的历史;在黑格尔那里,历史只是观念"自己构成自己"的历史。"现实的历史的人"仅仅是商品和观念的载体,正如马克思所指出的那样,"如果说有一个英国人把人变成帽子,那么,有一个德国人就把帽子变成了观念"②。

其次,作为一般等价物的特殊商品,货币实际上表征着资本主义社会中人的特殊的存在方式,即"以物的依赖性为基础的人的独立性"。货币不仅仅是可以与所有商品相交换的一般等价物,而且在本质上是"支配别人的活动或支配社会财富"的社会权力。在这里,"商品拜物教"进一步深化为"货币拜物教",人们追逐的不仅仅是特殊的商品,更本质的是作为一般等价物的货币。货币是一切商品之间的"通种",是社会权力的载体。马克思曾经指出:"每个个人行使支配别人的活动或支配社会财富的权力,就在于他是交换价值或货币的所有者。他在衣袋里装着自己的社会权力和自己同社会的联系。"③人们相互之间的社会关系是货币作为中介来建立起来的。由此,货币就具有了任何人所不具有的"神力"和"真正的创造力",将人的每一种本质力量变成它的对立物。马克思曾经在《1844年经济学哲学手稿》中引证莎士比亚的戏剧《雅典的泰门》时指出,"凡是我作为人所不能做到的,也就是我个人的一切本质力量所不能做到的,我凭借货币都能做到。因此,货币把这

---

① [日]广松涉.物象化论的构图[M].彭曦,等译.南京:南京大学出版社,2002:70.
② 马克思恩格斯文集:第一卷[M].北京:人民出版社,2009:597.
③ 马克思恩格斯文集:第八卷[M].北京:人民出版社,2009:51.

些本质力量的每一种都变成它本来不是的那个东西,即变成它的对立物"①。

这样来看,货币所具有的购买力将使世界上的一切事物都变成待价而沽的商品。货币从原来的世袭领地"市场"中"脱嵌"出来,成为整个社会生活的支配性力量。整个社会变成了一个"市场社会"。在"市场社会"中,不仅仅有通常意义上"生活资料市场""生产资料市场",还有一些不能称之为"市场"的"市场",比如"教育市场""医疗市场""选票市场"等。在我们看来,"市场社会"的出现有着摧毁社会的危险,其实质上是一种文化虚无主义,具体表现为"文化退化""文化灾变"甚至是"文化真空",它将人性的需要置于一个非人性的市场机制中。这样的话,人类社会的基本价值以及人本身的基本权利将会遭受漠视和亵渎,由是观之,货币所支配的世界是一个混淆、替换和颠倒的世界。"从货币占有者的观点看来,货币能把任何特性和任何对象同其它任何即使与它相矛盾的特性和对象相交换,货币能使冰炭化为胶漆,能迫使仇敌互相亲吻。"②

最后,商品和货币是资本主义社会生活的"现象界",它们表现出一种等价交换的表象,而资本主义社会生活的"本体界"却是资本逻辑,它指向的是资本家对工人的奴役和支配。在前资本主义社会中,资本仅仅是一种"物";而在资本主义社会中,资本的本质是一种社会关系,"资本不是一种个人力量,而是一种社会力量"③。马克思区分了两种存在形态的货币:"作为货币的货币"和"作为资本的货币"。"作为货币的货币"的流通形式表现为"W-G-W",流通的起点和终点都是商品,其实质是为买而卖,商品转化为货币,货币再转化为商品。"作为资本的货币"的流通形式表现为"G-W-G'",流通的起点和终点都是货币,其实质是为卖而买,货币转化为商品,商品再转化为货

---

① 马克思恩格斯文集:第一卷[M].北京:人民出版社,2009:246.

② 马克思恩格斯文集:第一卷[M].北京:人民出版社,2009:247.

③ 马克思恩格斯文集:第二卷[M].北京:人民出版社,2009:46.

币。在第一种流通形式中,为买而卖,满足的是基本物质需要,前后两种商品具有不同的质。在第二种流通形式中,流通的目的并不是为了获得等量的货币,而是为了实现货币的增殖,只有量上的增加才能使这一流通形式具有内容和意义。在这里,"货币是每个价值增殖过程的起点和终点"[1]。

唯有能够增殖的货币才能够成为资本。在马克思看来,货币转化为资本的特殊机制就在于"劳动力成为商品"。在"G-W"这一交换行为中,"W"不是一般的商品,而是一种极其特殊的商品形式,即劳动力。劳动力这种使用价值的使用能够带来比其交换价值本身高得多的价值。"货币占有者就必须幸运地在流通领域内即在市场上发现这样一种商品,它的使用价值本身具有成为价值源泉的独特属性,因此,它的实际消费本身就是劳动的对象化,从而是价值的创造。货币占有者在市场上找到了这样一种独特的商品,这就是劳动能力或劳动力。"[2]一旦劳动力成为商品,资本主义的带有奴役性和支配性的生产关系就形成了。由于劳动力的使用不能与其物质载体相分离,资本家对劳动力商品的消费必须以对工人的人身支配为前提。因此,工人所出售的实际上是一种与自然生命直接相关的特殊财产权,是在一段时间内使用其劳动能力的权力。于是,资本便对劳动者具有了一定的支配权。由此来看,雇佣劳动制度实际上是一种经济关系的无声强制,是一种资本主义性质的专制,是一种间接性的强制劳动制度,是资本主义文明掩盖下的暴行。在这种专制关系中,资本家与工人的身份地位和前途命运日趋两极分化。"一个笑容满面,雄心勃勃;一个战战兢兢,畏缩不前,像在市场上出卖了自己的皮一样,只有一个前途——让人家来鞣。"[3]这无疑成为资产阶级政治解放的一大反讽:前资本主义时期的显性人身依附关系被废除了,它又通过经济关系

---

① 马克思恩格斯文集:第五卷[M].北京:人民出版社,2009:180.
② 马克思恩格斯文集:第五卷[M].北京:人民出版社,2009:194-195.
③ 马克思恩格斯文集:第五卷[M].北京:人民出版社,2009:205.

在工人的主体性之中被积极地塑造起来。

通过以上论述可知,与黑格尔思想的内涵逻辑不同,马克思旨在建构一种关于"感性活动"的历史的内涵逻辑,旨在阐明"现实的历史的人""自己构成自己"的历史发展过程。由此,历史才第一次被建立在唯物主义的地基上,才有了驱逐唯心主义的可能性。这样的话,马克思才能够对最为"现实的历史"即资本主义社会及其文明形态进行科学的解剖和革命的批判,在物与物的关系中发现被掩盖的人与人的关系,在平等的表象中洞见到不平等的实质,将异化从一种"体会"上升到一种"历史的本质性",最终将资本主义社会关系归结为资本。在海德格尔看来,马克思在历史研究领域达到了难以企及的高度,任何一个所谓的哲学家都是无法与马克思相媲美的,正如其所言,"因为马克思在体会到异化的时候深入到历史的本质性的一度中去了,所以马克思主义关于历史的观点比其余的历史学优越。但因为胡塞尔没有,据我看来萨特也没有在存在中认识到历史事物的本质性,所以现象学没有、存在主义也没有达到这样的一度中,在此一度中才有可能有资格和马克思主义交谈"①。正是因为马克思对资本主义社会及其文明形态的批判是以唯物史观为基础并深入到"历史的本质性的一度中去",马克思才能科学地指出扬弃资本主义社会及其文明形态的现实道路,即共产主义。作为一种人类文明新形态的哲学表征,共产主义是在充分占有资本主义文明成果的基础上对资本主义文明症结的破解。当然,这一破解并不是要寻求解决所有社会问题的灵丹妙药,也不要对未来社会形态做出细节性的教条主义的预测,而是在"历史的本质性"的高度上构建人类社会的发展原则。

---

① [德]海德格尔.海德格尔选集:上卷[M].孙周兴,译.上海:上海三联书店,1996:383.

二、共产主义:人类文明新形态的哲学表征

马克思的共产主义思想,不仅是针对资本主义社会及其文明形态提出的,更是针对由资本主义社会这一"人体"所表征出来的迄今为止整个人类社会提出的。在《共产党宣言》中,马克思指出,迄今为止的有文字记载的一切人类历史,都是阶级斗争的历史,只不过资本主义社会的阶级对立具有隐蔽性,被商品交换的平等假象所掩盖。正是局限于商品交换的平等假象,资产阶级学者醉心于自由贸易,无视个人与社会相分裂的社会现实,进而将人类历史当作商品"自己构成自己"的历史,将资本主义社会当作永恒真理和天然正义的王国。然而吊诡的是,资本主义社会的最为直观的表象并不如他们所设想的那样是和谐互助的,而是体现为"物的世界的增殖与人的世界的贬值成正比"这一悖谬。面对资产阶级学者对人类社会的种种意识形态的虚构,面对社会生活日益陷入"物的依赖性"这一事实,马克思始终没有停止过理论和实践上的斗争,不管是早期的《1844年经济学哲学手稿》,还是晚期的《资本论》和《哥达纲领批判》。

综观马克思一生的著述和实践,我们不难发现的是,贯穿始终的一根红线就是马克思的理想性诉求,即共产主义。共产主义,这一人类社会的崇高理想,在马克思那里获得了强劲的生命力,是马克思投向资产阶级及其夸夸其谈的代言人的致命"标枪"和"匕首",是马克思奉献给劳动人民的一盏"启明灯",更是马克思进行顽强战斗的革命"堡垒"。随着对资本主义社会以及整个人类历史认识的不断深入,在不同时期的文本中,马克思对共产主义的论述和阐发是有所侧重的,逐渐呈现出一个立体化的全貌。在我们看来,从理论到实践,从意识形态到革命斗争,马克思的共产主义都有其特定的表现形式。首先,针对个人与社会的分裂,共产主义表现为一种形上原则,它确证

的是"个人是社会存在物",最终指向的是人之存在二重性的辩证统一。其次,针对资本主义社会的天然正义性和永恒真理性,共产主义表现为一种实际运动,指向的是种种维护特殊利益的制度安排(包括但不限于资产阶级私有制),这是作为形上原则的共产主义的绝对命令。第三,针对资本主义社会的"物的依赖性",共产主义表现为一种社会形态,以消除私有制和"不平等权利"为目标,力图实现制度安排、生产技术和社会分工的相互支撑,从而为意义更为深远和范围更为广泛的惠及全体社会成员的社会革命创造实践空间。

(一)作为一种形上原则的共产主义

马克思的共产主义产生于对私有财产独特本质的揭示,这一揭示从根本上敞开了人之存在的二重性,从而将共产主义确认为趋向于"社会主义的人"的人性改造活动,它预示着从根本上变革传统社会的发展方向成为可能。在马克思看来,私有财产在其实质上表征了一种能动性的社会关系,"就是作为促使矛盾得到解决的能动关系"①,即资本与劳动的社会关系,一方是绝对的有,是由资本这一死劳动所表征的物质因素;一方是绝对的无,是由劳动这一活劳动所表征的人的本质力量。前者对后者的奴役和支配是私有财产的本质,"这种物质的、直接感性的私有财产,是异化了的人的生命的物质的、感性的表现"②。

马克思指出,私有财产的这一独特本质只是在实现了政治解放的现代资本主义社会中才全部显露出来。在《论犹太人问题》中,马克思指出,政治解放打破了古代社会的等级模式,解除了市民社会的政治枷锁。这就使得原来由温情脉脉的道德面纱所掩盖的人类真实生存状况完整无遗地暴露出来。如何利用有限资源发财致富成为人们不得不思考的头等大事,对经济效

---

① 马克思恩格斯文集:第一卷[M].北京:人民出版社,2009:182.
② 马克思恩格斯文集:第一卷[M].北京:人民出版社,2009:186.

率的追求获得了压倒性优势。这样一来,市场原则替代伦理原则把政治与经济、权利与财产联结起来,全体社会成员成为"需要和劳动交换体系"中相互支配的一员。这就意味着,基本需要的满足必须在市场中待价而沽,而平等政治权利在其本来意义上变成了形式化的条文。其所造成的不良后果表现在,人的本质力量不是以最崇高和最形上的类本质的形式,而是以最卑污和最形下的犹太人的形式(私有财产)来表现自身。这就是现代资本主义社会基本的"经济事实":"物的世界的增值同人的世界的贬值成正比。"①它使人们仅仅注意到私有财产的外在有用性,把生命活动降低为动物性的满足粗陋需要的生存活动;作为补充,它使人们对自身本质力量的寻求无限地放逐到凌驾于人之上的彼岸世界,把生命活动的社会性降低为动物般的族群性。

在马克思看来,这是一种愚蠢而片面的生存样态,集中体现了物性对人性、自然对人的奴役,并把这种奴役变形为人与人之间的相互支配。"人(工人)只有在运用自己的动物机能——吃、喝、生殖,至多还有居住、修饰等等——的时候,才觉得自己在自由活动,而在运用人的机能时,觉得自己只不过是动物。动物的东西成为人的东西,而人的东西成为动物的东西。"②由是观之,资本家与自由工人的主奴关系极端地体现着私有财产的支配性本质,自由工人的自我实现必须听命于资本家的任意支配。这种主奴关系不仅是现代社会关系的典型形式,而且更是资本主义社会关系的原初形式,其他一切社会关系都是这种关系的弱化了的表现方式。正如洛维特所指出的,"并非因为无产者是'神灵',而是因为他们体现着处于异化极端的人的类本质,无产阶级才拥有一种世界历史的作用,并且对整个事情的发生过程具有一种基础的意义"③。

① 马克思恩格斯文集:第一卷[M].北京:人民出版社,2009:156.
② 马克思恩格斯文集:第一卷[M].北京:人民出版社,2009:160.
③ [德]洛维特.从黑格尔到尼采[M].李秋零,译.北京:生活·读书·新知三联书店,2006:424.

对马克思而言,共产主义作为对私有财产的积极扬弃,既不能像粗陋的共产主义那样将一切都变成私有财产,这是对自由个性的泯灭;也不能像政治的共产主义那样对私有财产进行简单拒斥,这是对古代正义人性的回归,是对经济效率的掩盖甚至是摒弃。它们不懂得私有财产及其支配性本质的生成机制,它们在社会苦难面前丧失了推进人类社会进步的勇气,再度遮蔽人类真实生存境况。在马克思看来,共产主义作为对私有财产的积极扬弃,从根本上,就是消除其物性对人性的奴役,实现人之存在二重性的统一,从而开辟人类社会发展的新境界。首先,这意味着人与自然在知识论意义上的统一,即横亘在人之自由个性面前的自然必然性变成属人的和为我的存在,变成人的无机身体,自然必然性从人之生存的绝对限制变成了人之生存的消极界限,从而使自然向人类自身的涌现成为可能。其次,这意味着人与人在存在论意义上的统一,破除了对"个人是社会存在物"的实体化理解范式,即社会不再作为与自然相对立的束缚人之自由个性的抽象普遍性(虚假共同体)——政治等级中的依附性和经济实体中的物象化,而是一种有意义的联合。在这个意义上,"对私有财产的扬弃,是人的一切感觉和特性的彻底解放"①。

由是观之,在马克思的共产主义所要达成的双重统一中,人与自然知识论意义上的统一占据着优先性。在马克思看来,它是一切问题获得根本解决的关键所在,唯有决定性地超越人之存在的动物性,才能超越一切外在的人为桎梏。这既不像柏拉图那样首先诉诸正义人性,以一种温情脉脉的道德面纱来掩盖人类生存的真实境况,更不像海德格尔那样厌弃技术集置,将自然完全当作审美式的存在。在知识论意义上战胜自然是近代政治解放所提出的问题,是近代认识论哲学的主题,更是人之生存的头等大事。马克思直面这一人类性难题并提出共产主义式回答。恩格斯指出,从康德到黑格尔的德

---

① 马克思恩格斯文集:第一卷[M].北京:人民出版社,2009:190.

国哲学一切努力的裨益是且只是导向共产主义。之所以如此,是因为德国哲学所寻求的绝对知识和所建构的健全知识论原理为达成人与自然的统一实现了方法论奠基。在这个意义上,马克思的共产主义就是知识论意义上的绝对真理,它必须以全部人类历史为依托,其所要达致的最高理念就是"社会主义的人"。只有站在"社会主义的人"这一形上高度,人们才能以旁观者的姿态宣称自己获得了历史之谜的真正解答:"整个所谓世界历史不外是人通过人的劳动而诞生的过程,是自然界对人来说的生成过程,所以关于他通过自身而诞生、关于他的形成过程,他有直观的、无可辩驳的证明。"①

对于具体历史环境中的人们来说,他们始终受制于各种束缚,他对历史生成过程的把握只能以透过现象看本质的理论方式来实现,绝对没有"直观的、无可辩驳的证明",就像"经济决定论"那样将复杂的历史生成问题理解成与解一次方程一样简单。在这个意义上,这种作为形上原则的"哲学共产主义"仅仅具有逻辑上的必要性而非事实上的可能性。正是这一逻辑上的必要性,以一种本体论承诺的方式成为人类社会所要无限趋近的理想境界。正如沃格林所言:"共产主义不是一个制度的改革,它实际上是对人性的改造"②,即改造人类脱胎于其中的动物性。

(二)作为实际运动的共产主义

共产主义作为知识论意义上的绝对真理,是一种高远的理想境界。但是问题在于,知识论意义上的客观性并不能不偏不倚地运用于人类社会,它的巨大潜能经过人类社会制度的折射会大打折扣,甚至会走向反面。马克思就此指出,自然科学虽然展开了大规模的工业活动,但都是在资本主义制度框架内运行的。作为一种人为桎梏,资本主义制度与其所消灭的古代等级制如

---

① 马克思恩格斯文集:第一卷[M].北京:人民出版社,2009:196.

② [美]沃格林.没有约束的现代性[M].张新樟,等译.上海:华东师范大学出版社,2007:155.

出一辙,即它们共同遮蔽人类生活的本来面目,遗忘人之存在的二重性,把人类社会引向虚妄不实的幻相。具体而言,资本主义制度主张片面的物的增殖逻辑和经济效率的至上原则,非但没有开显出知识论的形上意蕴,反而折损了其巨大的现实潜能。因此,作为改造人性的共产主义必须首先改造人性的现实基础,作为一种形上原则的共产主义就必须"下降"为变革资产阶级制度的实际运动,从而扭转人类社会片面化的发展方向。

然而资产阶级制度作为一个制度整体,其所包含的非正义性是有层次差别的。在马克思看来,首当其冲的就是变革资产阶级私有制。资产阶级的政治解放,是迄今为止的世界制度内人的解放的最后形式,它是人们争取自由劳动的结果,是新的需要和新的社会关系的生成。而资产阶级私有制非但没有发挥出制度本身的形上意蕴,把市场原则限制在合乎人性的限度内,反而将其置放在完全不公平的地基上,它以平等外观掩盖着极端的不平等实质。马克思指出:"现代的资产阶级私有制是建立在阶级对立上面、建立在一些人对另一些人的剥削上面的产品生产和占有的最后而又最完备的表现。"[①]在这个意义上,只有在废除资产阶级私有制的基础上,斩断劳动力商品化的根脉,才能展开意义更为深远和范围更为广泛的惠及全体社会成员的社会革命。

现在的问题在于,废除资产阶级的私有制,必须以指出这些制度的历史性和暂时性为前提,"按照事物的真实面目及其产生情况来理解事物"[②],如是才能揭开笼罩在私有制上的神秘面纱。因此,作为实际运动的共产主义在更大程度上是为改变现存状况的实际活动扫清思想障碍,因而是一场思想解放运动。只有在实现这一思想解放的前提下,改变现存状况的实际运动才不至于落入旧制度的俗套之中。由此,马克思从两个方面着手来揭示私有制的

---

① 马克思恩格斯文集:第二卷[M].北京:人民出版社,2009:45.
② 马克思恩格斯文集:第一卷[M].北京:人民出版社,2009:528.

历史性和暂时性:一是批判作为"纯粹意识"的德意志意识形态的观念目的论,发现历史的真实意义,确证共产主义就是"现实的历史的人""用实际手段来追求实际目的的最实际的运动";①二是通过发现不同时期的生产方式的异质性,将作为"现存实践意识"的古典经济学的经济范畴限定在特定历史时代,揭穿资产阶级私有制永恒和谐的幻相,从而消除一切为现存不正义的人为制度进行辩护的目的论形式。

黑格尔认为,哲学是思想中所把握到的时代。但德意志意识形态却将它当作到处套用的警句,抽去它所高扬的人之能动性,将哲学变成对时代现实的直观反映,将人的能动性变成思想的能动性。当批判资本主义的共产主义思想传入德国,德国哲学家无一例外地"在法国的原著下面写上自己的哲学胡说。例如,他们在法国人对货币关系的批判下面写上'人的本质的外化'"②。这样一来,共产主义势必就被观念化成与"类""自我意识"等相并列的思想英雄。他们改变现实的途径就是改变观念,将历史事实的区别变成思辨概念的区别,好像历史过程就是共产主义观念从潜在到现实的自我显现。因此,"正是在共产主义的唯物主义者看到改造工业和社会结构的必要性和条件的地方",他们却把实际运动抽象成同观念所作的语词斗争。而这种语词斗争,实质上就在于以抽象的方式来承认现存状况,其实在本质依然没有任何变化。

在马克思看来,关键在于,必须把人理解为处于具体历史环境中的受制于外在因素的现实的人,他的目的是因时因地的,他的活动永远逃不出他所独有的有限时空,而历史不过是各个有限的目的性活动。这就实现了一个转变,即把概念上的差别还原为历史事实,把历史还原为现实的人的活动,而

---

① 马克思恩格斯全集:第三卷[M].北京:人民出版社,1960:236.
② 马克思恩格斯文集:第二卷[M].北京:人民出版社,2009:58.

不是某种凌驾于人之上的前定本质自我实现的过程。由此，马克思就揭示出共产主义运动的独特之处，即共产主义具有最为彻底的否定性，它不承认任何前定本质，它赋予任何历史时代以自足性和合理性。这样，共产主义不仅仅对既定事实进行某种概括和总结甚至是升华，找出那个贯穿历史总体的逻辑精神，还要对既定事实进行彻底的反思和批判，"对实践的唯物主义者即共产主义者来说，全部问题都在于使现存世界革命化，实际地反对并改变现存的事物"①。

在这个意义上，对于人类历史的考察，就不能采取自然科学式的研究范式，不能将人类历史当作凝固不变的时空。而古典经济学试图提供通用于整个人类历史的药方和公式。这就不可避免地混淆不同时代的本质差别，把整个人类历史看成是经济范畴起决定作用的历史。"无论是好是坏，自身规范的社会与经济领域的'科学'概念，被认为是统治着伦理和政治领域的，而伦理和政治以前则被认为是独立的领域。"②在《政治经济学批判大纲》中，马克思指出，在"资本主义生产以前的各种形式"中，劳动者直接把"大地"当作他们劳动能力的天然试验场。偶尔出现的商品交换遵循的是等价交换和满足需要的原则。前资本主义社会过渡到资本主义社会，依赖于劳动者与生产资料的分离，进而形成生产资料私有制和自由劳动力市场。偶然的商品交换扩大为普遍的商品交换。但二者具有本质差别：普遍化的等价交换遵循的是资产阶级平等权利的形式原则，交换双方的地位是主奴性质的；偶然的等价交换遵循的是不让人挨饿的伦理经济的实质原则，交换双方的地位是真实平等的。因此，等价交换仅仅是一切经济生活的共同标志，辩证地看，这一共同标志的存在根基正是在于各个时代的本质差别。

这样，问题就澄清了。马克思进一步指出，古典经济学掩盖差别的科学

---

① 马克思恩格斯文集：第一卷[M].北京：人民出版社，2009：527.

② [英]温奇.亚当·斯密的政治学[M].褚平，译.上海：译林出版社，2010：6.

主义范式贻害无穷,它把"资本现在实现的条件"当成"资本生成的条件",将人们争取解放的革命斗争从经济领域转移到了政治领域,把反思批判的对象从资产阶级私有制转变成了封建等级制。这将严重侵蚀无产阶级的阶级意识,致使无产阶级的革命斗争总是以资产阶级平等权利为鹄的。这样的话,我们将看到,资本家和自由工人的主奴关系不是本来意义上的人身依附关系,只是由于资产阶级私有制才使二者结成如此这般的关系。因此,工人的自我实现就不应该受制于资本家的任意支配。正如资产阶级政治解放废除了等级制这一人为桎梏一样,废除资产阶级私有制不仅仅是必要的,而且是可能的。

(三)作为社会形态的共产主义

将共产主义而不是共产主义社会作为一种社会形态,恰恰说明了这种社会形态不是具体入微地对未来社会进行教条化地预言,而是指出未来社会应保有的"文明的活的灵魂"。这种"文明的活的灵魂"实际上是在批判旧世界的过程中逐步建构出来的。在《哥达纲领批判》中,马克思指出:"权利就不应当是平等的,而应当是不平等的。"[1]以"不平等权利"来替代平等权利,就是未来社会的"文明的活的灵魂"。至于如何赋予这一灵魂以血肉,则是以具体的历史环境为转移的,不具有适用于各种境况的药方和公式。

权利,尤其是平等权利,是近代资产阶级政治解放的一大成果。它以不人道的方式结出人道的果实:它不仅极大地解放和发展了社会生产力,在人对自然的认识和改造的伟大征程中前进了一大步,而且"形成普遍的社会物质变换、全面的关系、多方面的需要以及全面的能力的体系"[2]。正是在辩证分析了资产阶级平等权利两面性的基础上,马克思才提出替代平等权利的

---

① 马克思恩格斯文集:第三卷[M].北京:人民出版社,2009:435.
② 马克思恩格斯文集:第八卷[M].北京:人民出版社,2009:52.

"不平等权利"。这就意味着,人类社会的各构成要素——制度安排、生产技术和社会分工依然在表象的意义上持存着,它们是人类社会的共同标志,但其相互间的关系模式却发生了根本性的转变:从决定与被决定、本质与现象的对抗性转变为"三位一体"式的相互支撑,这标志着人类史前史与人类历史的分野。

首先,在制度安排层面上,共产主义的"不平等权利"使传统社会基本结构的划分发生巨大转变。前资本主义社会的等级制和资本主义社会的私有制这些人为桎梏的非正义性在于,将社会生活诸领域以暂时的抽象普遍性联结为一个整体。各自本然逻辑相异质的经济与政治是靠同一个原则(伦理或市场)联结起来的,二者实际上是相互对抗的,是一方对另一方的僭越。生产资料所有制、政治制度和分配制度相互之间处于一种决定与被决定、本质与现象的对抗性关系之中。现在的情况是,政治与经济按照各自的本然逻辑组织起来,结果却实现了二者的和谐一致。政治上每个人都能找到合乎个性的自我实现方式,经济上每个人都能合乎实际地满足基本需要,政治活动与经济活动实现了一体化。私有财产真正成为个性化的基础,它的支配性胎记被消除。这个时候,三大差别即城乡、脑力劳动与体力劳动、工业和农业的差别都消失了。由此,"个人所有制""真正的民主制""按需分配"和"各尽所能,按劳分配",它们作为一种制度安排,是相互支持的,共同表征社会组织模式的根本性转变,重新显现人类生活的本来面目,即"对人的统治变为对物的管理和对生产过程的领导"。因此,共产主义作为一个社会形态是高度组织化了的,"社会调节着整个生产"①。

其次,在生产技术即人与自然的关系层面,共产主义的"不平等权利"使传统技术摆脱了抽象的物质方向,使之成为人的身体的延伸和变形。前资本

---

① 马克思恩格斯文集:第一卷[M].北京:人民出版社,2009:537.

主义社会的德性原则和资本主义社会的市场原则都没能实现技术的形上意蕴和形下应用的统一，生产技术总是在与人的现实生活相悖逆的场域中运行。哲学对技术的批判和技术对哲学的反叛构成着人本主义与科学主义，二者共同撕裂着人的世俗生活。而当等级制和私有制这些人为桎梏被废除后，生产技术就不再是人与人之间的中介（依托生产技术来实现对人的统治），而真正成为人与自然之间的中介（自然向人的涌现）。这样，在生产技术摆脱了统治阶级的任意干涉之后，其巨大潜能定会最大程度地释放出来，从而促使自然向人类提供一种基本需要的保障。这就使得把市场逐出基本需要领域、确立市场的限度，进而实现"按需分配"成为可能。由是观之，生产技术处理的是人与自然之间的关系，是一个消极界限。但消极界限并不意味着消极结果，它敞开的正是一个无限丰富的意义世界。

最后，在社会分工即人与人的关系层面，共产主义的"不平等权利"扬弃传统分工的自发性和自然性，赋予分工自由自觉的社会性，使之真正超越高低贵贱之分，成为每个人自我实现的具体方式。这正是建立在生产技术这一消极界限基础上的积极成果。前资本主义社会和资本主义社会的自然和自发的分工，归根结底都是把人的本质力量外化即劳动当作满足一定需要的工具和手段，其社会性变成了一种内在的、无声的、把许多个人联系起来的抽象普遍性（族类性）。而当等级制和私有制这些人为桎梏被废除，生产技术的合乎人性的应用使自然向人类涌现自身，"按需分配"使分工不再受制于物质需要的考量，社会分工才能真正具有自由自觉的社会性。所谓自由性，就在于每个社会成员悬搁动物般的基本需要，不必再服从奴隶般的分工，真实面对自己已有的本质力量。所谓自觉性，就在于每个社会成员在社会合作体系之中自觉找到合乎个性的活动形式。如此一来，资产阶级的形式平等才成为实质平等，每个社会成员所拥有的平等权利才能具有公平价值。这就使"偶然的个人"变成了"有个性的个人"，以此来增强每个人的自我价值感。由此,分工的社会性就不是把个体消融于族类中的抽象普遍性,而是"自由人的联合体"。在这种联合中,每个人相互分享着彼此的本质力量,"大我"和"小我"融合为一,展现人之存在的整全性。

通过以上论述,我们可以得知,在马克思那里,共产主义是一个内涵丰富的立体化的概念,它既有形而上的崇高追求,又具有形而下的现实关照,既能引领人类文明的前进方向,又能塑造人类文明的具体形态。可以说,共产主义不仅仅是马克思的毕生追求,更是人类社会的理想追求。尽管马克思是 19 世纪工业资本主义时期的革命家,其所提出的一些关于革命的具体措施是立足 19 世纪英国具体的社会状况的,但是不容否认的是,我们当今的时代仍然处于马克思的理论射程之内。不管社会生活的表象发生了怎样翻天覆地的变化,资本主义性质的劳动制度(雇佣劳动)依然没有发生改变,资本逻辑仍是当今社会最大的现实,以资本为中介,雇主与雇佣工人之间依然是一种奴役和支配的关系。因此,马克思的以人类解放为最高追求的共产主义理想依然引领着我们现时代的时代精神,是我们对资本主义社会及其文明形态进行批判的思想地平。

三、存在方式的"哥白尼式革命"

在第二节的结尾处,我们提到,马克思的以人类解放为最高追求的共产主义理想依然引领着我们现时代的时代精神,是我们对资本主义社会及其文明形态进行批判的思想地平。但同样不容否认的是,社会生活的变化是翻天覆地的,其结果是带有迷惑性质的,即雇主与雇佣工人之间的奴役和支配关系表现得不再那么明显,而是逐渐被景观社会中的仿真符号和消费社会中的虚拟符号掩盖起来,广大劳动者不再忍受物质的匮乏,而是享受着物质丰裕及其所带来的个性解放的愉悦。在德波所揭示的景观社会中,"整个社会生活显示为一种巨大的景观积聚。直接经历过的一切都已经离我们而去，进入一种表象"①。这种景观是由大众媒介所制造的，引领着社会的风尚。而资本通过控制大众媒介而控制着景观的生产和制造。在鲍德里亚所揭示的消费社会中，人们的身体不再是反抗资本家的物质载体，而是成为光怪陆离的消费符号的物质载体，"人们给它套上的卫生保健学、营养学、医疗学的光环，……今天的一切都证明身体变成了救赎物品。在这一心理和意识形态功能中它彻底取代了灵魂"②。由此可见，在景观和符号的充斥中，马克思笔下愤怒的工人阶级一去不复返了，共产主义理想得以实现的物质载体逐渐消失在历史的地平线上，成为丧失了主体性和创构性的"大众"。正如鲍德里亚所言："大众是纯粹的客体，已经从主体的地平线上消失，已经从历史的地平线上消失。"③

那么，在这样一个工人阶级逐渐隐没的历史情境下，人类解放的事业将走向何处？共产主义的理想将如何实现？难道我们只能像罗尔斯那样屈从于现实，将人类解放和共产主义当作一种"思想"，将马克思所构建的历史的内涵逻辑抽象化为一种思想的内涵逻辑吗？这不得不成为当代马克思主义哲学研究中的重大课题。在这个意义上，寻找革命主体，重塑阶级逻辑，成为全球化视域下当代西方马克思主义普遍关注的核心话题。奈格里从生命政治学批判的视角指出，马克思的政治经济学批判及其代表作《资本论》宣告的是资本逻辑的绝对统治地位，"把经济的社会形态的发展理解为一种自然史的过程。不管个人在主观上怎样超脱各种关系，他在社会意义上总是这些关系的产物"④。在这样的思想前提之下，无产阶级的革命主体性得不到足够的

① [法]德波.景观社会[M].张新木,译.南京:南京大学出版社,2017:3.
② [法]鲍德里亚.消费社会[M].刘成富,等译.南京:南京大学出版社,2000:139.
③ [法]鲍德里亚.致命的策略[M].刘翔,等译.南京:南京大学出版社,2014:133.
④ 马克思恩格斯文集:第五卷[M].北京:人民出版社,2009:10.

重视,解放事业只能寄希望于资本逻辑的自我崩溃。詹姆逊在《重读〈资本论〉》中持有同样的观点,在他看来,"我的结论是《资本论》(第一卷)没有政治结论"①。由此,他们纷纷指责马克思的政治经济学批判具有客观主义色彩,转而在生命政治学批判的意义上去塑造理想的革命主体。事实果真如奈格里和詹姆逊所指认的那样吗? 在这里,问题的症结在于,如何恰当地理解政治经济学批判和生命政治学批判之间的差异,从而防止过分夸大这种差异而遮蔽二者的内在一致性。

(一)古典经济学和生命政治学的双重视域

政治经济学与生命政治学,在近代以来的资本主义社会中,具有不同的职能。政治经济学专注于物质生产和国民财富的积累,将资产阶级生产关系看作天然正义和永恒真理的实现。而生命政治学滥觞于福柯,指向的是一种以身体、生命和意识为媒介来展开的社会治理术。在我们看来,政治经济学与生命政治学之间并没有严格意义上的客体主义与主体主义的对立。实际的社会生活中,物质生产过程离不开对劳动力的形塑,二者是相辅相成的。只有在纯粹的学科"概念"的意义上,政治经济学和生命政治学才具有如此严格的划分。从学科考古学的意义上看,近代以来泾渭分明的古典经济学和生命政治学与古希腊时期的家政学有着千丝万缕的关系,至少从形式上看,三者之间是一致的,即它们都遵循着某种"自然机制"。虽然古典经济学和生命政治学表征了近代以来物质生产与社会治理两大领域的分化,但是从其内在逻辑来看,二者却是同宗同源的,是家政学在现代性背景下的更具普遍性意义的复活。

亚里士多德曾经区分了两种获得财产的技术。首先是家政学,其所从事

---

① [美]詹姆逊.重读《资本论》[M].土振逢,译.北京:中国人民大学出版社,2013:111.

的是"自然的""家庭管理",目的在于获得满足生活需要的有限物质资料;其次是"货殖",它与家政学正好相反,它以聚敛财富为能事,是"不合乎自然"的。正是由于家政学的自然属性,其政治意义在于,服务于个人的德性潜能在政治共同体中的培养。因此,家政学是"前政治"的,为整个城邦的伦理生活和政治生活奠定坚实的物质基础。阿伦特就此曾经指出,财富或者财产"成为一个人进入公共领域、具备充分的公民资格的主要条件"[①]。在此基础上,阿伦特进一步指出,城邦的公民,作为家庭和城邦的主人,对于家务管理这种获得财产以来满足自然需要的自然技术应该了如指掌,因为这关系着家庭和城邦的稳固发展以及公民政治美德的养成。对于他们来说,家庭管理和城邦治理遵循着的是同样的原则,只不过是管理和治理对象不同而已,前者的管理对象是无生命的工具,后者的治理对象是有生命的工具。"家务和政务,以及主人的治理奴隶同政治家和君王统治人民完全相同。"[②]

由是观之,家务管理作为一种获得财产的自然技术,实际上是培育公民政治能力和伦理德性的试验场,从而为公民进入公共领域从事政治生活准备主体性条件和力量。换句话说,家务管理和城邦治理表面上存在着一条鸿沟,唯有那些在家务管理方面取得一定成就从而获得城邦公民资格的人,才能够使其存在方式实现质的飞跃。由此看来,家政学以一种"知识总汇"的方式统摄着古希腊城邦的整个私人领域和公共领域,其内在地包含了两方面的内容,既涉及获得财产的家庭管理,又以微缩的形式涉及以人口为对象的城邦治理。家政学是如何从狭隘的家庭管理和城邦治理上升为具有普遍性意义的古典经济学和生命政治学的呢? 这里存在着一个逻辑上的跃迁,它不仅使得家政学变得具有普遍性,而且使其内在的自然原则获得了规律性的

---

① [美]阿伦特.公共领域和私人领域[J].刘锋,译.汪晖,等.文化与公共性[C].北京:生活·读书·新知三联书店,1988:92.

② [美]阿伦特.公共领域和私人领域[J].刘锋,译.汪晖,等.文化与公共性[C].北京:生活·读书·新知三联书店,1988:89.

意义。在《神学大全》中,神学家托马斯·阿奎那将家政学推崇到无以复加的地步,赋予其神学色彩。他指出,家政学是神学的一部分。由此,家政学上升到神学的高度,成为上帝对世俗世界的创造活动和治理活动的一部分。但由于上帝的隐秘性,这种治理世俗世界的内在机制是隐而不显的。由此,探索上帝治理整个世俗世界的隐秘机制就成为人类理性的事业。在这个意义上,家政学的原始内容即家庭管理和城邦治理获得了普遍性的意义,其辐射范围包括了整个现代意义的民族国家乃至全球。以获得财富为目的的家庭管理演变成了以国富民强为己任的古典经济学,而以人口为对象的城邦治理变成了生命政治学。它们与自然科学存在着某种"家族相似性"。自然科学以自然界为对象,以发现自然规律为己任,而古典经济学和生命政治学则以人类社会为对象,试图发现存在于物质生产和社会治理中的自然机制。

古典经济学致力于发现物质生产领域中的隐秘机制。斯密提出著名的"看不见的手"。在《国富论》中,斯密曾指出,每个人只计算他自己的利益,这时,"他受到一只看不见的手的指导,去尽力达到一个并非他本意想要达到的目的"①。正是由于"看不见的手"的隐秘调节,从自身利益出发的利己主义者反而能够促进社会整体利益的实现。质言之,个体只有将自己想象为和建构为身份性的精于计算的利益主体,将自己沉浸在利己主义的冰水之中,国家才能实现普遍意义上的富强。在斯密看来,这正是物质生产领域存在着的隐秘机制。

与古希腊的家庭管理作为伦理生活和政治生活的物质基础一样,古典经济学同样承担着一定的政治使命。对于斯密来说,他的目的就是要以理论的方式推进政治上的资产阶级革命,在经济话语中实现一场"术语革命"。斯密直接批评"大地主不常是大改良家"②。他们仅仅将疆域的辽阔作为国家富

① [英]斯密.国富论:下[M].郭大力,等译.北京:商务印书馆,1972:27.
② [英]斯密.国富论:上[M].郭大力,等译.北京:商务印书馆,1972:352.

强的标志,将主要精力几乎全部用于巩固和扩大对土地的管辖权和支配权。与对土地的依赖性相反,斯密将劳动确立为财富的源泉,进而瓦解大地主存在的经济合法性,"一国国民每年的劳动,本来就是供给他们每年消费的一切生活必需品和便利品的源泉"①。由于财富的源泉是劳动而不是土地,国家富强的标志就应该是劳动人口而不是土地。由此,国家治理的核心就应从土地支配权的保护和扩张转移到了劳动人口数量和质量的增长上。这就为生命政治学的诞生提供了历史契机。

生命政治学所探索的是社会治理层面上的隐秘机制,也就是探索人口所具有的"自然性"。福柯指出,生命政治学不再仅仅强调纪律对个人肉体的惩戒,而是"对生命、对作为类别的人的生理过程承担责任,并在他们身上保证一种调节"②。这就意味着,生命政治学表征了治理权力的一种现代性转向,从而要在一个整体框架之内保持"某种生理常数的稳定"。在这个意义上,生命政治诞生于自由主义的框架之中,以自由主义的合理化标准为基本定向,通过对人口整体所蕴含的"自然性"的尊重、探索与利用,将出生率、卫生、寿命、种族等问题合理化。事实上,生命政治就是将活生生的自然生命置于合理性的框架之中,用合理性的框架来裁割生命本身。因此,这种合理化对于生命本身来说是极其不合理的,表面上是对生命的保护,实际上却是对生命的戕害,是对人的文化生命和政治生命的遮蔽。这种戕害与遮蔽,在其深层次上,是适应于资本增值需要的。由是观之,生命政治学并不是单纯地以对人口的治理为满足,其真实目的在于资本的积累以及生产力的扩展和利润的分配。正如福柯指出的那样,资本的发展要想得到保证,就必须一方面"把肉体有控制地纳入生产机器之中",另一方面"对经济过程中的人口现

---

① [英]斯密.国富论:上[M].郭大力,等译.北京:商务印书馆,1972:1.

② [法]福柯.必须保卫社会[M].钱翰,译.上海:上海人民出版社,1999:232.

象进行调整"。①因此,生命政治学的治理对象,确切来说,应该是劳动人口,聚焦于劳动人口的数量和质量及其生产与再生产,而不仅仅是一般意义上的人口。这样一来,通过生命治理技术,活生生的劳动人口被打造成适合于资本增殖需要的工具性手段,活劳动被死劳动所支配。

由此,我们发现,古典经济学和生命政治学所寻求的"自然机制"并不是物理学意义上不偏不倚的纯粹客观的自然规律,而是植根于社会历史之中的某种主观想象性的社会建构。因而从根本上来说,自其诞生之日起,古典经济学和生命政治学就是服务于一定的利益集团并以之为转移的,实质上是统治阶级的意识形态观念。正如福柯所指出的,这种自然机制"不是自然世界意义上的自然本身的秩序,而是关乎人的特殊自然性的社会自然性"②。如果说在古希腊时期,家政管理和城邦治理以奴隶制为基础,将奴隶当作有生命的劳动工具,那么在现代背景下,古典经济学和生命政治学则以"自然机制"为幌子共同掩盖资产阶级政治统治的非正义性。前者从物质生产的意义上确立利己主义的天然合理性,确证资产阶级生产关系的永恒性;后者则在社会治理的意义上将活生生的个体及其生命过程"合理地"建构为资本增殖的工具。因此,要想全面瓦解资产阶级政治统治的合法性,必须寻找古典经济学和生命政治学的内在一致结合点,在总体性的视野中实现对二者的跨越性批判。

(二)"劳动力成为商品"的跨越性批判

毫无疑问,"劳动力成为商品"是马克思在政治经济学批判的过程中提出的,但其理论发源地却在于资本主义工厂中的异化现实。同样地,作为一门治理技术,生命政治学的课题化滥觞于福柯,但就其将人当作有生命的劳

---

① [法]福柯.性经验史[M].佘碧平,译.上海:上海人民出版社,2000:101.
② [法]福柯.安全、领土和人口[M].钱翰,等译.上海:上海人民出版社,2010:312.

动工具(劳动动物)这一实质而言,它在人类历史的阶级统治中并不鲜见。因此,对于以人类解放为旨趣的马克思来说,"劳动力成为商品"这一论断承载着主体与客体、理论与现实等诸多内涵,它并不能被限制在单重向度之中。唯有通过对"劳动力成为商品"的跨越性批判,资产阶级政治解放的不彻底性才能昭然若揭,马克思所制定的人类解放的现实道路即共产主义运动才能在资本主义全球化的时代背景下焕发新的生机。

在马克思的语境中,"劳动力成为商品"这一论断不仅包含着对资本主义生产过程之历史性的冷静审视,而且还包含着对类本质被剥夺这一异化现实的道德指控。这两个方面被有机地结合在"劳动力成为商品"这一论断之中,成为马克思"在批判旧世界中发现新世界"的理论支援背景。因此,"劳动力成为商品"具有双重批判旨趣,理所应当地成为古典经济学和生命政治学的内在结合点。换句话说,正是由于"劳动力成为商品",古典经济学和生命政治学二者"领域分化"的外在表象才会被戳破,二者的内在一致性才能够被彰显出来。由此,资产阶级政治统治的合法性才会受到根本性的质疑。这种质疑不仅仅来自人类社会自身所蕴含着的历史逻辑,而且还来自人们对自由解放前景的自觉追求。

斯密对土地贵族的批判和对自由贸易的鼓吹,暗示其具有一定的政治自觉。但是,为何古典经济学后来退化成为庸俗经济学? 实际上,这具体关涉到对政治与经济二者关系的看法。与斯密对经济的政治倾向抱有朴素的认知相反,他的继承者们倾向于逐渐撇开其学说中的政治因素,力图将其还原为研究资本主义经济生活的纯粹科学,将植根于一定社会历史与利益诉求的经济学比拟为不偏不倚的自然科学。比如庸俗经济学的代表人物萨伊就曾颇为遗憾地指出,"严格地局限于研究社会秩序所根据的原则的政治学,在长久的时间内,和阐明财富是怎样生产、分配与消费的政治经济学混为一谈"①。萨伊的诉求很明显,那就是政治学与政治经济学二者互不干涉,前者可以严格地局限于既定的社会秩序之中,而后者则是研究财富"生产、分配和消费的规律的科学"②。由此可见,经济学逐渐摆脱政治羁绊而成为不关涉现实政治的纯粹科学,在其中,人都变成了帽子。这种纯粹的经济科学不可避免地将资产阶级的生产关系及其政治统治上升至科学规律的普遍性层面,进而潜藏着将其永恒化的危险。

为了打破这种纯粹科学的意识形态幻象,在《资本论》及其手稿中,马克思分别从两个方面着手展开了政治经济学批判,对政治经济学所为之辩护的资本主义生产关系进行了一番"前进-逆溯"式的实证考察。一方面,马克思着眼于资产阶级生产关系的"洪水期",重点考察了资本主义以前的生产关系所具有的异质性。虽然在"资本主义生产以前的各种形式"中也存在着资本主义因素即商品交换和雇佣劳动,但是它们并不占据着统治地位。在那里,劳动者直接把生产资料当作他们劳动能力的天然试验场,偶尔出现的商品交换遵循的是满足需要的实质性原则,交换双方的地位是真实平等的。而由于劳动者与生产资料的分离,以及"劳动力成为商品",普遍化的等价交换遵循的是资产阶级平等权利的形式原则,基于生产资料私有制,交换双方的地位实际上是主奴性质的。因此,从表象来看,等价交换仅仅是一切经济生活中的共同标志,但是辩证地来看,这一共同标志的存在根基正在于各个时代的本质差别。

另一方面,马克思着眼于资产阶级生产关系必然崩溃的未来前景,重点考察了资本主义生产方式自身所具有的不可克服的内在矛盾。马克思指出,资本主义生产表现出一种对剩余劳动的无休止的索取,一种无止境的增殖欲望,打破一切界限的逻辑强制力。"资本的这种内在趋势表现为一种由他

---

① [英]萨伊.政治经济学概论[M].陈福生,等译.北京:商务印书馆,1963:15.
② [英]麦克库洛赫.政治经济学原理[M].郭家麟,译.北京:商务印书馆,1975:3.

人的资本对它施加的强制,这种强制驱使它越过正确的比例而不断地前进,前进。"①诚如海德格尔所言,资本主义生产方式作为一种技术座架绑架了整个人类文明的进步,进步表现为一种"进步强制"和"发了狂一般的运作技术"。②在马克思看来,正是由于这种超越正确比例的进步欲望,使得资本内部包含着无法根除的限制。以"劳动力成为商品"为策源地,这种限制的主要表现为:"必要劳动是活劳动能力的交换价值的界限;剩余价值是剩余劳动和生产力发展的界限。"③归根结底,这种限制表现为由于利润率的下降而导致资本积累链条的断裂。由是观之,通过这种植根于生产运动的客体化分析,马克思给人们呈现的是一个日益濒临崩溃的资本主义生产体系。

表面上来看,马克思通过严谨客观的考古学式的知性分析来揭示资本主义生产关系的历史性。但是,如果仅仅停留于这种表象上,马克思的政治经济学批判就可能被误认为"人学的空场"。比如意大利自治主义者奈格里认为,《资本论》的核心要旨在于确立资本逻辑统治地位的"铁的必然性",他主张退回到《大纲》,从充满人本主义色彩的"机器论片断"入手来构建革命主体。然而在笔者看来,马克思对资本逻辑的客体化分析决不能以近代以来的"领域分化"来裁量。因为马克思求解的是一个人类解放的存在论问题,而不是一个纯粹学术化的认识论问题,其目的在于改变世界,而不是解释世界。因此,马克思并非是在纯粹理论理性的意义上对政治经济学进行零敲碎打,而是在存在论的原则高度实现了"术语革命"。这就意味着,马克思跨越了横亘在物质生产与社会治理、古典经济学与生命政治学之间的"卡夫丁大峡谷",实现了对政治经济学的跨越性批判。这一批判关节点在于"劳动力成为商品"这一论断,其论域就在于生命政治学。只有敞开"劳动力成为商品"

---

① 马克思恩格斯文集:第八卷[M].北京:人民出版社,2009:94-95.
② [德]海德格尔.形而上学导论[M].孙周兴,译.北京:商务印书馆,1996:38.
③ 马克思恩格斯文集:第八卷[M].北京:人民出版社,2009:97.

的生命政治批判维度，马克思的政治经济学批判才不会被误解为纯粹科学体系，进而丧失其应有的政治性。

与福柯和阿甘本分别以监狱和营地为典型的生命政治空间不同，马克思则将资本主义大工厂视为探讨生命政治治理得以展开的典型装置。首先，在马克思看来，有目的的对象化活动是人所特有的类本质，而在工厂之中，劳动者丧失人之为人的类本质，成为纯粹肉体性的存在物。"劳动力成为商品"的历史性前提在于劳动者与生产资料的分离，"剥夺人民群众的土地是资本主义生产方式的基础"①。生产资料的私有化，意味着劳动者的"对象化活动"变成与自身相异己的"对象性活动"，反而变成了资本家的对象化活动。而资本家对工人给付的报酬仅仅是能够维持其劳动力得以存续的合理化工资。因此，"劳动力成为商品"现实地生产着资本家与工人之间的对抗性关系。由此，整个社会日益被分裂成相互对抗的两大阵营：一部分是出卖劳动力，直接从事繁重劳动，靠合理化工资维生的工人；一部分是掌控社会稀缺资源，从事高级生命活动，蚕食剩余劳动的资产者。根本上来说，资本家与工人作为资本自我增殖的工具，表征着类本质的异化，只不过前者在异化中感到自我实现，后者在异化中感到自我丧失。

其次，"劳动力成为商品"进一步将劳动者的人造共同性私有化，使得丧失社会协作关系的劳动者退居社会化生产的边缘地带，最终沦为任由技术理性宰制的"赤裸生命"。在工厂中，机器体系和人工智能的普遍应用使劳动者偏离生产中心，将其排除在生产活动之外，丧失了直接与生产资料接触的可能性。他们日益成为相对于资本增殖需要的产业后备军。在产业现役军与后备军之间存在激烈的竞争：前者迫于失业的压力而任凭资本的百般奴役，后者为了就业而不得不接受权力机构的非人道规训，从而整个社会生活都

---

① 马克思恩格斯文集：第五卷[M].北京：人民出版社，2009：880.

被工作所支配:劳动生活被资本所奴役,业余生活被权力技术所规训。"劳动供求规律在这个基础上的运动成全了资本的专制。"①马克思将工人的这种"赤裸生命"的生存处境描绘得淋漓尽致。作为雇佣双方的资本家和工人,一旦进入工厂生产领域,二者的平等地位便消失殆尽,进而展现出一副截然相反的新面貌:前者笑容满面,雄心勃勃,后者战战兢兢,畏缩不前。这种精神状态的巨大差异所传达的基本信息是,资本家由于购买了劳动力的使用权而获得了对工人的人身支配权,工厂俨然成为一个等级制的私人政府。

最后,在马克思看来,机器体系加剧着资本家与工人之间的对抗性,推进工人联合体的实现。在手工工场中,工人处于生产的中心地带,他们被区分为熟练工和非熟练工,因而其内部存在着等级制。这时,工人斗争的目标仅仅是提高工资待遇,尚未上升到政治高度。这就意味着,反抗资本家的工人联合体不是松散的,就是难以实现的。而在机器大工厂内部,工人仅仅成为机器体系监管者和调试者,他们日复一日地从事着机械性的毫无创造性的"死劳动",最终一并被排挤到生产的边缘而成为相对于资本增值需要的过剩人口。这时,共同的生存处境瓦解了工人内部存在着的等级制,使工人走向稳固的自觉联合成为可能。

由上可知,马克思对"劳动力成为商品"进行了两方面的考察,二者是辩证统一的。如果没有资本家与工人的对抗,我们面对的问题将是:资本逻辑崩溃后,人类社会走向何处?很难保证,替代性的社会形态优于被替代者。如果资本主义生产关系的历史性没有被揭示,那么工人的反抗就会变得盲目,只能蜕化为资本主义生产内部的一次历险,成为资本积累的生理机制,其革命主体性的建构更是无从谈起,结果只能像当代西方左翼激进政治学那样堕入柏拉图主义的窠臼之中。

---

① 马克思恩格斯文集:第五卷[M].北京:人民出版社,2009:737.

（三）驯服资本逻辑与塑造理想主体的统一

在当代生命政治谱系中，如果说福柯主要是在政治经济学的层面考察了治理权力的现代转型，那么阿甘本则反其道而行之，重新捡起了被福柯所弃置的政治图式，聚焦于具有超历史意味的钳制生命的至高权力，其批判的矛头直指资产阶级政治解放的虚伪性。在阿甘本看来，生命的政治化源于人类政治共同体的原初结构——"法律空间+法律例外空间"，只是在近代政治解放中才走向完成。政治解放意味着个体赢得诸种空间、自由和权力，打破了人的依赖性意义上的人身依附体系；但它所迎来的并不是人的真正独立性，而是物的依赖性基础上人的依附性，在其中，个体总是把生命纳入国家秩序中，为那至高权力的统治提供了一个新的且更加可怕的基础。[①]在阿甘本看来，正是在这种政治解放之中，"人是政治的动物"才获得完全的意义。也就是说，个体仅仅是一个纯粹的、简单的、不具有任何社会政治属性的"身体"，既不是人身依附关系之中受保护的封建臣民，也不是民主社会中真正享受政治权利的未来公民。[②]这就意味着，一旦主权者决断例外状态并悬置法律，个体就变成可被至高权力随意征用的"赤裸生命"。

由此看来，阿甘本在某种意义上洞见到了资产阶级政治解放与集权政制的内在同一性。在他看来，"身体是一个双面性的存在：既是向至高权力屈服的载体，又是诸种个人自由的载体"[③]。尽管如此，他采取的超验性分析框架未能捕捉到当代资产阶级政治统治独特的生成机制，其所造成的末世论后果则关闭了从根源上对其进行有效介入的通道。正如奈格里所批评的那

---

① 〔意〕阿甘本.神圣人：至高权力与赤裸生命[M].吴冠军，译.北京：中央编译出版社，2016：166.
② 〔意〕阿甘本.神圣人：至高权力与赤裸生命[M].吴冠军，译.北京：中央编译出版社，2016：168.
③ 〔意〕阿甘本.神圣人：至高权力与赤裸生命[M].吴冠军，译.北京：中央编译出版社，2016：170.

样,"问题在于它对于超验权威和暴力的过度强调,遗漏并且神秘化了今天真正支配着我们的主导权力形式——体现在财富和资本中的权力"①。这就要求我们必须实现理论视角的"哥白尼式革命",从超验性分析退回到超越性批判,进而全面呈现资产阶级政治统治的超越性层面,为揭示资产阶级政治解放的虚伪性提供唯物主义的思想地平。在这个意义上,马克思对资产阶级政治解放的唯物主义考察,成为我们必要的理论支点。

马克思在《论犹太人问题》中揭示了资产阶级政治解放的秘密,政治革命"把需要、劳动、私人利益和私人权利等领域看做自己持续存在的自然基础"②。也就是说,政治解放解除了利己主义的政治枷锁,允诺每个人都能实现自我利益而成为现实的资本家。由是观之,资产阶级政治解放依系于"劳动力成为商品"。"劳动力成为商品"不仅证明了资产阶级生产关系的历史性,而且还揭示了资本家与工人的对抗性,从而宣告了资产阶级政治解放的不彻底性。作为一种超越性力量,"劳动力成为商品"通过对社会生活的可能前提进行结构化,使资本成为"资产阶级社会的支配一切的经济权力"③,其政治后果在于,劳动力以纳入性的方式被排除在政治生活之外,成为暴露在统治集团面前的动物性生命。

首先,资本具有独立性,结构化了资产阶级的自由、平等和所有权。表面来看,"劳动力成为商品"彰显着资产阶级的普遍人权,"那里占统治地位的只是自由、平等、所有权和边沁"④。但马克思针锋相对地指出,"在资产阶级社会里,资本具有独立性和个性,而活动着的个人却没有独立性和个性"⑤。劳动力买卖的和谐表象掩盖着的正是资本家与劳动力的对抗性关系——工

---

① [意]奈格里,等.大同世界[M].王行坤,译.北京:中国人民大学出版社,2016:2.
② 马克思恩格斯文集:第一卷[M].北京:人民出版社,2009:46.
③ 马克思恩格斯文集:第八卷[M].北京:人民出版社,2009:31—32.
④ 马克思恩格斯文集:第五卷[M].北京:人民出版社,2009:204.
⑤ 马克思恩格斯文集:第二卷[M].北京:人民出版社,2009:46.

人成为资本增值的工具,资本家成为资本的人格化。所谓"自由",不过是工人选择被哪一个资本家支配的自由;所谓"平等",不过是资本家对所有工人毫无差别的剥削;所谓"所有权",不过是所有权的转移,展现的是资本主义的占有规律。"资本不仅像亚当·斯密所说的那样,是对劳动的支配权。按其本质来说,它是对无酬劳动的支配权。"①

其次,资本具有阶级性,炮制出一种阿甘本式的政治结构——"法律空间+法律例外空间"。那些掌握无酬劳动的资本家必然要求个人意志影响、转化乃至控制国家意志,使国家意志变成个人谋取私利的工具。这就使得资产阶级的普遍人权陷于抽象定义,绝大多数的劳动人口被"纳入性排除"在政治权利之外,处于一种事实上的无权状态。马克思笔下的无产阶级,就是这样"一个并非市民社会阶级的市民社会阶级"②,他们仅仅是法律所规制的对象,而不是法律合法性的来源。作为人的完全丧失,他们唯一拥有的就是生物学意义上的自然属性,别无任何社会政治属性,因而是资本主义社会的"裂缝"和"豁口"。

相对于资产阶级政治解放的不彻底性,马克思提出了社会解放。根据马克思对"劳动力成为商品"的跨越性批判,这种社会解放并不完全诉诸社会历史的自然演进,即资本逻辑的自我崩溃,而更为关键的是诉诸人类创造历史的实际行动,即共产主义运动。马克思曾指出,"共产主义和所有过去的运动不同的地方在于:它推翻一切旧的生产关系和交往关系的基础,并且第一次自觉地把一切自发形成的前提看做是前人的创造,消除这些前提的自发性,使这些前提受联合起来的个人的支配"③。由是观之,在马克思看来,共产主义运动只有在驯服资本和塑造理想主体两个层面上同时展开,才能获得实

① 马克思恩格斯文集:第五卷[M].北京:人民出版社,2009:611.
② 马克思恩格斯文集:第一卷[M].北京:人民出版社,2009:16-17.
③ 马克思恩格斯文集:第一卷[M].北京:人民出版社,2009:574.

质性的推进。

一方面,在宏观层面,必须消解社会关系尤其是生产关系的自发性,实现人对社会关系的重新占有,真正将人的关系还给人本身,确证"人就是人的世界,就是国家,社会"①。这种"消解"并不仅仅是在理论理性批判的意义揭示出资本主义社会关系的物象化,而是要从实践理性的意义上翻转这种物象化,实际上就是对人类解放之现实路径的探索。马克思的文本中不乏关于这种现实路径的阐述,从《共产党宣言》中的改造资本主义生产关系的十条举措,到《哥达纲领批判》中的"按劳分配"与"各尽所能,按需分配",再到《资本论》中的"重建个人所有制"。尽管这些路径因时因地而转移,但是我们发现,它们所内含着的本质性规定就是驯服资本逻辑。在《大纲》中,马克思将这种人的解放视为"资本的伟大的文明作用":资本不可遏止地追求普遍性,超越了人类历史的"地方性发展和对自然的崇拜"②,推进人与自然的统一以及世界历史的进程,既丰富了自然共同性,又创造了人造共同性。但同时,资本自身是这种共同性的最大障碍。因为,资本在表面上超越一切有形共同体的相对界限,而实际上构建出以自我为绝对界限的最大共同体,它以物质利益为纽带将所有人联结在一起,成为人们趋之若鹜的绝对存在。因此,人类解放现实路径的建构,实际上就是驯服资本,"利用资本来消灭资本"。

另一方面,在微观层面,必须扬弃人与人之间的对抗性关系,使其在对象化活动中确证自身的本质力量,进而实现人向其类本质的复归。对此,一般的看法陷入——先有类本质,还是先有革命运动——二律背反,由此认为,马克思不具备批判资本权力微观视野。其实不然,在马克思看来,这是共产主义运动不可或缺的内在环节,甚至是其根本旨趣。资本逻辑视阈下的个

---

① 马克思恩格斯文集:第一卷[M].北京:人民出版社,2009:3.
② 马克思恩格斯文集:第八卷[M].北京:人民出版社,2009:90.

人,是利己主义者,着眼于物的有用性,以牟利为目的。人的解放,根本就不是获得所谓的"承认",将每一个都实际地"承认"为可以平等追求自我利益的利己主义者。因此,所谓"承认"仅仅是"最近的目的和利益",它局限于经济斗争的狭隘眼界之中,尚未上升到政治性的层面,受资产阶级思想体系的支配。人的解放,就其本意来说,就是要改造这样的利己主义人性,使之成为"完整的人"和"现实的人",实现类本质的复归。唯有冲破利己主义的狭隘界限,工人阶级才能真正联合起来成为革命的无产阶级。如何改造利己主义人性,便成为关键问题。与福柯的生存美学与阿甘本的形式个体不同,在马克思看来,这种改造必须依赖于政治教育。在《德意志意识形态》中,马克思指出,工人阶级只有接受革命的洗礼,在现实的革命运动之中才能彻底剔除头脑中的资产阶级虚假意识,担负起重建社会的责任。[1]而在《共产党宣言》中,马克思指出,共产党人不仅要为工人阶级的"最近的目的和利益"而奋斗,而且还要引导工人阶级超越物质利益的狭隘眼界,这才是共产主义运动的未来。[2]这就意味着,革命主体的建构并不是一蹴而就的,也不是纯粹自发性的产物,而是在理论与实践的不断教育过程中逐渐获得的。

---

① 马克思恩格斯文集:第一卷[M].北京:人民出版社,2009:543.
② 马克思恩格斯选集:第一卷[M].北京:人民出版社,1995:283.

结　语

一、"良序社会"的理想图景——"政治正义"与"超越正义"之间

　　作为政治哲学的当代复兴者，罗尔斯的主要问题意识在于，如何在理性多元的背景下重新实现社会统一，再造社会生活的整全性。这构成了罗尔斯从"正义论"转向"政治自由主义"的现实原因。罗尔斯在《正义论》中所谋求的作为一种"完备性学说"的正义原则与民主社会的理性多元不相符合，它将所要实现的目标当作论证的前提。因此，作为一种"完备性学说"的正义原则必须被转变为一种政治性的"重叠共识"，才能为秉持各种"善观念"的公民一致认可。实际上，罗尔斯政治哲学的思想转向以浓缩的形式表征了近代以来人们求解现代性困境的心路历程。这一历程实际上体现的正是从康德主观性原则到黑格尔客观性原则的历史性转变。正如著名的罗尔斯专家伯库森所言："罗尔斯自觉地与克服现代社会原子主义特征的黑格尔式的谋划保持一致。而且，像黑格尔那样，罗尔斯将深层的多元论视作稳定统一的先

决条件而非障碍。"①在《道德哲学史讲义》中,罗尔斯毫不讳言地指出:"我把黑格尔解释为一位温和进步的、改革取向的自由派,我把他的自由主义看作是《政治自由主义》中道德和政治哲学的一个重要的范例。"②

很明显,罗尔斯拒绝了黑格尔的实体化路径,对黑格尔"把国家看作是必须得到作为这样的实体的国家承认的一个精神实体的观念"③保持中立态度。在我们看来,罗尔斯的政治正义原则与黑格尔的伦理实体具有以下三个方面的区别。其一,罗尔斯的"个人"是政治的个人,是社会合作事业的参与者,拥有两种最为基本的道德人格能力;黑格尔的"个人"不仅存在于国家领域,也存在于家庭、市民社会和同业公会中,是具有完整规定性的个人。其二,罗尔斯的政治社会是封闭且独立的,其政治价值独立于各种非政治价值,既不需要从后者推出,也不需要后者来证明;黑格尔的政治社会并不是独立的,它与家庭和市民社会一道属于绝对精神的内在环节,其价值也是由绝对精神来赋予的。其三,罗尔斯通过"原初状态"这一代表设置描述了民主社会的"公共政治文化"以及政治正义原则的选择过程,这一代表设置本身模仿了公平推理的条件;而黑格尔对国家的阐述则遵循了历史与逻辑相一致的方法论。

因此,罗尔斯继承了黑格尔的客观主义原则,祛除了黑格尔的实体化路径。这样的话,罗尔斯对现代性困境的求解以及对社会生活之整全性的重塑诉诸带有契约论色彩和"准先验主义"性质的政治正义原则以及由其支配的"良序社会"。在罗尔斯看来,"良序社会"是一个由人们一致认可的政治正义原则所支配的社会合作体系,在其中,权利与义务、利益与负担能够实现公

---

① Jeffrey Neil Bercuson.Reconsidering Rawls:The Rousseauian and Hehelian Heritage of Justice as Fairness[M].Doctoral thesis of University of Toronto,2013:64.

② [美]罗尔斯.道德哲学史讲义[M].顾肃,等译.北京:中国社会科学出版社,2012:288.

③ [美]罗尔斯.政治哲学史讲义[M].杨通进,等译.北京:中国社会科学出版社,2011:314.

平的分配，人们的两种最低限度但有效的道德人格能力能够得到充分发展和灵活运用。不容否认的是，相对于各种"道德理想"和"权宜之计"，罗尔斯的"良序社会"具有非常明显的优越性，既具有"道德理想"的可欲性，又具有"权宜之计"的可行性，因此，能够得到持有不同"善观念"的社会成员出于道德理由的一致认可，能够作为社会生活统一的规范性基础。但同样不容否认的是，罗尔斯对现代性困境的求解以及对社会生活之整全性的重塑只是存在于其特殊的概念框架和逻辑思路内，它不仅卷进了"家族内部"的概念论争，而且卷进了不同思想谱系关于理想社会图景的论争。因为，罗尔斯的"良序社会"是对社会生活复杂因素抽象化的产物，仅仅将社会个体当作政治性存在，对"公共政治文化"做出片面性阐释，对那些不利于促成社会稳定的特殊性历史因素则一概"悬搁"进无知之幕的背后。正如桑德尔中肯地指出的那样："《政治自由主义》想从各种有关自我本性的争论中，拯救权利的优先性主张，但它不过是以使自己的其它根据更容易受到攻击为代价来实现这一目的的。"①

实际上，当罗尔斯摒弃黑格尔的实体化路径的时候，他就已经错失了黑格尔哲学中"全部有价值的东西"——概念的内涵逻辑。黑格尔概念的内涵逻辑所表征的是一种"自己构成自己"的道路，即概念自我运动、自我外化和自我回复的道路。而罗尔斯通过一种健全的政治正义原则来重塑现代社会生活之统一的做法，实际上是将"政治正义"树立为一种"非神圣形象"，以之来规治社会个体。奈格里指出，罗尔斯的前期理论努力"立志于社会转变"，"坚持'差异原则'"，力图让最不利阶层也能获益；而其后期的政治自由主义"意指不断调和社会现实的过程，因此，是对现存社会秩序的被动接受，甚至是强化"②。如果站在黑格尔概念的内涵逻辑的立场上，从"自己构成自己"的

---

① [美]桑德尔.自由主义与正义的局限[M].万俊人，译.南京：译林出版社，2001：239.

② [意]奈格里，等.大同世界[M].王行坤，译.北京：中国人民大学出版社，2016：11.

解释原则出发,社会统一性的重塑不应该寄托于"政治正义原则"之上,因为社会统一的主体不是社会基本善及其分配,而是现实的个人。在这个意义上,罗尔斯的"良序社会"与其所极力反对的"权宜之计"具有一致性,只不过"权宜之计"没有人本主义的玫瑰色——契约论的平等表象和"准先验主义"的哲学色彩。因此,只有直面现实的人的存在方式,破解"存在"的秘密,才能为实现社会统一奠定坚实的生存论基础。

列宁在"伯尔尼笔记"中提到,马克思"从黑格尔那里吸取了全部有价值的东西并发展了这些有价值的东西"①。质言之,马克思从黑格尔那里吸收的是"自己构成自己"的解释原则,而对黑格尔内涵逻辑的发展则表现为,将其主体从概念"颠倒"为"现实的历史的人",将概念的自我运动"颠倒"为"现实的历史的人"的"感性活动"。因此,在历史的内涵逻辑的意义上,"感性活动"就是"现实的历史的人""自己构成自己"的过程。恩格斯将之誉为"天才世界观"。在这个意义上,罗尔斯的"政治正义"仅仅是人类社会生活的一个层面,它植根于"现实的历史的人"的具体的存在方式。因此,"超越正义"就是将"正义"所适用的对象从政治扩展到人的存在方式。就人的存在方式而言,"正义"所表征的意义就在于,"现实的历史的人""自己构成自己"的内涵逻辑。

因此,从人的存在方式这一生存论视角来看,资本主义社会的"非正义"体现为,"人的独立性"以"物的依赖性"为基础,实际上是一种有着平等外观的"人的依赖性"。在古典经济学看来,整个历史不过是资本"自己构成自己"的历史,人作为"帽子"不过是资本增殖的媒介。从生命政治学的角度来看,资本主义社会关系的实质是资本家对工人的支配,工人的具有创构性的活劳动变成机械化的死劳动,陷入"物体系"之中的工人变成"大众",丧失了对本真生活的渴求。由此,在"超越正义"的意义上,"良序社会"必须首先在人

---

① 列宁专题文集:论辩证唯物主义和历史唯物主义[M].北京:人民出版社,2009:145.

的存在方式层面上实现一场"哥白尼式革命",彻底翻转资本主义社会中的人–物关系,使"对人的统治变为对物的管理和对生产过程的领导"①。在我们看来,既然"个人是社会存在物",那么,这一存在方式上的革命也就必须在社会关系和个体两个层面来展开。一方面,要在新的历史条件下深化马克思的政治经济学批判,在宏观层面驯服资本逻辑,使资本成为人的工具;另一方面,要借鉴当代生命政治学批判的有益成果,在微观层面上对革命主体进行再启蒙,使其再度获得无产阶级的阶级意识。

总的来看,罗尔斯将"正义"限制在"政治正义"的层面上是有其特殊诉求的,是由其所处的具体环境、面临的时代课题以及可借鉴的思想资源等因素共同导致的。罗尔斯对"良序社会"的建构以及对社会生活统一性的重塑富于启发性和开拓性。这对于后发的现代化国家防范社会生活的分裂具有一定的借鉴意义和参考价值。但是,我们也必须明确其限度。第一,罗尔斯预设了一个不证自明的前提,即人是政治的动物,政治性的存在是人的第一存在。这一预设继承了柏拉图以来的西方政治哲学传统。第二,罗尔斯高扬"政治正义"的大旗,通过将私有财产等物质因素关进正义的"牢笼"来实现社会生活的统一。这无疑是一种黑格尔式的"国家决定市民社会"的思路。第三,罗尔斯选择性地遗忘了资本主义社会中人的存在方式及其所导致的伦理困境,并将之当作特殊信息遮蔽在无知之幕背后。要想走出罗尔斯的局限性,我们必须以马克思的历史内涵逻辑为基础,关注现时代人的特殊的存在方式,将转变人的存在方式作为建构"良序社会"的根本性突破口。因此,"政治正义"和"超越正义"是"良序社会"理想图景得以可能的两个不可或缺的维度:"政治正义"关乎"良序社会"的日常运行,而"超越正义"关乎"良序社会"的未来走向。

---

① 马克思恩格斯文集:第一卷[M].北京:人民出版社,2009:537.

二、人类命运共同体：“真正的共同体”的当代形态与“良序社会”的中国方案

马克思几乎没有系统性地讨论过“正义”“权利”等政治哲学议题，但这并不意味着马克思并没有对这些政治哲学议题发表过意见。实际上，马克思所欲达成的目的在于，为这些“上层建筑”开辟必要的实践视野，将这些“上层建筑”彻底地置入现实的人及其发展过程之中。①在马克思看来，只有立足于唯物主义历史观，所谓的“正义”“权利”等政治哲学议题才能摆脱抽象意识形态的色彩而真正地具有现实意义。以历史唯物主义为基础，马克思区分了“虚假的共同体”和“真正的共同体”。在马克思看来，“正是由于特殊利益和共同利益之间的这种矛盾，共同利益才采取国家这种与实际的单个利益和全体利益相脱离的独立形式，同时采取虚幻的共同体的形式”②。在“虚假的共同体”中，特殊利益与共同利益处于对立之中，共同利益实际上是特殊利益的正义伪装。这一点集中而典型地体现在资本主义社会之中。在现代资本主义社会中，人的存在方式表现为以物的依赖性为基础的人的独立性。这一存在方式包含着市民社会与国家的分离、市民社会的自我分离以及特殊利益和共同利益的对立。实际上，共同利益以社会的普遍利益为核心内容，但在市民社会中，利己主义解除了道德枷锁，特殊利益优先于普遍利益，普遍利益成为特殊利益的手段，自发的特殊利益并不会在根本上促进普遍利益的实现，反而会将普遍利益变成特殊利益的变形和延伸，成为在社会生产中占据支配地位的阶级实行阶级统治的遮羞布。

---

① 可以说，《哥达纲领批判》集中表达了马克思关于“平等权利”“资产阶级法权”的看法，但是这些看法是完全建立在“社会的经济结构以及由经济结构制约的社会的文化的发展”基础上的。马克思从未像西方政治哲学家那样脱离具体的生产过程而抽象地讨论诸如“正义”“分配”等议题。

② 马克思恩格斯文集：第一卷[M].北京：人民出版社，2009:536.

马克思指出:"从前各个人联合而成的虚假的共同体,总是相对于各人而独立的;由于这种共同体是一个阶级反对另一个阶级的联合,因此对于被统治的阶级来说,它不仅是完全虚幻的共同体,而且是新的桎梏。"①显而易见的是,资产阶级政治解放解除了利己主义的封建枷锁,扬弃了人在"神圣形象中的自我异化",但却通过物的依赖性将人置入"非神圣形象的自我异化"之中,而资本主义国家不过是管理资产阶级社会事务的专业委员会而已。从"人的依赖性"到"以物的依赖性为基础的人的独立性",从"神圣形象中的自我异化"到"非神圣形象中的自我异化",人的存在方式在实质意义上并没有真正发生革命性的变化,人与人之间的关系总是具有支配和奴役性质,不管这种支配和奴役是人格化的,抑或是非人格化的。因此,在特殊利益与普遍利益相对立的"虚假共同体"中,在人们的分工还不是自觉自愿达成的社会生产体制下,在脑力劳动和体力劳动二元对立的劳动环境下,社会的"良序"是难以实现的,总是会被人与人之间的利益冲突所打破。

在批判"虚假的共同体"的基础上,马克思提出了"真正的共同体":"在真正的共同体条件下,各个人在自己的联合中并通过这种联合获得自己的自由。"②在马克思看来,只有未来共产主义社会才是"真正的共同体"。第一,共产主义社会实现了生产资料的共同占有,劳动者真正成为社会的主人,个体劳动不再表现为交换价值,不再经过迂回曲折的交换而直接作为社会劳动的一部分。第二,共产主义社会是真正的联合体,人与人之间的关系真正实现了互助友爱团结。尽管"按劳分配"会造成贫富差距,但这种贫富差距并不会带来人对人支配与奴役的社会关系。在共产主义社会高级阶段,集体财富的一切源泉充分涌流,"按需分配"将会代替"按劳分配",个人的自由全面发展成为可能。在《共产党宣言》中,马克思指出:"代替那存在着阶级和阶级

---

① 马克思恩格斯文集:第一卷[M].北京:人民出版社,2009:531.
② 马克思恩格斯文集:第一卷[M].北京:人民出版社,2009:571.

对立的资产阶级旧社会的,将是这样一个联合体,在那里,每个人的自由发展是一切人的自由发展的条件。"①可见,马克思意义上的"真正的共同体"是对以往一切剥削制度的真正终结,真正实现了个体与共同体的有机统一。无疑,这种"真正的共同体"是值得憧憬和向往的,是值得每一个个体为之奋斗的目标。

马克思对"真正的共同体"的论述包含着这一共同体得以实现的基本条件。一方面,"真正的共同体"必须建立在生产力高度发达的物质基础之上。在历史唯物主义看来,劳动之所以是一种谋生的手段,其根本原因在于生产力水平的低下。在生产力水平极端低下的条件下,劳动必然表现为一个充满艰苦的物质过程,人们必然会陷入对生活资料的无休止的争夺之中,而占有剩余产品和生产资料,以此为基础实现对他人劳动成果的无偿占有,就成为一劳永逸地摆脱劳动的基本方式。奴隶主阶级、封建地主阶级以及资产阶级,无不通过占有剩余产品和生产资料来无偿占有劳动者的劳动成果,并以各种意识形态观念来美化这种无偿占有,使劳动者在精神上认同这样一种剥削和奴役制度。因此,在《1844年经济学哲学手稿》中,马克思在批判粗陋共产主义的基础上,指明了共产主义的核心要义在于私有财产——人的异化的积极扬弃,在于人与自然的和解以及人与人的和解,"这种共产主义,作为完成了的自然主义,等于人道主义,而作为完成了的人道主义,等于自然主义,它是人和自然界之间、人和人之间的矛盾的真正解决,是存在和本质、对象化和自我确证、自由和必然、个体和类之间的斗争的真正解决"②。

另一方面,"真正的共同体"必须建立在无产阶级及其政党的自觉领导的基础上。生产力发展水平只是"真正的共同体"得以实现的必要条件而不是充分条件。只有在生产力高度发达的基础上,再加上无产阶级及其政党的

---

① 马克思恩格斯文集:第二卷[M].北京:人民出版社,2009:53.

② 马克思恩格斯文集:第一卷[M].北京:人民出版社,2009:185.

自觉领导,"真正的共同体"的实现才是指日可待的。实际上,马克思在工业革命时期就思考过生产力与阶级领导之间的关系。在马克思看来,生产力只是一种人们改造物质世界的物质力量,是客观存在的人类文明成果,其自身的意志来自其所有者。在这个意义上,马克思指出:"在我们这个时代,每一种事物好像都包含有自己的反面。我们看到,机器具有减少人类劳动和使劳动更有成效的神奇力量,然而却引起了饥饿和过度的疲劳。财富的新源泉,由于某种奇怪的、不可思议的魔力而变成贫困的源泉。"①在这个意义上,马克思将机器与机器的资本主义应用区分开来,主张无产阶级必须占有先进的生产力。因此,只有在社会主义和共产主义的制度背景之下,先进生产力才能真正发挥其解放劳动者的巨大效能。因此,在夺取政权之后,无产阶级的历史任务就在于大力解放和发展生产力,推进劳动者的自我解放,实现从必然王国到自由王国的跃迁,最终把共产主义建立在发达生产力的基础之上,彻底清除阶级社会的遗毒。

可见,马克思对于"虚假共同体"的批判以及对于"真正的共同体"的思考为我们在当代历史条件下进行"良序社会"的现实建构提供了诸多有益的启示。具体而言,所谓"良序社会"的现实建构必须立足现实的人及其历史发展的基础之上,必须统筹推进生产力的发展与社会关系的调整,而不能仅仅局限于抽象观念论的层面上。与马克思不同,罗尔斯对"良序社会"的建构依赖于其通过原初状态和无知之幕所建构的政治正义原则,而这种政治正义原则力图削薄财产权,将财产权关进"正义"的笼子里。很显然,这种思路依然局限于西方政治哲学理念论的传统之中,与柏拉图、黑格尔等人以观念改变现实的思路没有实质性的区别。而在社会现实层面上,资本主义生产力发展日益呈现出图式化的症候,日益沦为资本增殖的工具,为发展而发展的进

---

① 马克思恩格斯文集:第二卷[M].北京:人民出版社,2009:580.

步强制成为其核心原则，其解放劳动者的潜能被资本逻辑所消解。正如马克思在《共产党宣言》中所言，生产力的发展日益超出资本主义生产关系所能容纳的界限，"社会所拥有的生产力已经不能再促进资产阶级文明和资产阶级所有制关系的发展；相反，生产力已经强大到这种关系所不能适应的地步，它已经受到这种关系的阻碍"①。

在百年未有之大变局的今天，资本主义主宰世界历史的时代一去不复返，社会主义的力量日益在国际舞台上发挥巨大的作用。在世界历史日益显示出社会主义优越性的时代下，我们依然要保持清醒的头脑。马克思不仅在《共产党宣言》中提出"两个必然"，而且在《政治经济学批判序言》中提出"两个绝不会"——"无论哪一个社会形态，在它所能容纳的全部生产力发挥出来以前，是决不会灭亡的；而新的更高的生产关系，在它的物质存在条件在旧社会的胎胞里成熟以前，是决不会出现的"②。马克思的"两个绝不会"为我们理解当下世界历史的总体形势提供了一把钥匙。具体而言，资本主义所容纳的生产力尚未完全释放出来，资本主义体系依然发挥着举足轻重的作用，马克思的"真正的共同体"尚不具备完全实现的历史条件。这就意味着，为了推进"良序社会"的现实建构，当下的历史任务就是寻求从"虚假共同体"走向"真正的共同体"的过渡形态，一方面抵御"虚假共同体"的侵蚀，揭示"虚假共同体"的虚伪性，纠正"虚假共同体"的错误；另一方面大力发展生产力，不断调整社会关系，为"真正的共同体"的到来做准备。

在这个意义上，习近平总书记"立时代之潮头，发思想之先声"，率先提出了"人类命运共同体"的伟大构想。毫无疑问，"人类命运共同体"的伟大构想是对马克思"真正的共同体"的当代发展，是马克思"真正的共同体"的当代形态。在根本的意义上，"人类命运共同体"的哲学立场是"人类社会或社

---

① 马克思恩格斯文集:第二卷[M].北京:人民出版社,2009:37.
② 马克思恩格斯文集:第二卷[M].北京:人民出版社,2009:592.

会的人类",而不是"市民社会"。在《关于费尔巴哈的提纲》中,马克思指出:"旧唯物主义的立脚点是市民社会,新唯物主义的立脚点则是人类社会或社会的人类。"[①]立足"市民社会"的旧唯物主义至多只能做到对单个人的直观,而新唯物主义则在于表征人之为人的"类本质"。市民社会就是一个与人的共同性相分离的、利己的人的抽象权利领域,其内部存在着无政府主义的竞争以及追逐私利体系的奴隶制。这就意味着,市民社会本身就是一个私人等级结构,这一等级结构非但不消除人的自然不平等,而且还从精神中产生不平等,并把它提高到在技能和财富上,甚至在理智教养上的不平等。这是导致社会生活处于劣序乃至失序的重要原因。

与之相反,立足历史唯物主义及其当代中国形态——习近平新时代中国特色社会主义思想,"人类命运共同体"的价值诉求与"真正的共同体"具有内在一致性,那就是自觉站在"人类社会或社会的人类"的立场上,将个体看作社会性的个体,将社会看作全部个体的真正联合,力图在个体与社会相一致的基础上实现人的解放——每一个人的自由而全面的发展。因此,在全新的立足点之上,"人类命运共同体"旨在团结每一个社会个体,将个体从私人性和利己性的束缚中解放出来,让每一个个体意识到自身存在的"类本质"就在于扬弃在"非神圣形象中的自我异化",从动物般的生存状态进入真正的人的生存状态。可见,"人类命运共同体"是对以往"虚假共同体"的拨乱反正,是在现时代的历史条件下对"真正的共同体"之精神实质的具体贯彻。

在当代社会发展条件下,"人类命运共同体"的主要任务就在于破除"资本共同体"对人类社会发展的控制,将人类社会发展锚定在人类共同福祉的正确轨道上来,而这种破除必须在国内和国际两个层面同时展开,一方面要打破国际资本的垄断,另一方面要实现国内发展的平衡。就中国实际而言,

---

① 马克思恩格斯文集:第一卷[M].北京:人民出版社,2009:502.

"人类命运共同体"的现实构建不仅要回应破解资本现代性的世界性诉求，而且要关照中国社会超越资本现代性的独特进路，将中国丰富的实践经验上升到实践智慧的高度，使之成为可为他国借鉴的积极文明成果。

近代以来形成的世界历史，在其本质上是资本主义所主导的世界历史，是东方从属于西方、落后国家从属于发达国家的资本全球布展的世界历史。以此为基础，全球治理体系必然是不平等的，内在隐含着资本的剥削性和奴役性。实际上，这种全球治理体系是资产阶级与无产阶级之间的矛盾在国际层面上的变形与延伸。因此，这种不平等的国际秩序严重地威胁着世界的和平与发展，将国家间的关系推向失序的边缘，在根本上与全世界人民的共同福祉相冲突。在这个意义上，"人类命运共同体"这一伟大构想的提出，是对不平等的国际秩序的拨乱反正，是力图构建新型国际治理体系的重要表现。不同于"资本共同体"的剥削性和奴役性，"人类命运共同体"这一伟大构想致力于实现每一个国际社会成员的平等、团结和互助，将平等、开放、包容的新型国际秩序作为奋斗的目标。因此，"人类命运共同体"这一伟大构想的提出，标志着资本主义世界历史的终结，意味着资本主义主导国际秩序的时代已经成为过去，同时也预示着新型国际文明秩序的重建。在"人类命运共同体"这一伟大构想的主导下，每一个国家都是新型国际秩序的积极建构者，同时也是全球共同利益的平等共享者。由此，国际关系才能走向良序，世界各国才能真正联合起来，共同抵御全球性风险，共同增进全世界人民的共同福祉。

打铁还需自身硬。积极构建"人类命运共同体"，推进国际关系走向良序，在根本上依赖于中国社会的发展能否超出资本逻辑的控制而开辟出不同于西方世界的现代化方案，依赖于中国特色社会主义在国际舞台上的地位以及在世界历史进程中的角色。换句话说，中国只有自身实现了社会的良序，维护好、实现好和发展好广大人民群众的根本利益，才有可能以"人类命运共同体"这一构想去引领新型国际秩序的建构。

实际上,中国特色的现代化建设在一开始就具有社会主义的性质,始终围绕着人民群众的根本利益展开,力图在根源处克服资本现代性及其所带来的个人与社会相分离的社会困境,致力于实现个体与社会的和谐发展。在社会主义三大改造完成后,党的八大对中国社会的主要矛盾做出了精准判断:人民日益增长的物质文化需要与落后的社会生产之间的矛盾。经过四十多年的改革开放,党的十九大对中国社会的主要矛盾做出进一步的判断:人民日益增长的美好生活需要与不平衡不充分的社会发展之间的矛盾。从人民日益增长的物质文化需要到美好生活需要,从落后的社会生产到不平衡不充分的社会发展,中国现代化建设始终紧紧围绕着人民对美好生活的向往。可见,唯有牢固树立以人民为中心的根本政治立场,中国现代化建设才能超越资本逻辑,社会才能真正作为个体自身力量的联合。事实证明,无论是抗击新冠肺炎疫情,还是取得脱贫攻坚的胜利,中国始终坚守的是人民至上、共同体至上的价值理念。这实际上是对马克思如下信念的实践,"只有在共同体中,个人才能获得全面发展其才能的手段,也就是说,只有在共同体中才可能有个人自由"[①]。

因此,"人类命运共同体"这一伟大构想实际上是中国特色社会主义现代化建设基本经验的总结和升华,是中国特色社会主义向全世界贡献的走出资本逻辑的中国智慧和中国方案。"无论是对中国社会还是对全球社会而言,共同体治理已经成为现代社会治理的重要转向,而共同体治理的核心无疑是个体与共同体的关系的合理化构建。"[②]

以"人类命运共同体"为价值指引,中国特色社会主义坚持把马克思主义的基本原理运用到"良序社会"的现实建构之中,自觉将生产力的发展与

---

① 马克思恩格斯文集:第一卷[M].北京:人民出版社,2009:571.

② 赵坤.现代个体与共同体关系重建的前提及其中国智慧[J].四川大学学报:2020(5).

社会关系的调整作为建构"良序社会"的两大抓手。在生产力发展层面上,中国从一个科技弱国日益成长为一个科技强国,科技自身所具有的解放劳动者的潜能得到了完全的实现。从中国制造到中国创造,从机器自动化到人工智能,从深海钻探到太空探索,中国科技事业实现了从"跟跑"到"领跑"的世纪跨越,为党和人民的伟大事业打下了坚实的物质基础。在党的十九届五中全会上,习近平总书记明确了科技事业发展的"四个面向":面向世界科技前沿、面向经济主战场、面向国家重大需求、面向人民生命健康。可以说,面向人民生命健康是科技事业发展的根本价值导向,是科技事业发展践行"人民至上"原则的本质要求,是保证先进生产力之社会主义方向的必由之路。

在生产关系方面,中国特色社会主义始终根据先进生产力的发展要求以及人民群众对美好生活的向往适时调整生产关系中落后的和不适宜的方面。生产关系的调整进一步解放了劳动者,使劳动者真正作为生产过程的主人,使劳动者在生产过程中能够发挥更大的主观能动性,使劳动者在生产过程中切实体验到改造世界的成就感和获得感。正是基于根本的人民立场,中国特色社会主义实现了从站起来、富起来到强起来的伟大飞跃。中国特色社会主义进入新时代,标志着科学社会主义在 21 世纪的伟大复兴,标志着 21 世纪的马克思主义的伟大生成,同时也为"良序社会"的现实建构提供了中国智慧和中国方案。

任何伟大的构想都必须落实在具体行动中。因此,要想稳步推进"人类命运共同体"的当代建构,要想加快构建具有中国特色的"良序社会",就需要迫切实现国家治理体系和治理能力的现代化,将中国特色社会主义的制度优势真正转化为治理效能。中国国家治理体系和治理能力现代化从根本上区别于资产阶级的自由主义治理术。其一,新时代中国国家治理致力于推进现实个人之主体性的建构。资产阶级国家治理以"人口"之名褫夺人的主体性,而新时代中国国家治理现代化则始终坚持"以人民为中心",打造共建共治共享的社会治理格局,形成人人参与、人人有责、人人享有的治理共同体。从根本上来讲,共建共治共享的目标就在于扬弃私有制基础上的治理异化,超越市民社会与国家、私有与公有的二元对立,进而以"社会共同性"的建构实现对私人社会的克服。其二,新时代中国国家治理以"善智"推动"善治",坚持治理技术的人民向度。在社会主义制度下,智能技术获得了"善"的价值属性,即它的开发和运用不是为了安排生命、配置生命、操纵人民以及获取剩余价值,而是以人民获得更多自由时间为现实目的,以解放和发展生产力为基本任务。因此,智能技术的社会主义应用势必将逐渐瓦解资本与智能的"共谋",恢复资本作为一种市场调节手段优化资源配置的原初使命,使智能技术作为人类力量的延伸切实推进国家治理现代化。由此来看,新时代中国特色社会主义不仅有建构"类生命"的意愿,更具有建构"类生命"的能力,正是在不断建构"类生命"的历史过程中,"良序社会"的目标才能不断地向我们敞开。

参考文献

一、著作

(一)中文著作

[1]马克思恩格斯文集(第1—9卷)[M].北京:人民出版社,2009.

[2]马克思恩格斯选集:第三卷[M].北京:人民出版社,1995.

[3]马克思恩格斯全集:第3卷[M].北京:人民出版社,1960.

[4]马克思恩格斯全集:第32卷[M].北京:人民出版社,1998.

[5]马克思恩格斯全集:第30卷[M].北京:人民出版社,1995.

[6]列宁专题文集:论社会主义[M].北京:人民出版社,2009.

[7]列宁全集:第55卷[M].北京:人民出版社,2017.

[8][德]阿多诺.否定的辩证法[M].重庆:重庆出版社,1993.

[9][意]阿甘本.神圣人:至高权力与赤裸生命[M].北京:中央编译出版社,2016.

[10][美]阿拉斯代尔·麦金泰尔.伦理学简史[M].北京:商务印书馆,2003.

[11][美]阿拉斯代尔·麦金泰尔.追寻美德:道德理论研究[M].南京:译林出版社,2011.

[12][美]阿伦特.人的境况[M].上海:上海人民出版社,2017.

[13][印]阿马蒂亚·森.正义的理念[M].北京:中国人民大学出版社,2012.

[14][美]阿米·古特曼、丹尼斯·汤普森.民主与分歧[M].北京:东方出版社,2007.

[15][美]阿瑟·奥肯.平等与效率——重大的权衡[M].成都:四川人民出版社,1988.

[16][英]奥若拉·奥尼尔.迈向正义与美德:实践理性的建构性解释[M].北京:东方出版社,2009.

[17][美]芭芭拉·赫尔曼.道德判断的实践[M].北京:东方出版社,2006.

[18]白刚."超越政治"还是"回归政治":马克思与阿伦特政治哲学比较[M].南京:江苏人民出版社,2015.

[19][古希腊]柏拉图全集:第3卷[M].北京:人民出版社,2003.

[20][意]保罗·维尔诺.诸众的语法[M].北京:商务印书馆,2017.

[21][法]鲍德里亚.消费社会[M].南京:南京大学出版社,2000.

[22][法]鲍德里亚.致命的策略[M].南京:南京大学出版社,2014.

[23][英]波兰尼.巨变——当代政治与经济的起源[M].北京:社会科学文献出版社,2013.

[24][英]伯纳德·威廉姆斯.道德运气[M].上海:上海译文出版社,2007.

[25][英]布莱恩·巴里.正义诸理论[M].长春:吉林人民出版社,2011.

[26][英]查尔斯·拉莫尔.现代性的教训[M].北京:东方出版社,2010.

［27］慈继伟.正义的两面［M］.北京：生活·读书·新知三联书店,2001.

［28］［英］戴维·罗斯.正当与善［M］.上海：上海译文出版社,2008.

［29］［法］德波.景观社会［M］.南京：南京大学出版社,2017.

［30］［德］费尔巴哈.费尔巴哈哲学著作选集：下卷［M］.北京：商务印书馆,1984.

［31］［法］福柯.安全、领土和人口［M］.上海：上海人民出版社,2010.

［32］［法］福柯.必须保卫社会［M］.上海：上海人民出版社,1999.

［33］［法］福柯.性经验史［M］.上海：上海人民出版社,2000.

［34］高清海.哲学与主体自我意识［M］.北京：北京师范大学出版社,2017.

［35］［法］贡斯当.古代人的自由与现代人的自由［M］.上海：上海世纪出版集团,2005.

［36］［日］广松涉.物象化论的构图［M］.南京：南京大学出版社,2002.

［37］［英］H.L.A.哈特.法律的概念［M］.北京：法律出版社,2006.

［38］［德］海德格尔.形而上学导论［M］.北京：商务印书馆,1996.

［39］［德］海德格尔.海德格尔选集：上卷［M］.上海：上海三联书店,1996.

［40］贺来.现实生活世界——乌托邦精神的真实根基［M］.长春：吉林教育出版社,1998.

［41］贺来.有尊严的幸福生活何以可能［M］.北京：中国社会科学出版社,2012.

［42］［德］黑格尔.法哲学原理［M］.北京：商务印书馆,2016.

［43］［德］黑格尔.小逻辑［M］.北京：商务印书馆,1980.

［44］［英］亨利·西季威克.伦理学史纲［M］.南京：江苏人民出版社,2008.

［45］［英］霍布斯.利维坦［M］.北京：商务印书馆,1985.

［46］［德］康德.纯粹理性批判［M］.北京：人民出版社,2004.

[47][德]康德.道德形而上学基础[M].北京:九州出版社,2007.

[48][德]康德.法的形而上学原理[M].北京:商务印书馆,1991.

[49][德]康德.历史理性批判文集[M].北京:商务印书馆,1990.

[50][德]康德.实践理性批判[M].北京:人民出版社,2003.

[51][德]康德.康德著作全集:第4卷[M].北京:中国人民大学出版社,2007.

[52][英]加雷斯·戴尔.卡尔·波兰尼:市场的限度[M].北京:中国社会科学出版社,2016.

[53][法]卢梭.论人类不平等的起源和基础[M].北京:商务印书馆,1997.

[54][法]卢梭.论政治经济学[M].北京:商务印书馆,1962.

[55][法]卢梭.社会契约论[M].北京:商务印书馆,2003.

[56][美]罗伯特·诺奇克.无政府、国家和乌托邦[M].北京:中国社会科学出版社,2008.

[57][美]罗尔斯.罗尔斯论文全集[M].长春:吉林出版集团,2013.

[58][美]罗纳德·德沃金.认真对待权力[M].上海:上海三联书店,2008.

[59][美]罗纳德·德沃金.原则问题[M].南京:江苏人民出版社,2008.

[60][美]罗纳德·德沃金.至上的美德[M].南京:江苏人民出版社,2007.

[61][英]洛克.论宗教宽容[M].北京:商务印书馆,1982.

[62][英]洛克.政府论[M].北京:商务印书馆,1964.

[63][德]洛维特.从黑格尔到尼采[M].北京:生活·读书·新知三联书店,2006.

[64][美]马克·里拉.以赛亚·柏林的遗产[M].北京:新星出版社,2009.

[65][英]迈克尔·H.莱斯诺夫,等.社会契约论[M].南京:江苏人民出版社,2005.

[66][英]迈克尔·H.莱斯诺夫.二十世纪的政治哲学家[M].北京:商务印书馆,2001.

[67][美]迈克尔·桑德尔.自由主义与正义的局限[M].南京:译林出版社,2011.

[68][美]迈克尔·沃尔泽.正义诸领域:为多元主义与平等一辩[M].南京:译林出版社,2002.

[69][英]麦克库洛赫.政治经济学原理[M].北京:商务印书馆,1975.

[70][英]密尔.功利主义[M].上海:上海人民出版社,2008.

[71][英]密尔.论自由[M].桂林:广西师范大学出版社,2011.

[72][意]奈格里,等.大同世界[M].北京:中国人民大学出版社,2016.

[73][美]诺奇克.无政府、国家和乌托邦[M].北京:中国社会科学出版社,2008.

[74][英]乔治·克劳德.自由主义与价值多元论[M].南京:江苏人民出版社,2006.

[75][美]乔治·萨拜因.政治学说史:上[M].北京:商务印书馆,1986.

[76][英]琼·罗宾逊,等.现代经济学导论[M].北京:商务印书馆,1982.

[77][英]萨伊.政治经济学概论[M].北京:商务印书馆,1963.

[78][美]桑德尔.金钱不能买什么:金钱与公正的正面交锋[M].北京:中信出版社,2012.

[79][美]桑德尔.民主的不满——美国在寻求一种公共哲学[M].南京:江苏人民出版社,2008.

[80][美]桑德尔.自由主义与正义的局限(第二版)[M].南京:译林出版社,2001.

[81][德]施特劳斯.政治哲学史:上[M].石家庄:河北人民出版社,1998.

[82][美]施特劳斯.自然权利与历史[M].北京:生活·读书·新知三联书

店,2006.

[83]石元康.罗尔斯[M].桂林:广西师范大学出版社,2004.

[84]孙正聿.马克思与我们[M].北京:中国人民大学出版社,2018.

[85]孙正聿.马克思主义辩证法研究[M].北京:北京师范大学出版社,2017.

[86]孙正聿.哲学:思想的前提批判[M].北京:中国社会科学出版社,2016.

[87][英]泰勒.柏拉图——生平及其著作[M].济南:山东人民出版社,1991.

[88][加]泰勒.黑格尔与现代社会[M].长春:吉林出版集团有限责任公司,2009.

[89]谭安奎.公共理性[C].杭州:浙江大学出版社,2011.

[90][美]涛慕斯·博格.罗尔斯:生平与正义理论[M].北京:中国人民大学出版社,2010.

[91]王立.平等的范式[M].北京:科学出版社,2009.

[92]王庆丰.《资本论》的再现[M].北京:中央编译出版社,2015.

[93][加]威尔·金里卡.当代政治哲学[M].上海:上海二联书店,2004.

[94][加]威尔·金里卡.自由主义、社群与文化[M].上海:上海译文出版社,2005.

[95][德]韦伯.韦伯文集[M].北京:中国广播电视出版社,2000.

[96][英]温奇.亚当·斯密的政治学[M].上海:译林出版社,2010.

[97][美]沃格林.没有约束的现代性[M].上海:华东师范大学出版社,2007.

[98]吴晓明,王德峰.马克思的哲学革命及其当代意义[M].北京:人民出版社,2005.

[99]吴晓明.形而上学的没落[M].北京:人民出版社,2006.

[100]徐向东.自由主义、社会契约与政治辩护[M].北京:北京大学出版社,2005.

[101][英]亚当·斯密.道德情操论[M].北京:中央编译出版社,2011.

[102][英]亚当·斯密.国富论:下[M].北京:商务印书馆,1972.

[103][古希腊]亚里士多德.尼各马可伦理学[M].北京:中国人民大学出版社,2003.

[104][古希腊]亚里士多德.政治学[M].北京:商务印书馆,1965.

[105]姚大志.何为正义:当代西方政治哲学研究[M].北京:人民出版社,2007.

[106]姚大志.罗尔斯[M].长春:长春出版社,2011.

[107]姚大志.平等[M].北京:中国社会科学出版社,2017.

[108][英]以赛亚·伯林.自由及其背叛[M].南京:译林出版社,2005.

[109][英]以赛亚·伯林.自由论[M].南京:译林出版社,2011.

[110]应奇编.自由主义中立性及其批评者[C].南京:江苏人民出版社,2007.

[111]应奇,刘训练.共和的黄昏:自由主义、社群主义和共和主义[C].长春:吉林出版团,2007.

[112]应奇,张培伦.厚薄之间的政治概念——〈政治与社会哲学评论〉文选(卷一)[C].长春:吉林出版集团,2008.

[113]应奇,张培伦.厚薄之间的政治概念——〈政治与社会哲学评论〉文选》(卷二)[C].长春:吉林出版集团,2009.

[114][德]尤尔根·哈贝马斯.在事实与规范之间[M].北京:生活·读书·新知三联书店,2011.

[115][德]尤尔根·哈贝马斯.后形而上学思想[M].南京:译林出版社,

2001.

　　[116][英]约翰·格雷,G.W.史密斯.密尔论自由[M].长春:吉林人民出版社,2011.

　　[117][英]约翰·格雷.自由主义的两张面孔[M].南京:江苏人民出版社,2005.

　　[118][美]约翰·罗尔斯.道德哲学史讲义[M].北京:中国社会科学出版社,2003.

　　[119][美]约翰·罗尔斯.正义论[M].北京:中国社会科学出版社,2009.

　　[120][美]约翰·罗尔斯.政治哲学史讲义[M].北京:中国社会科学出版社,2011.

　　[121][美]约翰·罗尔斯.政治自由主义[M].南京:译林出版社,2011.

　　[122][美]约翰·罗尔斯.作为公平的正义——正义新论[M].北京:中国社会科学出版社,2011.

　　[123][英]约翰·麦克里兰.西方现代思想史[M].海口:海南出版社,2003.

　　[124][英]约瑟夫·拉兹.自由的道德[M].长春:吉林人民出版社,2006.

　　[125][美]詹姆逊.重读《资本论》[M].北京:中国人民大学出版社,2013.

　　[126]张盾.超越审美现代性——从文艺美学到政治美学[M].南京:南京大学出版社,2017.

　　[127]张盾.黑格尔与马克思政治哲学六论[M].北京:学习出版社,2014.

　　[128]张盾.马克思的六个经典问题[M].北京:中国社会科学出版社,2009.

　　[129]周保松.自由人的平等政治[M].北京:生活·读书·新知三联书店,2010.

　　[130]周濂.现代政治的正当性基础[M].北京:生活·读书·新知三联书

店,2008.

(二)外文著作

[1]A. John Simmons.Justification and Legitimacy[M].London:Cambridge University Press,2001.

[2]Bruce A. Ackerman.Social Justice in the Liberal State[M].Yale:Yale University Press,1980.

[3]Burton Dreben,"On Rawls and Political Liberalism",in Samuel Freeman (ed.).The Cambridge Companion to Rawls[M].London:Cambridge University Press,2003.

[4]Chandran Kukathas(ed.).John Rawls:Critical Assessment of Leading PoliticalPhilosophers[M].Oxon:Routledge,2003.

[5]Charles E. Larmore.Patterns of Moral Complexity[M].Londom:Cambridge University Press,1987.

[6]Charles E. Larmore:Public Reason[C]// Samuel Freeman ed.,The Cambridge Companion to Rawl.Cambridge University Press,2003.

[7]David Boucher and Paul Kelly.The Social Contract from Hobbes to Rawls[M].Oxon:Routledge,1994.

[8]David Gauthier.Morals by Agreement[M].Clarendon:Clarendon Press,1986.

[9]Donald Moon.Constructing Community:Moral Pluralism and Tragic Conflicts[M].Princeton:Princeton University Press,1993.

[10]Jeremy Waldron.Liberal Rights[M].London:Cambridge University Press,1993.

二、论文

（一）中文论文

[1][美]阿伦特.公共领域和私人领域[J].汪晖,等.文化与公共性[C].北京:生活·读书·新知三联书店,1988.

[2][英]奥若拉·奥尼尔.康德的正义与康德主义的正义[J].世界哲学,2010(5).

[3][英]奥若拉·奥尼尔.政治自由主义与公共理性——对罗尔斯《政治自由主义》的一个批判性评论[J].马克思主义与现实,2009(3).

[4]陈嘉明.个体理性与公共理性[J].哲学研究,2008(6).

[5]陈晓旭.政治自由主义的界限[J].世界哲学,2012(1).

[6]程彪.历史唯物主义的核心范畴:"物质生活的生产方式"[J].吉林大学社会科学学报,2011(5).

[7]贺来."关系理性"与真实的"共同体"[J].中国社会科学,2015(6).

[8]贺来,何宇白.人的自我理解变革与马克思主义的正义观[J].求是学刊,2018(4).

[9]贺来.重建个体性:个体的"自反性"与人的"自由个性"[J].探索与争鸣,2017(5).

[10]胡波.罗尔斯"正义论"视野下的财产权[J].道德与文明,2015(3).

[11]江绪林.解释和严密化:作为理性选择模型的罗尔斯契约论证[J].中国社会科学,2009(5)

[12]江绪林.正义的康德式诠释——评周保松《自由人的平等政治》[J].开放时代,2011(4).

[13]李佃来.马克思在何种意义上开创了政治哲学的传统[J].江海学刊,2016(11).

[14]李佃来.马克思政治哲学的理想性维度与现实性维度[J].学术界,2017(3).

[15]李惠斌.劳动产权概念:历史溯源及其现实意义[J].马克思主义与现实,2004(5).

[16]李慧娟.卢梭和马克思:超越启蒙的两条路径[J].学习与探索,2014(10).

[17]李慧娟.启蒙的三重困境与马克思的超越[J].吉林大学社会科学学报,2016(6).

[18]林进平.马克思主义与正义——伯恩施坦与考茨基、梅林关于马克思主义与伦理道德的关系之争[J].毛泽东邓小平理论研究,2018(9).

[19]林进平.再论马克思为何拒斥、批判正义[J].学术研究,2018(1).

[20]刘雪梅.当代西方政治由主义的兴起与内在理路[J].学术月刊,2012(12).

[21]石元康.交叠共识与民主社会中的政治哲学:罗尔斯理论最近的发展[C].上海:上海三联书店,2000.

[22]宋显忠.程序正义及其局限性[J].法制与社会发展,2004(3).

[23]宋显忠.宪政与程序保障[J].法制与社会发展,2006(5).

[24]苏力.从契约理论到社会契约理论—— 一种国家学说的知识考古学[J].中国社会科学,1996(3).

[25]孙利天,高苑.多元与超越——人类的理性信念和历史理解[J].吉林大学社会科学报,2013(1).

[26]孙利天,史清竹.我们如何走出人的自身生产带来的自身毁灭的危险——回答海德格尔对马克思人的学说的评论[J].哲学基础理论研究,2011

(2).

[27]孙利天,孙祺.共产主义与人类团结的希望[J].东岳论丛,2017(1).

[28]孙利天.现代性的追求与内在超越[J].中国社会科学,2016(2).

[29]孙正聿.超越人在宗教中的"自我异化"[J].哲学研究,2017(9).

[30]孙正聿.历史唯物主义的真实意义[J].哲学研究,2007(9).

[31]孙正聿.历史唯物主义与哲学基本问题——论马克思主义的世界观[J].哲学研究,2010(5).

[32]孙正聿.现代化与现代化问题——从马克思的观点看[J].马克思主义与现实,2013(1).

[33]孙正聿."现实的历史":《资本论》的存在论[J].中国社会科学,2010(2).

[34]谭安奎.公共理由、公共理性与政治辩护[J].现代哲学,2011(6).

[35]谭安奎.政治的,抑或道德的——对政治自由主义一个关键悖论的解读[J].现代哲学,2007(5).

[36]童世骏.关于"重叠共识"的"重叠共识"[J].中国社会科学,2008(6).

[37]涂良川,胡海波.论马克思的分配正义思想[J].现代哲学,2009(2).

[38]万俊人.从政治正义到社会和谐——以罗尔斯为中心的当代政治哲学反思[J].哲学动态,2005(6).

[39]万俊人.罗尔斯问题[J].求是学刊,2007(1).

[40]王庆丰.超越正义的社会是否可能?——罗尔斯对马克思《资本论》的政治哲学解读[J].东南大学学报,2015(6).

[41]王庆丰.马克思关于资本主义社会的三个隐喻[J].社会科学家,2015(1).

[42]王庆丰.资本统治权的诞生[J].国外理论动态,2018(8).

[43]吴福友,吴根友.从一国宪政到万民宪政——罗尔斯"政治自由主

义"的逻辑理路浅绎[J].武汉大学学报(人文科学版),2002(6).

[44]谢世民.罗尔斯与社会正义的场域[J].政治与社会哲学评论,2004(9).

[45]许纪霖.两个美国与政治自由主义的困境[J].读书,2005(6).

[46]姚大志.从《正义论》到《政治自由主义》——罗尔斯的后期政治哲学[J].中国人民大学学报,2010(1).

[47]姚大志.公共理性与合法性——评罗尔斯的《政治自由主义》[J].江苏行政学院学报,2010(2).

[48]姚大志.哈贝马斯政治哲学的内在逻辑[J].社会科学研究,2010(1).

[49]姚大志.重叠共识能证明什么?——评罗尔斯的政治自由主义[J].天津社会科学,2009(6).

[50]袁久红.政治自由主义的政治共识——析罗尔斯后期的政治正义论[J].江苏行政学院学报,2003(3).

[51]曾国祥.自由主义与政治的局限[J].政治与社会哲学评论,2004(8).

[52]张盾."道德政治"谱系中的卢梭、康德、马克思[J].中国社会科学,2011(5).

[53]张盾.马克思政治哲学中的个人原则与社会原则[J].中国社会科学,2013(8).

[54]张盾,王华.在道德与政治之间——现代性反思的主客观二维之争及其解决[J].江苏社会科学,2011(1).

[55]张国清.罗尔斯的秘密及其后果[J].浙江大学学报,2013(6).

[56]张轶瑶,李超.从理性到合理性:罗尔斯自由主义思想之嬗变[J].东南大学学报,2017(4).

[57]赵汀阳.哲学的政治学转向[J].吉林大学社会科学学报,2006(2).

[58]周濂.古典共和主义与政治自由主义的一致性:对桑德尔的几点回

应[J].哲学与文化,2012(8).

[59]周濂.政治社会、多元共同体与幸福生活[J].华东师范大学学报(哲学社会科学版),2009(5).

（二）外文论文

[1]Dennis F. Thompson. Public Reason and Precluded Reasons[J]. Fordham Law Review,2004,7.

[2]Donald R. Korobkin. Political Justification and the Law[J]. Columbia Law Review,1994,94(6).

[3]Frank I. Michelman. Justice as Fairness,Legitimacy,and the Question of Judicial Review:A Comment[J]. Fordham Law Review,2004,7.

[4]H. L. A. Hart. Rawls on Liberty and its Priority[C] // Chandran Kukathas. John Rawls:Critical Assessments of Leading Political Philosophers(Vol. Ⅱ):Principles of Justice Ⅰ. Oxon:Routledge,2003.

[5]Iris Marion Young. Rawls's Political Liberalism[C] // Chandran Kukathas. John Rawls:Critical Assessments of Leading Political Philosophers(Vol.Ⅳ):Political Liberalism and The Law of Peoples. Oxon:Routledge,2003

[6]Jeremy Waldron. Judicial Review and the Conditions of Democray[J]. The Journal of Politcal Philosophy,1998,6(4).

[7]Michael L. Frazer. *John Rawls:Between Two Enlightenments*[J]. Political Theory,Vol.35,No.6.2007.

[8]Ragip Ege and Herrade Igersheim. Rawls with Hegel:The concept of "Liberalism of freedo[J]. Euro. J.,History of Economic Thought:25—47,2008.

后 记

本书是在我的博士学位论文的基础上修改完善而成的。与博士学位论文相比,本书的改动主要体现在三个方面。一是标题上的改动。与博士学位论文标题《罗尔斯"良序社会"的理想图景及其反思——一种来自历史唯物主义的视角》相比,本书的标题《历史唯物主义视域下"良序社会"的理想图景及其前提批判》视域更为明确、主题更为鲜明、论域更为开放。博士学位论文是把罗尔斯的"良序社会"理论作为反思的对象,而本书旨在基于历史唯物主义的立场对以罗尔斯为典型代表的"良序社会"理论进行总体性的反思,并有意识地尝试开启"良序社会"研究的未来面向。二是引言部分对"历史唯物主义与'良序社会'"的概述。博士学位论文的引言以文献综述为主,但本书的引言则更加突出了研究视域,是本书所有研究内容的理论背景和思想前提。在历史唯物主义的视域下,引言比较详细地阐述了"良序社会"的历史方位、政治哲学建构及其双重维度。三是在结语部分增加了关于"人类命运共同体"的论述。在本书看来,作为马克思的"真正的共同体"的当代形态,"人类命运共同体"能够对"良序社会"的当代建构提供基本的理念支撑,它深层次地表征了"良序社会"建构的中国方案和中国智慧。

　　在这本代表着阶段性学习成果的专著即将付梓之际，我要感谢一路以来长期支持我的师长亲友们。

　　我要感谢我的博士生导师王庆丰教授。在博士论文写作期间，庆丰老师总是能高屋建瓴，提出看待问题的独特视角，犀利地指出问题所在，帮助我解决论文写作过程中的一个又一个困难。正是在庆丰老师的悉心指导下，我的博士论文被评为吉林大学优秀博士学位论文。在这部书稿完成之际，庆丰老师不辞辛劳地审读全文并慨然赐序，使这部书稿的学术含量增色不少。透过序言，我能亲切地感受到庆丰老师严谨的治学态度和科学的批判精神。可以说，这部书稿的顺利完成离不开庆丰老师的关心和关爱。我要感谢我的硕士生导师涂良川教授。良川老师在硕士期间就培养起我对政治哲学的学术兴趣，并引领我进入政治哲学的大门。在良川老师的指导下，我的硕士论文聚焦于马克思的分配正义思想，为我进一步在更加宏观的视野中思考"良序社会"的问题打下了良好的基础。

　　我要感谢复旦大学马克思主义学院的各位领导和老师。正是在许征书记、李冉院长、张新宁副院长等领导的大力支持下，"复旦大学望道书库"丛书才得以问世，为这部书稿的顺利出版提供了重要的学术平台。作为"望道书库"的评审专家，马拥军教授对这部书稿的进一步完善提出了诸多宝贵意见。我要感谢天津人民出版社王康总编辑、佐拉编辑等诸位老师。在疫情肆虐期间，她们不顾个人安危、不计个人得失，毫不迟疑地推进出版进度。正是得益于她们认真、耐心、踏实的工作态度以及对学术出版事业的饱满热情和坚定信念，这部书稿才能顺利与读者见面。

　　最后，我要感谢我的父母。我的父母都是朴实的农民，他们不知道何谓哲学以及哲学何为，但他们对于我的选择总是一如既往地支持，无私地燃烧着自己，照亮我前行的路。我要感谢我的爱人许欢女士，她的支持和付出使我能够安心地求学问道，这是我在学术的道路上不断前行的不竭动力。